PLANTES et DECORS d'AQUARIUM

sous la direction de

Hervé CHAUMETON

par

Robert ALLGAYER

photographies

Jacques TETON

avec la collaboration de

Pierre ENJELVIN

Bordas

PRÉFACE

Nous avons pu remarquer au cours de notre longue « carrière » aquariophile, à travers un courrier très abondant et de multiples contacts avec les associations, combien les plantes aquatiques jouaient un rôle important dans le domaine de l'aquariophilie, bénéficiant en cela de la primauté traditionnellement accordée au monde végétal sur les autres composants de la biosphère. Il est vrai qu'un charme ineffable émane par exemple de Nympheae ou de Pistia, dont la seule évocation fait naître tout un univers paradisiaque.

L'intérêt que suscitent les plantes tant au niveau biologique que décoratif et le lien affectif qui nous unit à elles conduisent inévitablement à penser la flore comme un élément primordial dans l'agencement d'un aquarium d'eau douce, où le décor, au sens strict du terme, concourt également à ce splendide tableau associant les mondes minéral et végétal.

Réaliser un équilibre esthétique et écologique entre ces deux règnes est souvent considéré, à tort, comme un art réservé à quelques privilégiés. Or la culture des plantes d'aquarium ne soulève aucun problème majeur. Loin de mettre en jeu des recettes miracles ou des savoirs doctes, la maintenance d'une végétation luxuriante en aquarium relève bien plutôt de choix, de conseils et de recommandations à suivre, ce que précisément cet ouvrage s'efforce d'inventorier pour répondre aux questions que se posent les amateurs – en écartant volontairement le domaine de la flore en eau de mer, difficile à se procurer et concernant un public beaucoup plus restreint.

Nous espérons ainsi que « Plantes et décors d'aquarium », abordant un thème rarement traité jusqu'ici, constituera une référence à la fois colorée, pratique et très documentée pour tous ceux que passionne la flore aquatique.

Jacques Teton

ISBN : 2-04-012924-3

Dépôt légal : octobre 1986

INTRODUCTION

Nous avons tous eu, un jour ou l'autre, l'occasion de nous arrêter devant un aquarium où le spectacle d'une plantation luxuriante nous a laissé admiratif au point d'oublier les poissons, même les plus colorés, qui évoluaient au sein de la végétation aquatique.

Le premier « choc » passé, l'idée d'une telle entreprise vient naturellement à l'esprit, mais alors maintes questions se posent : quelles qualité et quantité de lumière offrir aux végétaux ; quels types d'eau et de sol sont nécessaires à leur maintenance, quelles plantes choisir, quels poissons leur associer, comment réaliser le décor. Ce ne sont pas de lointains acquis scolaires en sciences naturelles et physique qui suffiront à apporter les réponses satisfaisantes, sans compter que, bien souvent, ces notions vagues ne sont plus associées qu'à des termes un peu mystérieux : lux, photosynthèse, vapeur de mercure, argile, gaz carbonique, pH, dureté, etc.

Dès lors, on en vient à penser que la tâche est insurmontable et qu'elle ne peut être menée à bien que par quelque docteur en Botanique ou encore, quelque spécialiste en Biologie végétale. Pourtant, il est plus probable que l'aménagement qui s'offre à nos yeux soit « l'œuvre » d'un aquariophile amoureux de la flore aquatique. En effet, en respectant et en appliquant quelques règles simples, copiées sur les lois de la nature, on peut acquérir l'expérience suffisante pour mener à bien cette passionnante entreprise.

Cet ouvrage, nous l'espérons, vous aidera à découvrir les conditions de vie naturelle des plantes ; à analyser le pourquoi de leurs besoins ; à leur offrir les soins qui leur sont nécessaires ; à sélectionner des végétaux aptent à vivre avec les poissons ou inversement ; à créer un décor en rapport avec l'environnement naturel.

Néanmoins, les conseils, les idées et les astuces qui sont réunis dans ces pages doivent être soutenus par votre rigueur et votre amour des plantes pour qu'ils puissent profiter à la nouvelle entreprise que vous vous êtes fixée.

DU MILIEU NATUREL DES PLANTES A L'AQUARIUM

Les végétaux qui ornent les aquariums sont en majorité originaires des zones tropicales et subtropicales du globe. Mis à la disposition des aquariophiles après un long voyage, quelquefois fatal, les spécimens rescapés devront tout d'abord être sélectionnés et ensuite plantés avec soin.

Le milieu naturel des plantes

La pauvreté du nombre de plantes aquatiques en milieu naturel étonnerait sûrement les aquariophiles. Pour diverses raisons, un grand nombre de rivières et de fleuves en sont totalement dépourvus. Les crues saisonnières, la pauvreté des éléments nécessaires à la croissance ou à la dispersion limitent sensiblement leur expansion. Les espèces très spécialisées sont localisées et leur répartition est souvent fort limitée. Certains végétaux sont restreints à un seul continent. D'autres sont cosmopolites ou le sont devenus suite à l'intervention de l'homme, au point de gêner la navigation ou la flore locale. Le principal facteur limitant l'expansion des plantes vers le nord est la température. Les tropicales et subtropicales restent entre les 35e parallèles, les plus hardies atteignant les zones tempérées. En revanche, les espèces des zones tempérées s'adaptent assez bien à l'aquarium d'eau chaude.

■ Des conditions spécifiques de vie

Distribution

Un grand nombre de plantes d'aquarium sont originaires d'Amérique du Sud, d'Asie du Sud-Est et, dans une moindre mesure, d'Afrique. Il est intéressant de connaître, même sommairement, l'écologie des plantes, ces données pouvant largement contribuer à améliorer la conduite d'un aquarium garni de ces végétaux. Les grands groupes de plantes actuellement disponibles dans le commerce spécialisé sont constitués de quelques espèces flottantes, de plantes strictement aquatiques, et d'amphibies (ou paludéennes). Les premières sont surtout représentées par *Eichhornia crassipes, Pistia, Salvinia,* et quelques espèces de lentilles d'eau. Dans la plupart des cas, ces plantes sont cosmopolites grâce à leur mode de dispersion utilisant les courants aquatiques.

Le deuxième groupe comprend de nombreuses espèces strictement aquatiques appréciées des aquariophiles ; leur dispersion est très restreinte. Certains genres sont localisés à un continent. Par exemple, les genres *Cabomba* et *Henianthus* sont présents sur le continent nord-américain (plantes néarctiques). Mais la majorité sont répandus dans les zones intertropicales. Les plantes paludéennes ou amphibies supportent l'alternance des crues et des saisons sèches. Les plus connues appartiennent aux genres *Echinodorus* d'Amérique, *Anubias* d'Afrique et *Cryptocoryne* d'Asie.

Adaptations particulières

Toutes les plantes sont adaptées à un milieu spécifique. On les découvre à leurs caractéristiques singulières. Ainsi la fougère aquatique *Bolbitis heudelotii* est parfaitement adaptée aux torrents et aux eaux vives. Ses feuilles dentelées offrent une résistance minime à la pression du courant. Son système radiculaire à rhizome permet une fixation parfaite au substrat lorsque la plante est continuellement aspergée par des trombes d'eau. Néanmoins, quelques espèces ne présentent pas une morphologie en accord avec leur situation dans le milieu. Ainsi, l'Aponogeton de Madagascar, avec ses feuilles en dentelles, préfère les stations à eau calme ou stagnante dans un lieu plus ou moins ombragé. Tout porterait à croire, pourtant, qu'il s'adapterait bien à une eau courante et à une lumière intense. En effet, les espaces entre les nervures offrent une moindre résistance à l'eau et beaucoup de plantes exposées au soleil connaissent une réduction de leur surface foliaire. Ce sont là des cas

extrêmes, la plupart des plantes préférant une eau calme, stagnante ou en léger mouvement. Certaines affectionnent même un remous régulier. Dans les eaux stagnantes on rencontre essentiellement les genres *Cabomba, Myrio-phyllum,* ou *Aponogeton.*
Peu d'espèces se sont vraiment adaptées aux conditions rudes des fleuves amazoniens, centre-américains ou africains. La rapidité du courant, les fortes crues ou l'eau troublée empêchent leur expansion. La recherche de plantes en milieu naturel est donc beaucoup plus fructueuse sur les terres submergées, dans les bras latéraux des fleuves ou dans les petites rivières. *Eichhornia crassipes* possède plusieurs adaptations spécifiques aux plantes de surface. Sa feuille en coquille capte la moindre brise, l'ensemble du feuillage se comporte comme la voile d'un navire. Les pétioles spongieux aux fibres lâches, qui retiennent de l'air, rendent la plante insubmersible. Selon le vent dominant, les plantes voyagent d'une rive à l'autre d'un étang. Elles traversent sans risque les rapides les plus tumultueux comme ceux du bas Congo, l'eau saumâtre et les défoliants sont les seuls ennemis de cette plante. D'autres espèces se développent dans les cultures aquatiques comme les rizières et les chinampas mexicains où l'on pratique l'hortillonnage (culture maraîchère dans les marais). On les considère comme des mauvaises herbes.

Croissance au rythme des pluies

En forêt tropicale les pluies saisonnières (ou la mousson en Asie) sont à l'origine de variations cycliques du niveau des eaux. Les plantes sont submergées par une eau trouble chargée de particules en suspension et leurs feuilles s'agrandissent pour capter plus d'énergie. Elles sont souvent éloignées du lit des fleuves, mais les rares qui ont réussi à y prospérer en une saison sont à ce moment arrachées par la violence des courants. Au début de la saison sèche, le niveau de l'eau baisse. C'est à cette époque que les espèces amphibies émergent, leurs feuilles tendres disparaissent pour être rapidement remplacées par des limbes dures et rigides. C'est également la saison où les plantes fleurissent et se reproduisent.

■ Les plantes autour de la planète

Afrique

La plupart des espèces africaines connues en aquariophilie sont en majorité originaires de l'Ouest africain. Elles couvrent les régions où sont récoltés les poissons d'aquarium. Comme en Amérique du Sud, la zone tropicale est couverte de forêts humides, mais également de brousses et de savanes. Certains cours d'eau traversent des galeries forestières ombragées, d'autres sont exposés au soleil violent. La flore varie donc beaucoup selon les écosystèmes. La variation du niveau des eaux influe aussi sensiblement sur le cycle annuel des plantes. Le genre végétal typique de ces galeries est *Anubias.* Les espèces prospèrent le long des berges ombragées et ne végètent que pendant la saison des pluies sous leur forme immergée. Sous ces galeries croît *Crinum natans,* reconnaissable à sa belle fleur blanche qui ressemble à celle d'un lis. Beaucoup d'espèces demandent un fort ensoleillement et sont très prolifiques en terrain découvert, comme la brousse ou la savane. C'est le domaine des genres cosmopolites : *Ammania, Brasenia, Cyperus, Myriophyllum, Nymphaea. Aponogeton* forme un genre plus représentatif de Madagascar où ses diverses espèces apprécient également les zones plus ou moins ombragées. Seules deux ou trois d'entre elles sont représentées en Afrique. La plus méridionale, *A. distachus,* se retrouve également dans le Midi de la France et en Espagne. De larges trouées défrichées gagnent malheureusement la forêt le long de la côte ouest africaine, du Sénégal à l'Angola, au détriment d'une flore et d'une faune aquatiques endémiques.

Amérique centrale

On peut ajouter à cette région le sud des États-Unis. A partir de l'isthme de Tehuntepec vers le sud, la bande de

Rivière mexicaine entourée d'une végétation luxuriante

terre rejoignant l'Amérique du Sud est très rétrécie. Les cours d'eau y sont rapides et brefs et peu d'espèces végétales y poussent. C'est dans ces lagunes et les étendues d'eau stagnante que la majorité des plantes croissent, tant en masse qu'en nombre d'espèces. Au nord du Mexique et au sud des États-Unis, les plantes aquatiques des régions tempérées sont plus nombreuses. De grandes stations de *Cabomba caroliniana, Ceratophyllum demersum, Myriophyllum alterniflorum, M. hippuroides, Lobelia splendens,* ou *Marsilea quadrifolia* peuvent être aperçues dans les étendues d'eau stagnante. Dans cette région les crues ne sont pas très fortes, mais la minéralisation est parfois fort élevée, diminuant rapidement vers le sud de l'Amérique centrale.

Amérique du Sud

L'immense bassin amazonien forme une plaine gigantesque dans sa partie orientale et ne doit pas être considéré comme un marais végétal. En saison des pluies, de vastes étendues de terre sont submergées ; mais en saison sèche, le sol, quoique humide et boueux, n'est pas gorgé d'eau. Celle-ci est rapidement drainée vers les principales artères que constituent les rivières et les fleuves. Les quelque vingt mètres annuels de pluie, plus conséquents vers le versant andin, se déversent par trombes quotidiennes. Les mares et les étangs offrent une flore intéressante aux aquariophiles. Ils abritent les genres *Cabomba, Myriophyllum* et quelques rares espèces du genre *Echinodorus.* Au sens large, le genre *Echinodorus* ne contient pas une majorité d'espèces aquatiques. La plupart des espèces peuvent se trouver éloignées de l'eau en saison sèche. Elles conviennent donc parfaitement à l'aquaterrarium où leur feuillage se modifie et où elles fleurissent.

Les variations de température sont également très importantes. Elles peuvent atteindre 15 °C dans les zones en mouvement et 35 à 38 °C dans les mares aux températures extrêmes. En revanche, leur adaptation à des températures minimales passagères de 15 à 18 °C, permet de les maintenir facilement en aquarium tempéré à 22 °C. Beaucoup d'espèces sud-américaines destinées aux aquariophiles proviennent de contrées plus australes comme le sud du Brésil, le Paraguay, l'Uruguay ou l'Argentine ; c'est le cas par exemple d'*Echinodorus horemannii, E. longiscarpus, E. osiris, Cabomba australis, Heteranthera zosterifolia.* Ces plantes habituées à des températures fraîches donnent de très bons résultats dans des bacs à 25 °C maximum.

Asie

L'Asie abrite la plus grande quantité de plantes aquatiques en nombre d'espèces et en masse. Si l'essentiel est fourni par les fermes d'horticulture aquatique de Sri Lanka, de Singapour et de Malaisie, le milieu naturel reste l'un des principaux réservoirs de plantes pour l'aquariophilie. Les Célèbes, prolongements insulaires de Bornéo, et la Nouvelle-Guinée constituent, elles aussi, une immense réserve.

Ces régions sont caractérisées par l'absence de grands fleuves. Les variations de température y sont très faibles à cause de l'influence marine et de l'absence de saisons. Lorsque les rizières n'ont pas encore pris le pas sur la forêt tropicale, une multitude de rivières, de petits cours d'eau, de lacs et de marais draine l'eau. Le volume des précipitations est plus important qu'en Amérique du Sud avec 20 à 35 m annuels ; celles-ci sont toutefois réparties tout au long de l'année et de la journée. L'eau est ensuite drainée vers la mer. Les variations de niveau sont beaucoup plus faibles, de l'ordre de deux mètres, parfois trois. La température de l'eau et de l'air est constante, entre 26 et 28 °C. Il en est de même pour l'insolation qui avoisine les 12 heures. La flore dans son ensemble réagit rapidement, souvent défavorablement aux moindres écarts, dans un sens ou dans l'autre. En aquarium, ces espèces asiatiques sont donc plus sensibles aux variations de lumière, de chaleur, aux qualités physico-chimiques de l'eau et à d'autres éléments inconnus en milieu naturel. Les espèces du genre *Cryptocoryne* sont les plus connues de ces contrées. Elles ont colonisé tous les types de milieux, et l'on trouve parmi elles des espèces strictement aquatiques et d'autres paludéennes ou amphibies. *C. ciliata* se rencontre le long des rivières bien exposées au soleil et supporte assez bien l'influence marine. Dans les petits cours d'eau en forêt tropicale, les crues se font fortement sentir, et des variations (de 1 à 2 mètres de hauteur) influent sur la croissance et l'apparence de certaines espèces. Mais la baisse du niveau

Végétation typique de Sri Lanka

de l'eau peut être aussi très brusque. Des espèces amphibies comme C. *wendtii* du Sri Lanka, sont très polymorphes. Les plantes asiatiques strictement aquatiques les plus connues se comptent parmi les hygrophiles, les myriophylles, les blyxas et les potamogetons. Certaines plantes aujourd'hui bien connues en aquariophilie sont originaires de quelques grandes îles. C'est le cas de la Vallisnerie géante de Nouvelle-Guinée, des ottelies de Célèbes, et des faux tenellus de Nouvelle-Zélande et d'Australie.

■ Particularités du milieu

Variétés des eaux

En aquarium, les plantes comme les poissons bénéficient largement des techniques actuelles de maintenance. En milieu naturel, les conditions climatiques, physiques et chimiques influencent l'installation des plantes. Les fortes crues charrient des particules limoneuses en suspension qui se déposent sur les plantes. Ainsi, elles recouvrent les limbes d'une pellicule opaque et boueuse. Les courants rapides dégagent le lit des rivières mettant les roches et les galets à nu. Peu de plantes trouvent donc un terrain favorable à leur fixation dans les eaux vives.

La composition chimique de l'eau est également très importante pour la croissance des plantes en milieu naturel. Par exemple, les eaux noires d'Amérique du Sud, au pH très bas, faiblement minéralisées et chargées d'acide humique, sont extrêmement pauvres en plantes. Les eaux claires, souvent rapides, dépourvues de sels minéraux sont tout autant dépourvues d'espèces végétales. Ce sont les eaux blanches au pH proche de la neutralité, faiblement minéralisées, qui offrent le biotope le plus propice au développement des plantes en Amérique du Sud. Dans les rivières où l'eau est fortement minéralisée et à pH basique élevé, comme au Mexique, les plantes ne trouvent pas un terrain favorable. Les plantes situées dans les lagunes à eau minéralisée, subissent des précipitations de carbonates (calcium et magnésium). C'est notamment le cas des feuilles de *Ceratophyllum demersum* qui agissent comme de la toile émeri sur les mollets lorsque l'on se promène.

Station à Cabomba au Mexique

Gaz carbonique : un rôle essentiel

Les résurgences des nappes d'eau souterraines, non sulfureuses, favorisent le développement des plantes. Le gaz carbonique qui s'y accumule joue un rôle important dans la croissance des végétaux. En rivière, ces résurgences favorisent la prolifération de stations végétales en aval, grâce à la présence du $C0_2$. Mais ces stations s'étiolent rapidement par dispersion du gaz carbonique, essentiel à la photosynthèse des plantes. Les grands lacs de l'Est africain sont paradoxalement dépourvus de plantes significatives pour l'aquariophilie. Cela s'explique d'abord par la composition particulière de leur eau, faiblement minéralisée et souvent fortement basique. Mais c'est aussi dû à la présence des vents côtiers qui éliminent le gaz carbonique et favorisent ainsi une oxygénation intense. Les lacs Tanganyika, Malawi et dans une moindre mesure le lac Victoria sont donc dépourvus de plantes. La côte rocheuse est couverte d'algues jaune verdâtre appelées Aufwuchs, principale nourriture de nombreux Cichlidés (perches exotiques). Seule la côte sablonneuse est ornée de temps à autre de quelques stations de *Vallisneria* rabougries. En revanche, le lac Victoria est couvert de *Papyrus,* de *Typha* et de *Nymphaea,* dans ses zones marécageuses. On constate que la maintenance artificielle des plantes offre un milieu totalement différent de celui de la nature.

	AMÉRIQUE DU SUD		AMÉRIQUE CENTRALE		AFRIQUE		ASIE
	Eau noire Pérou	Eau claire Guyane	Lagune Ignacio Allendé	Rivière Rio Candelaria Mexique	Rivière Mungo Cameroun	Lac Tanganyika	Petite rivière de Malaisie
pH	5,80	7,2	7,2	7,3	7,5	7,8 à 8,2	6,3
Dureté totale THf°	0,20	7	17,5	63	6	20	3,5
Dureté carbonatée THf°	0,12	4,5	12,5	40	4,5	5	2,5
Nitrites mg/l	0	0	0	0	0,5	0	0
Nitrates mg/l	1,50	1	25	0	3	4	0
Température °C	24	23	28	25	27	27	26
Transparence m	2-3	3-4	1,0	10	1,0	20	1,0
Couleur	Thé	Bleue	Brune	Verte	Brune	Bleue	Thé
CO_2 mg/l	1	12	18	0	8	0	2
Conduct. uS/cm² à 20 °C.	17	150	620	2 300	75	600	140

Caractères physico-chimiques de quelques types d'eau en milieu naturel

■ L'acclimatation des plantes

L'introduction de spécimens « sauvages » dans un aquarium requiert quelques précautions. En effet, les conditions dans lesquelles les plantes sont récoltées, transportées ou vendues, peuvent créer quelques déboires au moment de leur installation dans l'aquarium. Nous ne voulons pas soulever ici le problème des plantes rares ou peu connues que les aquariophiles ou les botanistes rapportent lors de leurs voyages, et qui prennent toutes les précautions au moment de la récolte et du transport. Voyons seulement celles qui approvisionnent le commerce aquariophile, que chacun rencontre chez son commerçant, les Myriophylles, les *Bacopa,* les Vallisneries, les *Echinodorus.* Ces plantes nous viennent des fermes lointaines, où les conditions optimales de culture et de rentabilité sont recherchées. Le transport reste la part la plus élevée du prix de revient ; il ne se fera pas toujours alors dans les meilleures conditions pour les plantes.

Sélection et conditionnement

Après la récolte, elles sont sélectionnées et mises par bottes de 250 ou 500 pieds souvent très serrées. Celles-ci sont conditionnées dans des boîtes en polystyrène et maintenues en milieu humide grâce à un papier journal mouillé. Dans le meilleur des cas, ces plantes seront réfrigérées à 18 °C, afin de ralentir leur métabolisme, et expédiées rapidement pour éviter un voyage supérieur à 36 heures. Les plus fragiles sont mises en sacs nylon légèrement gonflés afin d'éviter l'écrasement. Le tassement excessif des plantes, le conditionnement à une température ambiante de 28 à 30 °C en pays tropical, et un voyage supérieur à 48 heures seront des facteurs néfastes pour une bonne acclimatation. Tous ces méfaits accumulés produisent la fermentation des plantes. Les caisses aux bottes serrées laissent souvent apparaître des végétaux brûlés, seuls une centaine de pieds restant intacts sur la périphérie grâce à la circulation de l'air entre les espaces. C'est donc aux importateurs compétents de sélectionner leurs fournisseurs d'après la qualité et les soins apportés au conditionnement des plantes. C'est également à eux qu'incombe la lourde tâche d'une première acclimatation réussie en serre. Les plantes doivent être placées sous l'eau, par unité de vente, dans des conditions optimales de lumière, chaleur et fumure, afin de reprendre rapidement leur apparence « naturelle ».

Bonne santé et bon choix

Certaines plantes plus rares comme les *Echinodorus* sont multipliées en Europe sous forme émergée et en principe devraient être acclimatées sous leur forme immergée avant la vente. Mais, dans la plupart des cas, ces espèces se retrouvent dans le commerce avec leur hampe florale encore présente. En général, toutes ces plantes reçoivent à ce moment un apport de gaz carbonique par faible diffusion, dans une eau souvent peu minéralisée et acide. Ce coup de fouet artificiel permet de rétablir rapidement la santé des plantes, leur donnant une apparence acceptable pour le commerce de détail. Suivant la compétence et le sérieux du revendeur, les plantes poursuivront leur convalescence dans de bonnes conditions ou recevront leur second choc néfaste dans un intervalle de temps parfois réduit. Ce sera à l'aquariophile ou à l'aquaculteur amateur de faire la différence entre les plantes ayant le moins souffert le long de la chaîne commerciale.

Lors de son choix, il veillera à ce que :
– les espèces ne soient pas dotées d'une hampe florale ;
– les tissus végétaux aient une couleur vert tendre, à moins que le jaune ou le rouge soit la couleur naturelle du végétal considéré ;
– le feuillage des *Cabomba* et des Myriophylles soit dressé et épanoui ;
– les feuilles des *Cryptocoryne* ne présentent pas de taches brunes ;
– l'extrémité des feuilles en lanière des *Vallisneria* ne soit pas arrachée ;
– les *Aponogeton* soient dépourvus de feuilles (l'absence de feuillage témoigne d'un repos végétatif récent qui est le gage d'une bonne reprise) ;
– les bulbes soient fermes et ne dégagent pas de bulles gazeuses sous la pression des doigts.

Les plantes ne cherchent qu'à croître. C'est à l'aquariophile de leur offrir les meilleures conditions de maintenance.

Photo page ci-contre : Eaux noires (Guyane française)

Culture en position émergée dans les serres d'un importateur.

Plantes en aquarium

Actuellement, aucune raison sérieuse n'impose le maintien des plantes en aquarium avec des poissons. Seules quelques espèces piscicoles bien précises exigent la présence de ces plantes comme substrat de ponte. L'aquariophile choisit, bien souvent, des plantes pour son aquarium car il préfère les végétaux aquatiques aux poissons. Il réalise alors un bac de type hollandais. Mais, pour des raisons purement esthétiques, il peut choisir d'associer plantes et poissons.

■ Raisons techniques et soucis d'esthétique

Si autrefois la présence de plantes en aquarium était vitale pour la santé des poissons, ce n'est plus le cas actuellement, grâce à la technique sophistiquée et à la fiabilité du matériel d'aquariologie. Nos prédécesseurs n'avaient pas à leur disposition de filtres performants ni de pompe à air. Les plantes remplaçaient avantageusement ces appareils en fournissant de l'oxygène tout en épurant partiellement l'eau.
Les techniques actuelles, notamment le goutte à goutte, limitent la présence des matières toxiques dans un bac. Jusqu'ici, beaucoup d'ouvrages attribuaient à tort ce rôle aux plantes, justifiant ainsi leur présence en aquarium. Afin d'éviter une catastrophe piscicole dans le bac, il vaut mieux ne pas compter sur une épuration par les plantes.
Durant la dernière décennie, l'optique dans ce domaine a fortement changé parmi les aquariophiles. Les bacs surpeuplés ne se rencontrent pratiquement plus. Les aquariophiles mettent tout en œuvre pour le bien-être des poissons. Souvent stimulés dans ce sens par le commerce spécialisé, ils vont parfois à l'encontre des besoins vitaux des plantes.
Néanmoins, il est difficile d'imaginer un bac d'eau douce, et même d'eau de mer, sans la présence de végétaux. Sans eux, ces récipients à l'aspect rude seraient dépourvus d'attrait. De plus, ils offrent aux animaux des refuges et limitent des territoires. Ils créent une atmosphère chaleureuse, principalement dans la partie supérieure aquatique toujours difficile à combler.
Les bacs totalement dépourvus de plantes se rencontrent principalement chez le cichlidophile (amateur de Cichlidés), pour lequel l'efficacité des conditions physico-chimiques prime pour le bien-être des poissons. Ce désert végétal se retrouve également chez les aquariophiles passionnés d'espèces gourmandes de verdure ou vivant en eau saumâtre.

■ Organisation de l'aquarium : une question de goût et de connaissances

Les nuances de couleur des plantes aquatiques disponibles permettent de réaliser de vrais tableaux de maître. Toutes les teintes de vert sont représentées, mais également des jaunes, des rouges, qui, mariés aux divers matériaux naturels ou artificiels, autorisent les contrastes les plus saisissants. Dans ce domaine, il est difficile de prodiguer des conseils... Il faut simplement prendre en compte les exigences vitales des plantes. L'emplacement de celles-ci dans l'aquarium, par exemple, ne sera donné qu'à titre indicatif. Le fait de placer une plante de grande taille au premier plan dans le bac nuira forcément à l'esthétique, mais n'empêchera certainement pas la plante de croître et de se multiplier. L'agencement végétal d'un aquarium sera principalement une affaire de bon sens, de goût, mais également de connaissance des exigences

Bac pour piranhas.

végétales et piscicoles, afin que ce microcosme vive en harmonie. Mais il faut absolument bannir les scaphandriers à coffre basculant, le sous-marin plongeant ou autre jardin japonais sous-lacustre. Les plantes artificielles, parfois d'une bonne copie, resteront statiques. Ces plantes peuvent éventuellement « embellir » un bac aux occupants brutaux, végétariens voraces, ou sapeurs impénitents. L'utilité des plantes en aquarium est moindre que leur esthétique.
Les capacités de désintoxication ou d'oxygénation sont parfois faibles face aux diverses techniques aquariophiles actuelles. Aucune plante ne peut éviter les changements d'eau, ou dans certains cas, le diffuseur d'air. Sans l'apport de la technique, un bac, aussi bien planté et peuplé soit-il, présentera un bilan négatif à long terme. Outre les fabuleuses pompes à nitrates que constituent les jacinthes d'eau... si difficiles à garder en aquarium, ou les Élodés, véritables diffuseurs d'oxygène... qui s'étiolent sous la chaleur des bacs.

Abri et limitation du territoire

Les plantes d'aquarium contribuent à d'autres facteurs utiles. Par exemple, les plantes de surface, ou flottantes, de faible hauteur, offrent un couvert végétal partiel. Elles permettent ainsi la réalisation d'un bac amazonien. Les *Cryptocoryne* de petite taille aux feuilles larges servent d'abri aux petits poissons près du substrat.
Les rideaux de plantes peuvent former des limites de territoire, ce qui permet de faire cohabiter plusieurs espèces de poissons. Le point de vue des échanges chimiques et le bilan final de la présence de plantes en aquarium seront traités dans le chapitre consacré à leur maintenance.

■ Plantes et poissons

Cohabitation

Les plantes aquatiques ne sont en aucun cas dangereuses pour les poissons, ce serait plutôt l'inverse. Certaines espèces s'en nourrissent, d'autres les molestent. Mais, par leur présence les poissons fournissent le gaz carbonique indispensable à la croissance des végétaux. Certains les débarrassent aussi des algues parasites qui se développent sur leurs feuilles.
Bien que végétariens, certains poissons ignorent les plantes trop coriaces ou ayant mauvais « goût ». C'est le cas de la fougère de Java, *Microsorium pteropus,* ainsi que des différentes espèces du genre *Crinum*. La fougère africaine, *Bolbitis heudelotii,* est, elle aussi, négligée. Une cohabitation est donc possible dans le cadre d'une association judicieuse entre les plantes et les poissons.

Source de nourriture

Les plantes aquatiques les plus fragiles, face à l'appétit des poissons, se

Familles de poissons (H = Herbivores)	GRANDS TYPES DE PLANTES robustes — fragiles						
	Crinum Bolbitis Microsorium	*Spathiphyllum Vallisneria*	*Cryptocoryne Echinodorus Anubias*	Pl. flottantes Fougères flottantes	*Aponogeton Ludwigia*	*Rotola Hygrophila*	*Cabomba Myriophyllum Limnophila*
POLYPTERIDAE	+	+	+	+	+	O	O
ALESTIDAE	+	+	+	+	+	+	+
CITHARINIDAE **(H)**	O	O	–	–	–	–	–
ANOSTOMIDAE **(H)**	O	O	–	–	–	–	–
CHARACIDAE	+	+	+	+	+	+	+
CHARACIDIIDAE	+	+	+	+	+	+	+
CURIMATIDAE **(H)**	O	O	–	–	–	–	–
ERYTHRINIDAE	+	+	+	+	+	+	+
GASTEROPELECIDAE	+	+	+	+	+	+	+
HEMIODIDAE	+	+	+	+	+	O	–
LEBIASINIDAE	+	+	+	+	+	+	O
SERRASALMIDAE **(H)**	O	O	–	O	–	–	–
COBITIDAE	+	+	+	+	+	+	+
CYPRINIDAE	+	+	+	+	+	+	O
BAGRIDAE	+	+	+	+	+	+	+
CALLICHTHYIDAE	+	+	+	+	+	+	+
CLARIIDAE	+	+	+	+	+	+	+
DORADIDAE	+	+	+	+	+	+	+
LORICARIIDAE	+	+	+	+	+	+	+
MOCHOCIDAE	+	+	+	+	+	+	+
PIMELODIDAE	+	+	+	+	+	+	+
CYPRINODONTIDAE	+	+	+	+	+	+	+
POECILIIDAE (Poecilia)	+	+	+	+	+	O	–
POECILIIDAE (autres)	+	+	+	+	+	+	+
ANABANTIDAE	+	+	+	+	+	+	+
BELONTIIDAE	+	+	+	+	+	+	+
CICHLIDAE ≅ **(H)**	+	+	O	+	O	–	–
CENTRACHIDAE	+	+	+	+	+	+	+
CENTROPOMIDAE	+	+	+	+	+	+	+
LOBOTIDAE	+	+	+	+	+	+	+
MONODACTYLIDAE **(H)**	+	O	O	+	O	–	–
NANDIDAE	+	+	+	+	+	+	+
SCATOPHAGIDAE **(H)**	+	+	O	+	–	–	–
TOXOTIDAE	+	+	+	+	+	+	O
ATHERINIDAE	+	+	+	+	+	+	+
CHANNIDAE	+	+	+	+	+	+	O
GOBIIDAE	+	+	+	+	+	+	+
HEMIRHAMPHIDAE	+	+	+	+	+	+	+
MASTACEMBELIDAE	+	+	+	+	+	O	O
MELANOTAENIIDAE	+	+	+	+	+	+	O
MORMYRIDAE	+	+	+	+	+	+	+

Cohabitation plantes-poissons (+ bonne; O possible; – mauvaise).

comptent parmi celles qui possèdent un feuillage finement divisé ou filiforme comme les *Cabomba,* les *Myriophyllum* et les *Limnophila.* Même les *Pœciliidés (guppys),* pourtant réputés très pacifiques envers les plantes, s'attaquent à elles. Les occupants de votre bac, même non végétariens, résistent difficilement à la tentation que représentent les jeunes pousses de ces genres et les espèces de poissons végétariennes les apprécient beaucoup. Il suffit de leur en jeter une poignée à la surface du bac pour les voir se « jeter » dessus. De nombreuses espèces consomment ces plantes, notamment les Anostomidés, certains Cichlidés algivores, ou des Curimatidés. On peut remplacer ces végétaux par des épinards ou de la salade pochée. Mais bon nombre d'aquariophiles en possèdent en culture, afin de satisfaire à certaines exigences alimentaires, les autres végétaux étant parfois refusés.

La meilleure utilisation de ces « plumeaux végétaux » consiste à leur offrir une place de choix dans un bac hollandais. Leur place en bac communautaire est peu réaliste à long terme.

Supports de ponte

De nombreux éleveurs utilisent d'une façon spécifique certaines plantes. Ainsi, l'amateur de Bélontiidés (famille du combattant et du macropode) utilise les fougères flottantes qui offrent plusieurs avantages. Elles limitent l'amplitude des mouvements de surface de l'eau, et permettent la construction du nid de bulles. En effet, chez ces espèces, dans la plupart des cas, le mâle construit le nid à l'aide de sa « salive ». La périphérie de celui-ci adhère aux plantes et permet un ancrage stabilisant. Par la suite, lorsque les alevins nagent librement, les plantes offrent encore un abri entre leurs radicelles, situées près de la surface. Les micro-organismes qui se développent en leur sein constituent les premiers aliments des alevins.

Les plantes sont utiles comme supports de ponte pour des espèces à reproduction difficile, mais également pour d'autres à ponte plus spontanée. Ainsi, des espèces de familles diverses, comme les petits Charicidés, les Cyprinidés, quelques Cyprinodontidés ou les Mélanotaeniidés, déposent leurs œufs sur ou entre les feuilles graciles des plantes. Les mousses comme le Bogor *(Glossadelphus zollingeri),* la Fontinalis *(Fontinalis antipyretica)* ou encore celle de Java *(Vesicularia dubyana)* sont très intéressantes dans ce cas.

Par contre, on préférera les plantes hautes, à feuillage fin, pour la reproduction des poissons qui pondent en pleine eau. Dans ce cas, elles doivent subir un traitement sanitaire préventif, afin de ne pas contaminer les futurs œufs des poissons par les bactéries et les champignons qu'elles abritent. Ce traitement s'effectue en balnéation dans une solution d'alun de potasse à 6 g/l pendant une heure à 35 °C. Il est également recommandé pour les plantes en bac communautaire ou ornemental, afin de les débarrasser des mollusques indésirables ou de leur ponte gélatineuse incolore. Chez certaines espèces de poissons, les œufs sont tout particulièrement sensibles. Les supports de ponte nécessitent alors une stérilisation thermique ou chimique (solution d'acide chlorhydrique à 10 %), traitements insupportables pour les végétaux. Dans ce cas, on utilise des matériaux de substitution qui résistent à ces opérations. Ils représentent des caricatures de plantes. C'est le cas pour le « moppe », une île flottante en liège, sur laquelle des morceaux de laine verte synthétique sont fixés sur la tranche, à l'aide d'un élastique. La mousse filtrante en nylon vert est également un support de remplacement avantageux. Ces matériaux auront une excellente tenue lors des stérilisations successives. Beaucoup d'espèces de poissons s'y laissent « prendre » comme les *Phenacogrammus interruptus,* des *Aphyosemion,* ou des Characidés difficiles à reproduire comme *Hyphessobrycon erythrostigma.*

Les plantes des genres *Anubias, Echinodorus* et *Cryptocoryne,* aux feuilles larges, offrent une certaine inertie face aux pressions abdomidales des poissons lors de la ponte. Ces feuilles ovales, lancéolées, spatulées, sur tige plus ou moins rigide, opposent un appui ferme lors de la ponte. Cela permet à la femelle de coller son oviducte et ainsi de parfaire l'adhésion de l'œuf sur le tissu végétal. Par la suite, les larves se

Poisson-feuille:
Monocirrhus polyacanthus

fixent dessous à l'aide de leur filament ou de leurs glandes céphaliques. Ces plantes sont les meilleurs supports de ponte pour certaines espèces de la famille des Cichlidés qui quelquefois n'y fixent que leurs larves. Les Callichthyidés *(Corydoras),* quelques Locariidés et Cyprinidés *(Barbus* et *Rasbora)* ont la particularité de pondre à la face inférieure de leurs feuilles. L'exemple le plus étonnant est celui de la ponte du poisson-feuille *(Monocirrhus polyacanthus)* dont la forme et la couleur du corps se confondent étrangement à celles d'une feuille. Il fixe ses œufs par un filament au feuillage et veille sur sa ponte sans être remarqué des autres occupants du bac.

Plantes fossiles: la tourbe

Tout un groupe de poissons, parmi les Cyprinodontidés, déposent leurs œufs dans la tourbe. C'est le cas de certains *Aphyosemion,* des *Nothobranchius* africains et des *Cynolebias* néotropicaux, qui, en captivité, s'enfouissent dans une couche de sphaignes *(Sphagnum)* pour y déposer leur ponte. Les sphaignes poussent dans les marais acides, en couches successives et leur accumulation est à l'origine de la tourbe. Cette matière contenant les œufs, asséchée mais humide, est stockée en sachets de nylon et datée. Après un temps de repos plus ou moins long suivant l'espèce de poisson considérée, la tourbe et les œufs sont remis à l'eau où l'éclosion des alevins est fulgurante. Cette tourbe trouve toutes sortes d'utilisations en aquariophilie. Celle que l'on utilise pour l'horticulture convient parfaitement, à condition d'être dépourvue d'additifs de conservation, ou de produits azotés.

■ Quelques conseils

L'aquariophile doit avoir le souci de se renseigner sur les mœurs des poissons avant chaque acquisition. Il doit choisir ses sources dans des ouvrages spécialisés, sinon il s'expose à de désagréables surprises. Lorsque des magnifiques poissons comme les *Leporinus,* les *Anostomus* et les *Abramites,* tondent un bac bien planté en moins d'une journée, on peut tomber au bord des larmes, et regretter amèrement le manque de renseignements sur les mœurs des nouveaux arrivants du bac.

Quelques espèces sont à recommander particulièrement, comme les poissons-nettoyeurs ou « laveurs de vitre ». Le plus connu d'entre eux, le gyrino *(Gyrinocheilus aymonieri),* mais aussi les petits *Ancistrus, Otocinclus* ou *Garra,* rendent d'innombrables services à l'aquariophile, et aux plantes. Les déplacements brusques de ces poissons, entre les tiges, débarrassent les feuilles des particules en dépôt. Ces dernières sont alors remises en suspension dans l'eau et attirées vers le filtre. Le régime alimentaire de ces poissons, à tendance phytophage, est assez spécialisé. Ils apprécient particulièrement la couverture d'algues (périphyton) qui se développe sur les feuilles des végétaux supérieurs.

Néanmoins, il est erroné de croire que ces poissons nettoient effectivement: ils se nourrissent avant tout! En aucun cas, ils ne remplacent les changements d'eau, ni les passages de la raclette sur les vitres.

La plantation

Réussir la plantation des végétaux n'est pas un acte aussi simple qu'il y paraît. Même si les conditions optimales de leur maintenance sont réunies, le succès de leur reprise n'est pas pour autant assuré.
Ainsi, certains substrats sont plus ou moins aptes à recevoir des plantes.
Faut-il, oui ou non, acquérir les espèces avec des fortes racines ? Si oui, faut-il tailler ces dernières ou bien les laisser entières ? De même, le feuillage doit-il être totalement conservé ? Ou bien doit-il être réduit ?
Peut-on disposer sans réflexion les végétaux dans le bac ? Ou doit-on tenir compte de leur taille respective quand ils seront en pleine croissance... ?
Liste non exhaustive de questions qui, bien souvent, ne peuvent recevoir que des réponses ponctuelles, en fonction de l'espèce végétale considérée.

■ Problème du substrat

Les végétaux se plantent plus ou moins facilement, suivant la configuration et la structure du substrat. Dans le sable, les plantes à racines ou les boutures sont bien maintenues grâce aux propriétés de ce matériau. Dans un substrat de granulométrie supérieure, la plantation est un peu plus difficile selon le diamètre des grains et la taille des interstices.
Dans le gravier, par exemple, les plantes se maintiennent mieux que dans la pouzzolane où elles risquent de remonter vers la surface dans les premiers temps de la plantation. Même dans ces conditions, les mousses protectrices autour des racines ainsi que les divers lests en plomb (bandes ou pinces) ne doivent pas être conservés en aquarium, surtout si l'on recherche un milieu acide. Il est toujours possible de lester des plantes, notamment de grande taille, à l'aide d'un petit galet placé sur une feuille.

■ Couper ou non les racines ?

Une attention particulière doit être apportée aux racines. Dans ce domaine, quelques idées erronées circulent parfois chez les aquariophiles. Pour beaucoup, de fortes racines sont la garantie d'une réussite certaine et ils demandent à leurs fournisseurs des plantes aux racines longues. Cela ne s'avère pas nécessaire. Des racines fortes ne constituent pas le signe infaillible d'une bonne santé de la plante. A quoi servent de bonnes racines si le cœur du végétal est malade ?
Si on possède une plante à fortes racines, faut-il couper ces dernières avant de la planter dans l'aquarium ?
Deux cas se présentent selon que les plantes ont été cultivées en position émergées ou immergées.
Avant d'introduire dans l'aquarium des plantes, cultivées en position émergées, l'aquariophile doit couper une bonne partie des racines. En revanche, cette pratique n'est pas nécessaire pour les plantes cultivées en position immergées.

Réponses ponctuelles

Les plantes à rhizome, comme les *Echinodorus,* les *Aponogeton* ou les *cryp-*

Photo page ci-contre : Marécage dans l'île Cayenne (Guyane).

tocoryne, peuvent être coupées en laissant une longueur suffisante pour leur maintien dans le substrat ; leurs racines se développeront sur la partie nouvelle du rhizome.

Les plantes à tige comme les *Cabomba,* les *Myriophyllum* (en général toutes celles qui sont vendues en brins par groupe de 4 à 5) sont demandées avec des racines par les aquariophiles. C'est une erreur. Ces racines sont superflues, voire néfastes. De simples boutures forment rapidement des racines sous leurs nœuds, parfois tout au long de la tige. Cette aptitude est en grande partie inhibée à partir du moment où la tige s'enfonce dans le substrat. La plante utilise alors ses réserves pour former des racines fortes et se fixer. Elle crée ainsi une base solide pour une bonne croissance ultérieure. Si par la suite, cette bouture est arrachée du substrat et à nouveau plantée, ses racines pourrissent. Les plantes à tige ne doivent pas être replantées avec leurs racines. C'est pour cette raison que lors d'une réfection de l'aquarium, il est préférable d'écourter les tiges de ces plantes de quelques centimètres.

■ Transplantations successives

Les quelques remarques précédentes permettent de comprendre les problèmes de reprise des végétaux acquis dans le commerce. Les multiples transplantations, durant chaque étape de la commercialisation, ont souvent épuisé leurs substances nutritives à former des racines inutiles. Comment ces plantes peuvent-elles encore être en bonne santé ?
L'aquariophile peut limiter ces problèmes en guettant les arrivages de plantes. Il doit les acquérir dès que le commerçant les réceptionne et ce, avant qu'elles ne soient repiquées et ne forment des racines.

■ Avec feuilles ou sans feuilles ?

Conserver ou supprimer les feuilles des végétaux à planter doit recevoir une réponse ponctuelle.
Ainsi, pour les *Echinodorus* de grande taille, 8 à 9 feuilles centrales sont suffisantes.
Si leur nombre est supérieur, il suffit de retirer quelques feuilles externes. Suite à cette précaution, la plante aura plus de force pour former des racines.
Les plantes naines et les *Cryptocoryne* doivent disposer de 5 à 6 feuilles saines.
En revanche, il faut choisir les *Aponogeton* avec un bulbe dépourvu de feuilles ou en début de croissance.

Bac hollandais

Choix des espèces et organisation du bac

En installant un nouveau bac ou lors de la réfection d'un aquarium, il est préférable d'acheter immédiatement l'ensemble de la plantation. Cela n'est pas toujours possible, pour des raisons pécuniaires ou à cause des difficultés d'approvisionnement chez les commerçants. Toutes les espèces aquatiques ne peuvent pas être obtenues : seules 80 à 100 espèces figurent sur la liste standard des grossistes spécialisés. Cette liste est par contre plus importante aux Pays-Bas ou en Allemagne qu'en France.

Les plantes seront choisies selon les besoins et le goût de chacun, mais également en fonction de certaines nécessités biologiques.

Ainsi, les plantes à croissance rapide comme les *Vallisneria,* placées en arrière-plan près du filtre de l'aquarium, peuvent gêner d'autres espèces proches. Leurs feuilles rubanées, poussées par le courant d'eau qui sort de la pompe, accaparent une grande partie de la lumière. En revanche, les espèces du genre *Cryptocoryne* trouvent leur place tout naturellement aux pieds des mêmes *Vallisneria* sous lesquelles la lumière est encore suffisante à leur croissance. Des éléments de décoration naturels comme les coques de noix de coco, peuvent servir de site de ponte, notamment aux petits Cichlidés. Il est alors inutile de placer des plantes trop près de l'ouverture de la noix, car elles seront déterrées par les poissons, soucieux de dégager sur le territoire un champ de vision. Tous ces cas particuliers doivent être pris en considération avant la plantation proprement dite.

L'organisation du bac se fait de préférence à partir d'un petit croquis où les emplacements des différentes espèces végétales sont soigneusement délimités en fonction de divers paramètres : le rejet du filtre ou les éléments statiques du décor (racines, roches), etc. La disposition des végétaux doit être irrégulière. Il faut éviter les alignements de « potager ».

Les plantes à croissance rapide trouvent tout naturellement leur place en arrière-plan ou sur les côtés. N'oublions pas aussi de prendre en compte la couleur naturelle de chaque espèce afin de créer une harmonie.

Enfin, il faut veiller à ne pas trop rapprocher les plantes les unes des autres. Dans de bonnes conditions de croissance, les espaces laissés libres, lors de la plantation, seront vite comblés.

Technique de plantation

Lorsque le choix des espèces et l'organisation du décor sont tout à fait réfléchis, l'aquariophile se rend chez son détaillant muni d'une caisse en polystyrène.

Les espèces à tige sont choisies en nombre supérieur à 10. Celles de « prestige », à fort développement, à l'unité. Les plantes amazoniennes : *Cryptocoryne, Aponogeton* par 5 à 7, suivant la place disponible dans le bac.

Les plantes achetées, refusez l'emballage en papier journal humide que l'on risque de vous proposer, demandez que vos achats soient placés dans un sac en nylon avec un peu d'eau et gonflé d'air : cela évite l'écrasement et le refroidissement des plantes. La caisse en polystyrène vous permettra un retour sans difficultés de transport.

Pour des raisons phytosanitaires, avant toute introduction dans l'aquarium, les plantes doivent être baignées dans une solution d'alun de potasse à une température de 35 °C pendant une heure. Elles sont ensuite rincées à l'eau claire à une température légèrement plus basse. Les plantes à tiges sont regroupées par 2 ou 3 et leurs tiges écourtées de 2 à 3 centimètres.

Elles sont maintenues le long du majeur avec le pouce, puis enfoncées dans le substrat avec l'index et l'annulaire. Elles doivent être disposées en bosquets d'une même espèce, plutôt que clairsemées dans le bac.

La mise en place des espèces à racines demande plus d'attention. En aucun cas le cœur ou le collet ne seront recouverts de gravier ou de tout autre

Les espèces à racines, comme Vallisneria asiatica, *doivent être plantées le collet hors du substrat.*

Le rhizome du Microsorium pteropus *ne doit pas être enterré.*

matériau. Par ailleurs, les racines doivent être placées en position verticale dans le substrat et ne pas être pliées. Pour cela, il suffit de creuser un cône large et profond dans lequel on enterre la racine, puis le substrat est rabattu dessus. Le collet est maintenu hors du fond en tirant légèrement sur la plante, quitte à apercevoir quelques millimètres de racines. Les bulbes sont enfoncés à demi-enterrés.

D'ordinaire, les plantes à rhizome sont fixées au fond uniquement par leurs racines. Mais quelques plantes particulières des genres *Bolbitis* et *Microsorium* ne doivent pas être enterrées dans le substrat. Leurs racines spécialisées ne supportent pas ce traitement : ces plantes se fixent à un support en pleine eau. On peut par exemple, dans une premier temps, emprisonner le rhizome dans un trombone piqué dans le décor en polystyrène pour maintenir la plante. Puis, 3 à 4 semaines plus tard, retirer le trombone, lorsque la plante s'est fixée naturellement (le trombone ne laisse pas de traces). Il est également possible d'utiliser un élastique qui maintiendra le rhizome contre une racine de tourbière ou une roche. Une fois la plante fixée au substrat par ses racines, il suffit de rompre l'élastique.

La plantation des espèces aquatiques possédant un oignon, comme celle du genre *Crinum,* est beaucoup plus difficile. Quand on les achète, leurs racines sont souvent courtes et leur densité, plus faible que celle de l'eau, les attire vers la surface. La seule solution consiste à enterrer les racines le mieux possible et à caler l'oignon contre le substrat, avec une petite pierre plate, en attendant le développement des racines.

Les éventuelles dispositions spécifiques de plantation sont signalées dans les monographies des espèces.

EXIGENCES ET MAINTENANCE DES PLANTES

L'aquariophile se doit de recréer des conditions de vie proches de celles du milieu naturel des plantes. Mais comme pour tout végétal chlorophyllien, il devra répondre aux exigences de leur maintenance et de leur croissance.

La lumière

En milieu naturel, le soleil fournit à tous les végétaux chlorophylliens la totalité de l'énergie lumineuse nécessaire au processus de la photosynthèse. En aquarium, cette source lumineuse trop irrégulière et difficilement contrôlable impose l'utilisation et l'installation d'un éclairage artificiel. Pour satisfaire aux besoins de ses plantes, l'amateur devra veiller à leur fournir une source lumineuse en quantité, en qualité et en durée suffisantes.

■ Quantité de lumière ou éclairement

La plupart des plantes aquatiques importées sont originaires des zones tropicales ou intertropicales. Or, une majorité de ces espèces vivent en milieux ombragés comme les galeries forestières ou les forêts tropicales humides ; elles nécessitent donc peu de lumière.
Une question se pose : quelle quantité de lumière faut-il offrir aux plantes aquatiques ?

Éclairement et plantes

Dans les conditions naturelles, l'éclairement, à la surface de l'eau sous un ciel légèrement couvert, est de 15 000 à 20 000 lux à midi. Sous 30 à 40 cm d'eau, il chute aux environs de 700 à 3 000 lux. Mais en zone ombragée, à la même profondeur, l'éclairement n'est plus que de 150 à 500 lux.

Le tableau ci-dessous rend compte des besoins en quantité de lumière des principaux groupes de plantes au sein d'un bac. Ces valeurs s'entendent pour des sujets isolés. Elles seront revues en légère hausse pour un bac à composition végétale hétérogène ou de type hollandais. En effet, les plantes de surface et les plantes élevées créent une ombre importante sur celles situées immédiatement en dessous.

Pertes de lumière

L'eau, même pure, constitue un obstacle à la pénétration de la lumière. La quantité de lumière qui arrive au sein d'un liquide est d'autant plus faible que la hauteur de la colonne d'eau à traverser est importante. Les particules en suspension dans l'eau de l'aquarium constituent un frein supplémentaire à

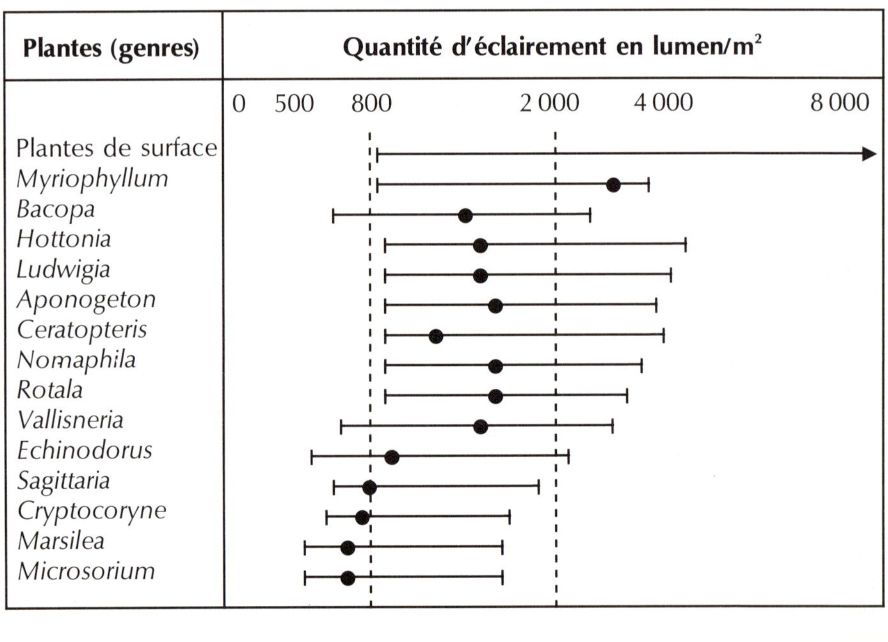

Besoins d'éclairement de quelques genres.
● optimum par groupe

cette pénétration de la lumière. Il convient pour cette raison, de mettre en œuvre une filtration efficace et d'effectuer des changements d'eau réguliers. De plus, les différentes longueurs d'onde, constitutives de la lumière blanche, sont absorbées sélectivement en fonction de la profondeur. Ainsi, le « rouge » est absorbé dans les premiers cm situés sous la surface de l'eau, le « vert » un peu plus profondément et enfin le « bleu ». On a donc une modification de la qualité de la lumière originelle, de la surface vers le fond. Les couvercles de verre ou de plexiglas posés sur les aquariums doivent dans la mesure du possible être éliminés. Car une part importante de la lumière est réfléchie sur leur surface. De plus, cette couverture peut, à la longue, se couvrir d'algues ou de calcaire qui jouent le rôle de filtre vis-à-vis de la source lumineuse. La perte en quantité de lumière par la couverture de verre peut être chiffrée entre 7 et 9 % suivant la qualité et l'épaisseur du verre considéré.

La conception de la cage d'éclairage, placée au-dessus de l'aquarium, joue un rôle prépondérant. Afin de limiter les pertes de lumière, l'angle formé par les bords de l'aquarium et le centre de la source lumineuse doit être ouvert à 120°. Cela revient à diviser la largeur du bac en quatre pour situer la hauteur de la source lumineuse par rapport à la surface de l'eau. L'intérieur de la cage sera recouvert d'une couche de papier aluminium parfaitement lisse ou d'une couche de peinture chrome (bombe Spray pour enjoliveur de roue). Ces deux précautions auront pour effet de limiter les pertes de lumière.

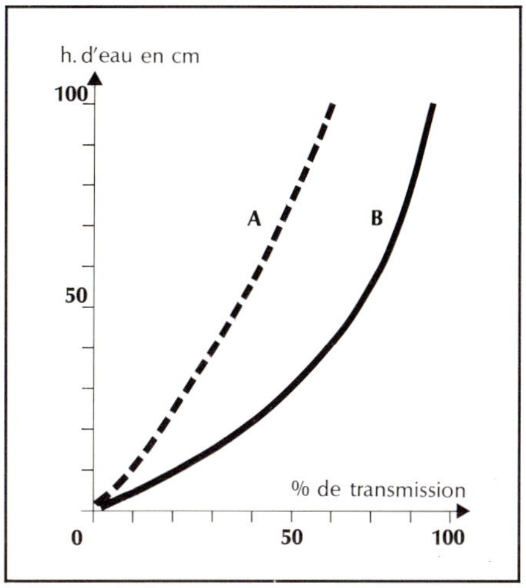

Pertes en quantité de lumière en fonction de la profondeur
A – en eau pure
B – en aquarium

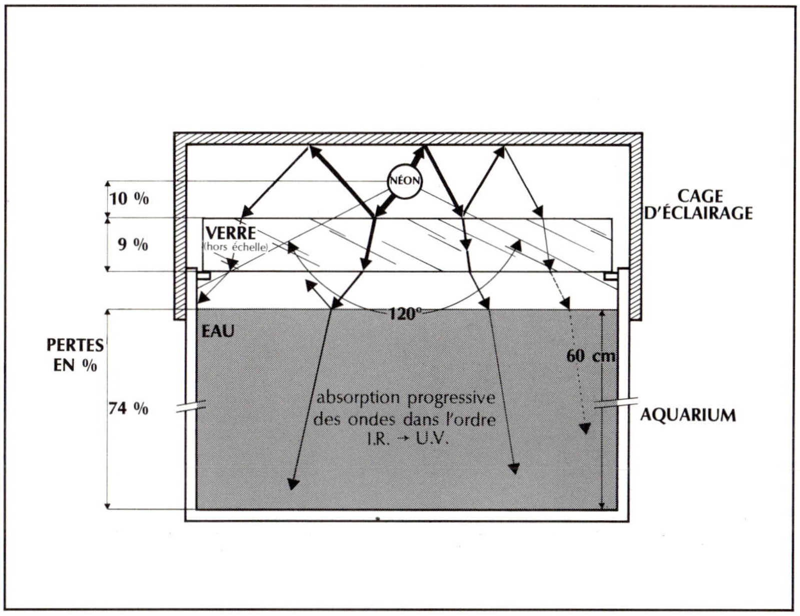

Conception de la cage d'éclairage et différentes pertes de lumière en %.

Calcul du flux lumineux à installer

En fonction de données préalables sur les exigences des plantes aquatiques et des perturbations de la lumière, de la source jusqu'au fond du bac, il est nécessaire de calculer la puissance initiale d'éclairement ou flux lumineux.

Une formule simpliste consiste à installer une puissance de 1 W pour 2 l d'eau... Mais à partir d'un volume important et d'une hauteur d'eau supérieure à 50 cm, cette formule est ruineuse en énergie, surtout avec des tubes fluorescents. Dès qu'une hauteur d'eau est supérieure à 60 cm, il convient de choisir des ballons fluorescents à haute pression (1 à 10 bars) dont la densité lumineuse atteint environ 5 candelas contre 0,8 pour le tube fluorescent classique.

Une formule simple permet de calculer le flux lumineux à installer en tenant compte des diverses pertes.

Flux lumineux = 20. S.H.P.
ou :
S = surface
H = hauteur
P = pertes (hauteur d'eau, couverture, couvercle)
20 = constante exprimée en lumen

Aquarium en cm Surf. × Haut.	Eclairement 20 lm/dm2	Coefficient de perte hauteur d'eau en cm	Perte 9 % couverture	Perte 10 % couvercle	Flux lumineux à installer	lm/l lm/dm^2
100 x 40 x 40 160 litres	40 dm2 800 lm	x 2,5 2 000 lm	180 lm	218 lm	2 398 lm	14,98 0,37
140 x 60 x 60 504 litres	84 dm2 1 680 lm	x 3,8 6 384 lm	574 lm	695 lm	7 654 lm	15,18 0,23
240 x 80 x 80 1 536 litres	192 dm2 3 840 lm	x 5,0 19 200 lm	1 728 lm	2 092 lm	23 020 lm	14,98 0,24
350 x 150 x 100 5 250 litres	525 dm2 10 500 lm	x 6,25 65 625 lm	5 906 lm	7 153 lm	78 684 lm	14,98 0,28

Bac de 160 litres	2 tubes de 90 cm/60 W théoriques, 66 W réels (puissance absorbée de l'installation)
Bac de 504 litres	3 tubes de 120 cm/120 W théoriques, 144 W réels ou 2 ballons de 80 Watts
Bac de 1 536 litres	5 tubes de 150 cm/325 W théoriques, 390 W réels ou 3 ballons de 125 Watts
Bac de 5 250 litres	6 ballons de 250 W/1 500 W théoriques, 1 800 W réels

Puissance lumineuse à installer selon le volume du bac

■ Qualité de la lumière

Si les plantes ont besoin d'une certaine quantité de lumière, elles demandent aussi une qualité de lumière. Le pigment vert qu'elles contiennent, la chlorophylle, sélectionne certaines longueurs d'ondes, bien précises, de la lumière solaire. Le rendement de la photosynthèse sera meilleur si l'amateur offre préférentiellement aux végétaux de l'aquarium les longueurs d'ondes en question qui se situent dans le bleu et le rouge.

Spectre de la lumière blanche

Le spectre de la lumière blanche peut être visualisé en le décomposant à l'aide d'un prisme. De 3 800 Å à 7 500 Å apparaissent les ondes visibles qui correspondent à des couleurs; dans l'ordre : le violet, l'indigo, le bleu, le vert, le jaune, l'orange et le rouge. Aux deux extrémités, 3 800 Å, les U.V. (ultra violets), et 7 500 Å, les I.R. (infrarouges), invisibles. La plus grande quantité d'énergie absorbée par le processus chlorophyllien se situe dans l'émission bleu et rouge. Il importe donc de choisir des types de sources lumineuses ayant une dominance dans ces deux longueurs d'ondes, c'est-à-dire 4 200 à 4 500 Å et 6 300 à 6 800 Å. Mais beaucoup d'aquariophiles se sont aperçus que les plantes s'adaptent assez bien à un spectre d'émission non spécifique. Des bacs éclairés avec une batterie de tubes composés uniquement de « blanc industrie » sont nombreux, et abritent une végétation prospère, à condition que les autres facteurs nécessaires à la croissance des plantes soient respectés. Cette solution extrême n'est pas à suivre et il est préférable de porter son choix vers un tube proche de l'émission solaire en se référant au CRI (color rendering index) ou à l'index chromatique pour lequel 100 représente le spectre solaire dans son ensemble, au zénith. Le spectre global des sources lumineuses est donc comparé à la lumière solaire en lui attribuant une valeur relative à l'étalon 100. Cette indication devrait être fournie sur

Courbe d'efficacité photosynthétique

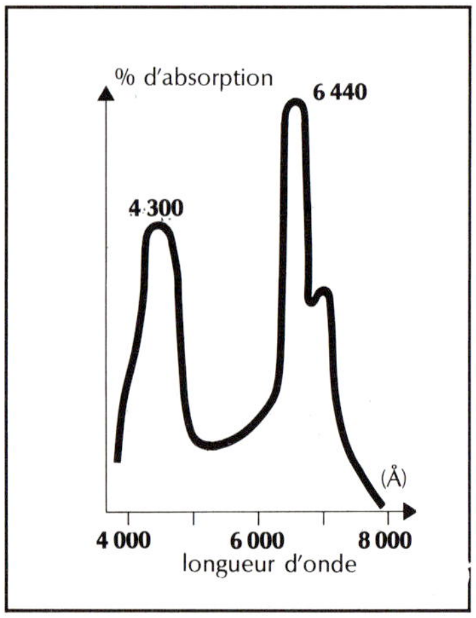

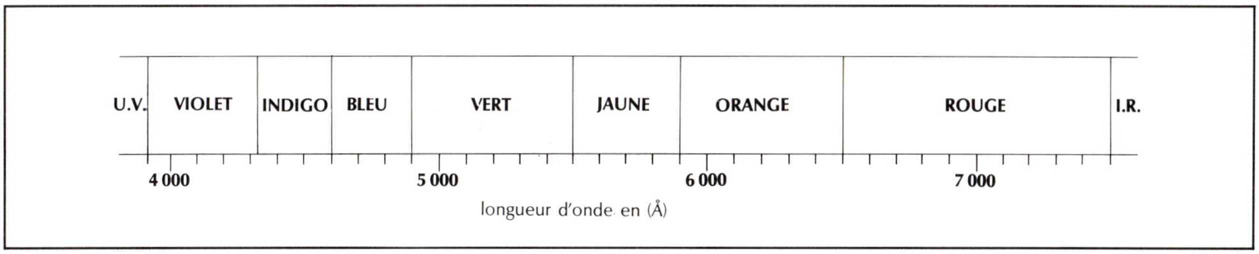

Spectre de la lumière blanche.

les documentations accompagnant les tubes, car elle permet à l'utilisateur, lors de l'achat, de se faire une idée instantanée de la valeur spectrale relative de la lampe, en référence à l'index 100. L'acheteur n'est pas forcément un spécialiste de l'interprétation de la courbe spectrale.

Des tubes fluorescents spécifiques dits « horticoles » possèdent dans leur spectre d'émission une majorité d'ondes bleues et rouges, donc plus proche du spectre de l'assimilation chlorophyllienne. Mais ces tubes possèdent un rendement faible, et un spectre visuel global (pour les aquariophiles) qui demande à être corrigé. Ils ne mettent pas toujours en valeur le décor. Leur spectre d'émission présente une forte carence des ondes jaunes, partie optimale de la sensibilité visuelle. Par ces deux dominances, ce type de tube fluorescent rehausse la coloration rouge et bleue des poissons, des plantes et du décor d'une manière outrageusement artificielle. Il faut trouver un compromis acceptable pour tous, suivant les diverses exigences : assimilation chlorophyllienne, coloration des poissons, goûts de l'aquariophile et recherche d'un rendu « naturel » de l'ensemble de l'aquarium. C'est avec des tubes fluorescents à l'index CRI proche de 100, que le rendu devient le plus « naturel ». Curieusement, avec raison peut-être, une bonne partie des spécialistes en bacs hollandais utilise peu ces tubes.

L'aspect esthétique des poissons doit également être pris en compte et, sous un éclairage à dominance jaunâtre de type « Warmton » ou « Lumière du jour », la robe bleue de nombreux Cichlidés africains, ou celle des poissons marins, semble blafarde. Dans ce cas également, il convient de rectifier le spectre d'ensemble visible en ajoutant un tube à forte dominance bleue placé au premier plan de l'aquarium.

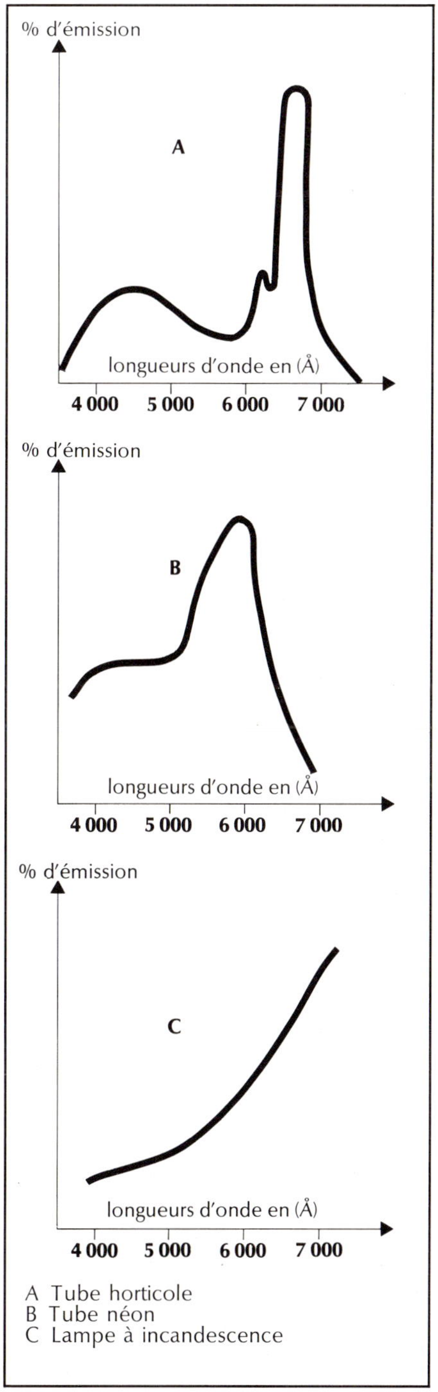

Spectres d'émission de quelques sources de lumière.

Choix de la source de lumière

Il est extrêmement difficile d'indiquer le meilleur choix parmi les nombreux types et marques de sources d'éclairage. Cela est d'autant plus délicat que ce secteur de l'industrie est en constante évolution. Par ailleurs, peu de travaux scientifiques comparatifs, traitant des diverses sources de lumière et de leurs influences sur les plantes aquatiques, sont disponibles. Dans ce domaine, seuls les résultats, l'expérience des aquariophiles et les caractéristiques mesurables et fournies par les constructeurs peuvent être pris en considération pour le choix des sources de lumière.

Les derniers progrès de l'industrie de la lumière applicables en aquariophilie concernent l'augmentation du rendement lumineux (lm/W) des tubes fluorescents par rapport à la diminution de l'énergie consommée.

Les lampes à décharge, de faible puissance, commencent à apparaître avec un CRI acceptable, quelques-unes dépassant l'indice de 90. Si le rendement lumineux est similaire pour les deux conceptions de lumière, la densité lumineuse sera plus élevée pour les lampes à décharge. Cela permettra un éclairement supérieur en eau « profonde ». Malheureusement, les lampes à décharge sont principalement destinées à l'industrie et à l'éclairage public. Les rares modèles conçus pour l'aquariophilie sont relativement médiocres. Les lampes sont en effet uniquement basées sur le spectre de l'absorption chlorophyllienne.

Il en est de même pour les tubes « horticoles » dont la conception fait totalement abstraction de la courbe du spectre visuel de l'aquariophile. Ces tubes sont conçus pour les germoirs et les serres horticoles, sans aucune considération esthétique.

Il est préférable de choisir, dans la mesure du possible, un tube de longueur standard à gamme étendue. Par exemple, des tubes de 0,60 m (590) pour un bac de 80 cm ou de 1,2 m pour un bac de 1,6 m – quitte à les disposer d'une façon plus ou moins orthodoxe dans le couvercle d'éclairage.

Long. du tube en mm	Puissance nominale en W	Diam. du tube en mm	Long. de l'aq. en cm
136	4	16	20
212 (1)	6	16	27
288 (1)	8	16	35
360	14	26/38	46
437	15	26/38	54
517 (1)	13	16	60
590 (1)	18/20	26/38	70
641	18	26	75
691	18/25	26/38	80
742	18/25	26	80
818	25	38	90
895	30	26	100
1 047	38	26	110
1 200 (1)	36/38/40/115(2)	26/38	130
1 500 (1)	58/65	26/38	160
1 760	55/85/110(2)	38	190
2 370	75	38	2 500
2 385	110/215 (2)	38	2 500

(1) Tubes de longueur standard européens
(2) Tubes surpuissants

Choix de la longueur des tubes en fonction de la longueur de l'aquarium.

■ Différents types de tube

Tubes fluorescents

La longueur des tubes fluorescents disponibles sur le marché est déterminante pour le choix de la longueur frontale de l'aquarium. Celle-ci doit être augmentée de quelques centimètres, compte tenu de l'épaisseur des embases de contact. Le tube de 1,20 m qui représente le standard et le tube de 0,60 m offrent les choix les plus étendus pour la qualité de la lumière.

Les tubes de type « économique » sont facilement reconnaissables à leur diamètre de 26 mm contre 38 en principe, en particulier pour le tube standard de 1,20 m. Leur puissance est inférieure aux 40 W nominaux. Comme pour la majorité des tubes fluorescents leur

durée de vie est d'environ 6 000 h. Ce qui correspond à une utilisation quotidienne de 14 heures pendant une année.
D'autres tubes possèdent une durée de vie quelquefois 4 fois plus longue (plus de 24 000 h). Ces tubes, à durée de vie prolongée, présentent l'avantage d'avoir un indice du rendu de couleur (IRC ou CRI) élevé. Leur prix peut sembler excessif mais cet investissement est parfaitement justifié. Ces tubes sont aussi appelés tubes à « plein spectre » du fait de leur température proche ou identique à celle de la lumière naturelle. Cette dernière possède un CRI de 100 pour une température de 5 500 K. En comparaison, une lampe de type incandescent a une température de 2 200 à 3 000 K.

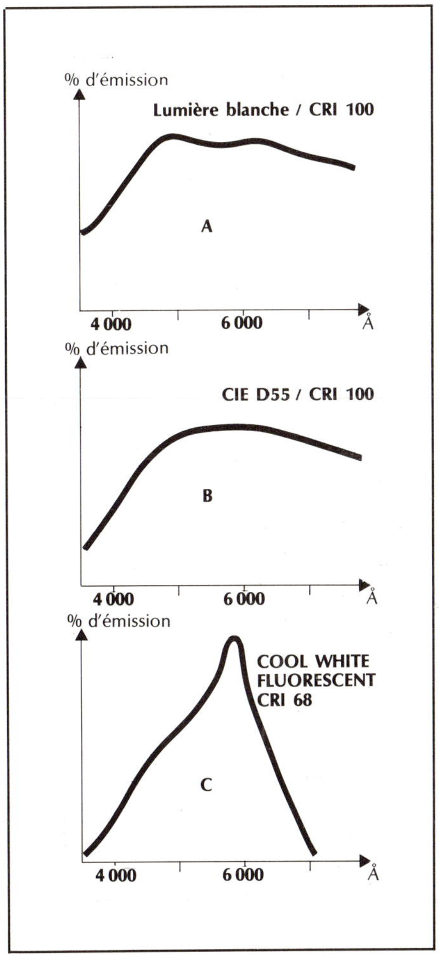

Comparaison entre deux spectres d'émission de tubes vendus dans le commerce et le spectre de la lumière blanche.

Suivant les marques, le rendu des couleurs est noté en clair (ex. : CRI 91) ou bien numéroté de 1 à 4. Ces chiffres indiquent des niveaux qui correspondent aux valeurs suivantes de CRI :
- niveau 1 = 85 à 100 (CRI exceptionnel)
- niveau 2 = 70 à 84 (CRI bon)
- niveau 3 = 40 à 69 (CRI passable)
- niveau 4 = 2 à 40 (CRI faible)

Ces qualificatifs ne sont valables que pour une utilisation en aquariophilie.
Rappelons que le choix des tubes pour l'éclairage principal doit se porter préférentiellement vers les sources lumineuses dites "plein spectre".

TYPES ET MARQUES	CRI ou Ni.	Température (K)	Éclairement en lumens	Durée de vie en heures
TL 47 PHILIPS	98	5 000	2 350	6 000
Lumilux 22 OSRAM	95	3 300/5 000	2 350	6 000
Symphony 5 000 MAZDA	94	5 000	2 350	6 000
Chroma 50 GENERAL ELECTRIC	93	5 000	2 200	20 000
Verilux VERILUX	93	6 200	2 168	20 000
Colortone 50 WESTINGH.	92	5 000	2 200	20 000
True Lite DUROTEST	91	5 500	2 180	24 000
True Lite POWER TUIST	91	5 500	2 400	24 000
Optima 50 DUROTEST	91	5 000	2 200	24 000
Harmonia MAZDA	90	5 000	1 900	6 000
Dayleight 5 000 DE LUXE	85 (1)	5 000	2 000	6 000
Lumière du jour OSRAM	85 (1)	5 000	3 250	6 000

Caractéristiques de quelques tubes fluorescents « plein spectre » Tube (1) : 2 m,36 ou 40 W.

Tubes fluorescents de type « horticole »

En aquarium, ces tubes, utilisés seuls, émettent une lumière artificielle qui exagère les tons bleus et rouges. Leur rendement lumineux est médiocre à cause du glissement des longueurs d'ondes vertes et jaunes vers les bleus et les rouges. Si la puissance (W) est effectivement augmentée, c'est au détriment de la courbe de perception visuelle (voir tableau). L'aquariophile ne recherchant pas un rendement productif mais plutôt un rendu naturel des couleurs et une croissance optimale des végétaux, ces tubes ne peuvent donc constituer l'éclairage principal du bac. Ils sont plutôt recommandés en avant-plan de l'aquarium, mais toujours en association avec un ou plusieurs « plein spectre ». On parle alors d'un système d'éclairage à tubes multiples.

Tubes «Chauds» et «Warmton»

Ces tubes émettent des longueurs d'ondes qui correspondent à des couleurs à dominante jaune ou orangée. Placés en arrière-plan du décor de l'aquarium, ils favorisent la mise en valeur du décor végétal. Il en existe un grand choix dans le commerce. Leur CRI est élevé pour les tubes de « haute gamme » qui possèdent en outre le meilleur rendement lumineux.

TYPES ET MARQUES	CRI	Température	Lumens	Durée de vie en heures
Blanc conford luxe SYLVANIA	85	2 700	3 250	6 000
Blanc solaire luxe SYLVANIA	85	3 000	3 450	6 000
Luminux 31 OSRAM	85	3 300	3 450	6 000
Luminux 32 OSRAM	90	3 300	2 350	6 000
Interna 41 OSRAM	85	3 300	3 250	6 000
Prestiflux «OR» MAZDA incandia	85	3 000	3 450	6 000
Prestiflux «OR» MAZDA conford	85	2 700	3 250	6 000
Symphony «SOLARA» MAZDA	93	3 000	2 350	6 000
TLD 83 PHILIPS	85	3 000	?	6 000
TLD 93 PHILIPS	93	3 000	?	6 000

Caractéristiques de quelques tubes « Chauds » ou « Warmton » (tubes de 1,20 m).

Remplacement des tubes fluorescents

Quelle que soit la durée de vie des tubes (6 000 à 24 000 h), il importe de pourvoir à leur remplacement. Lors de cette opération, à cause de leur usure ou pour satisfaire un choix différent de spectre d'émission, il faut veiller à n'en changer qu'un seul à la fois. En changeant 3 ou 4 tubes simultanément, la brusque modification de l'intensité lumineuse et le rétablissement du spectre global de l'éclairage peuvent être fatals aux plantes aquatiques. L'échange de 2, 3 ou 4 tubes s'effectuera de préférence sur une période d'un mois, à raison d'un tube par semaine.

Lampes à décharge

A l'inverse des tubes fluorescents dont la pression interne est inférieure à 0,1 bar, les ballons, lampes et navettes à décharge ont une pression élevée. Leur raccordement direct au secteur n'est pas possible. C'est pourquoi une self est placée en série entre la source électrique et la lampe.

Le CRI de ces lampes est souvent faible. Suivant les gaz, métaux ou terres rares utilisés dans la conception de la lampe, le spectre d'émission peut être « amélioré », souvent d'ailleurs au détriment du rendement lumineux. Les lampes dites « de luxe » sont corrigées par un filtre constitué de matière fluorescente sur leur face interne, qui transporte une partie des rayons ultra-violets vers les longueurs d'ondes visibles (jaunes et rouges). La durée de vie des lampes à décharge est de 6 000 à 10 000 h, selon le type. Leur perte d'intensité lumineuse dans le temps est de 20 % environ.

TYPES ET MARQUES	CRI/Ni	Température K	Puissance W	Lumens
SYLVANIA HSI/T...	90	6 000	250/400	20 000/28 000
SYLVANIA HSI/T...	75	3 000/4 300	70/150	5 000/11 250
OSRAM HQI-TS/NDL	1	3 300/5 000	70	5 000
OSRAM HQI/D....	1	5 000	250	17 000
OSRAM HQL de luxe (1)..........	2	3 000	80/125	3 000/5 000
MAZDA MAIHL...	90	5 200/5 600	250/375	19 000/25 000
MAZDA MTIS.....	80	3 800	150	12 000
MAZDA MTIL.....	80	4 300	150/250	12 000/20 000

(1) HQL de luxe équipe la lampe Florat set de OSRAM.

Caractéristiques de quelques lampes à décharge.

Les types de lampes, ballons ou navettes que nous signalons constituent qu'un ensemble de sources lumineuses compatibles en aquariophilie pour leur excellent rendu des couleurs et pour leur température de couleur la plus proche de celle de la lumière naturelle. Les lampes à décharge existent dans une gamme de puissance de 50 à 3 500 W, mais une majorité est totalement incompatible en aquariophilie et terrariophilie en raison de leur CRI extrêmement bas, qui est dû à la dominance jaune de leur spectre d'émission.

■ Durée de l'éclairage

Rythme jour-nuit

La durée d'éclairage est certainement le facteur ayant le plus d'influence sur la vie des plantes. Toute perturbation artificielle dans le rythme et la régularité de l'éclairage des végétaux leur est néfaste. L'importance de ces aspects de la biologie et de la physiologie des plantes est très sous-estimée par l'aquariophile. Il faut non seulement considérer la durée d'éclairement adaptée à la latitude d'origine des espèces, mais aussi la régularité rythmique dans le temps. Les végétaux tropicaux et subtropicaux sont soumis à un rythme d'éclairement de 11 à 13 h, suivant la saison. Ces espèces tropicales peuvent être qualifiées de plantes à jours courts. Les espèces des zones tempérées sont des plantes de jours longs. En été, une durée d'éclairage de 15 à 16 h favorise leur floraison, alors que pour les plantes tropicales une durée trop longue l'inhibe. Le temps d'éclairage sera donc calqué sur celui du milieu d'origine de la population végétale dominante du bac. Un excellent compromis est une durée de 12 à 14 h ; plus proche de 12 h en présence d'une dominance végétale tropicale et près de 14 h en présence d'une dominance d'espèces des zones tempérées. Dans les deux cas, la population végétale minoritaire saura s'adapter au surplus ou au déficit d'éclairement d'une ou deux heures.

Horloge et rythme nycthéméral

La régularité dans le temps du rythme nycthéméral est tout aussi importante. L'éclairement et l'obscurcissement que subissent les plantes s'effectuent à heure fixe. Les fonctions vitales (photosynthèse, respiration, étalement des feuilles, ouverture des corolles, et les processus inverses) se déroulent d'une façon régulière suivant un « top » fixe. Qui n'a vu les corolles de nénuphar ou de coquelicot se fermer bien avant le coucher du soleil ? L'intérêt vital de la plante est de profiter d'un maximum d'énergie au moment opportun. L'aquariophile peut résoudre très facilement ce problème complexe du rythme nycthéméral en intégrant une horloge programmable dans le circuit électrique. Cet accessoire sera programmé pour une durée d'éclairement de 12 à 14 heures, débutant à heure fixe. L'installation électrique à fonction multiple permet, successivement, l'allumage et l'extinction de plusieurs sources d'éclairage.

Un autre accessoire, plus sophistiqué, permet de recréer le lever et le coucher du soleil. Placé après l'horloge dans le circuit, ce variateur électronique, à rhéostat programmable, augmente progressivement l'intensité lumineuse d'une lampe ou de l'ensemble de l'éclairage. Cet appareil ne peut être utilisé couplé aux ballons fluorescents : ceux-ci nécessitent une pleine puissance électrique pour leur démarrage.

L'utilité réelle de cet allumage progressif sur la biologie des plantes d'aquarium n'est pas démontrée. Par contre, elle évite les servitudes à l'aquariophile.

Lors de l'achat de ce matériel quelques précautions sont à prendre. L'horloge doit être fiable et avoir une puissance nominale de servitude en accord avec l'installation électrique. Les plus fréquentes ont une puissance de servitude de 15 ampères.

A partir d'une installation composée de 3 à 4 sources lumineuses différentes, l'investissement dans une horloge à fonction multiple peut être intéressant. Cette dernière permet par exemple l'allumage et l'extinction successifs de 4 sources. Ces horloges existent dotées d'un programmateur digital ou de plots mécaniques sur plateaux tournants. Les horloges simples sont généralement à plots plastiques ou à plateau tournant unique.

Exemple de programmation

Dans le cas du bac à tubes multiples, les différents allumages se font dans le respect, même approximatif, de l'intensité et du spectre relatifs du soleil. Le tube « Warmton » placé en arrière-plan au-dessus du bac émettra une lumière chaude, légèrement rasante et contrastée. Par la suite, le tube « Gro Lux », en avant-plan, est allumé et apporte ses dominances bleues et rouges. A midi, les deux tubes principaux choisis parmi : « True Lite », « Lumière du jour », « Cool White », etc., fourniront la pleine puissance d'éclairement pendant environ 8 h. L'extinction inverse simulera un coucher de soleil, certes saccadé, mais plus doux qu'une extinction totale et brusque de l'éclairage.

Rien n'empêche un décalage important. Par exemple un éclairement de nuit, où le prix de l'énergie électrique est parfois réduit de moitié, mais le rythme et la régularité du cycle nycthéméral devront toujours être respectés.

Exemple d'une programmation sur 13 heures.

Nombre de tubes par bac	Allumage	Extinction
Horloge simple sur bac de 1 à 2 tubes	10 h	23 h
Horloge programmable tubes multiples	9 h 30 Warmton ou Linolite 10 h 30 Gro Lux 12 h 00 Tubes selon le choix	20 h Tubes selon le choix 22 h Gro Lux 23 h Extinction complète

Lux	Ouverture	Exposition (sec.)	Compatibilité de la quantité pour les plantes aquatiques
75	2,8	1/2	Lumière insuffisante
150	2,8	1/4	*Cryptocoryne* et autres
300	2,8	1/8	Espèces adaptées à une faible lumière
600	2,8	1/15	Autres plantes au centre du bac
1 200	2,8	1/30	Bon éclairage
2 400	2,8	1/60	Plantes de surface
4 800	2,8	1/125	Plantes de surface
9 800	2,8	1/250	Plantes en milieu naturel
38 000	5,6	1/250	Plantes en milieu naturel
75 000	8,0	1/250	Plantes sous soleil en milieu aérien

Contrôle de l'éclairage

Il est peu probable que l'aquariophile fournisse en excès la lumière aux végétaux. En revanche, une carence éventuelle peut apparaître. Pour mesurer les quantités de lumière (unité : le lux) qui parviennent aux plantes on peut utiliser différents systèmes, et en particulier l'appareil photographique. De l'extérieur du bac, votre appareil est tenu à hauteur du substrat, l'objectif dirigé vers la source lumineuse. Dans ces conditions, la cellule de l'appareil, réglée sur la sensibilité 50 ASA, permet de mesurer la quantité de lumière, présente dans le bac, avec une valeur globale relativement exacte.

Qualité de l'eau et éléments dissous

L'eau est un élément vital pour les plantes aussi bien en milieu terrestre qu'aquatique. Plus particulièrement dans ce dernier cas, elle véhicule le gaz indispensable à la photosynthèse végétale : le gaz carbonique (CO_2). Elle renferme des éléments nutritifs (nitrates, phosphates...), des oligo-éléments qui sont mis à la disposition de la flore pour sa croissance.
L'aquarium constitue un milieu confiné, de faible volume, où les qualités physico-chimiques de l'eau (pH, dureté totale : d.GH, dureté carbonatée : d.KH,...) risquent de subir de profondes modifications du fait de la présence des plantes, des poissons ou de l'action d'agents extérieurs. Il faut donc veiller régulièrement à ses différents paramètres si l'on souhaite offrir des conditions idéales de maintenance aux organismes végétaux ou animaux présents dans le bac.

■ pH de l'eau

Le pH est un facteur déterminant dans la conduite d'une plantation végétale. Il correspond à la quantité d'ions hydrogène (H^+) présents dans un litre d'eau. Ses valeurs (sans unité) s'échelonnent de 1 à 14. A la valeur 7, qui indique la neutralité, les ions hydrogène (H^+) acides sont en même nombre que les ions hydroxyde (OH^-) basiques. Dans le cas où les valeurs du pH sont inférieures à 7, on est en solution aqueuse acide ; pour les valeurs supérieures à 7, on est en solution aqueuse basique. Des apports d'acide ou de base sont donc susceptibles de modifier le pH de l'eau. Le gaz carbonique est certainement l'élément le plus influent sur le pH. Il est très soluble dans l'eau et se combine à cette dernière pour donner de l'acide carbonique (H_2CO_3). Cette présence d'acide, nous venons de le voir, a pour effet de diminuer la valeur du pH et de conduire l'eau vers l'acidité. Néanmoins, le phénomène n'a rien d'inéluctable et les sels de calcium sous forme de carbonate ($CaCO_3$) vont réagir avec l'acide carbonique pour donner un bicarbonate de calcium ($Ca(HCO_3)_2$) et neutraliser cet excès d'acidité. Cette inertie à une variation du pH est appelée pouvoir tampon. Les eaux fortement minéralisées, riches en carbonates de calcium et aussi de magnésium, ont un pouvoir tampon élevé.

Modification du pH par apport de CO_2 sur deux types d'eau.

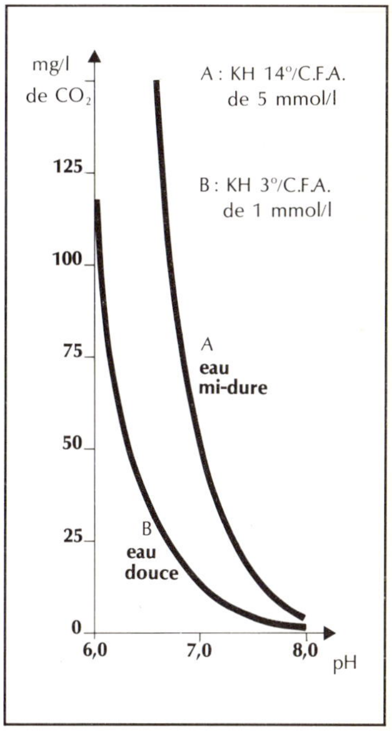

■ Dureté d'une eau

La teneur en sels de calcium et de magnésium d'une eau s'exprime en mg/l. Cette mesure est appelée dureté totale ou encore Titre hydrotimétrique. Elle représente la somme de la dureté temporaire (KH) et de la dureté permanente.
La première correspond à la mesure en mg/l des sels de calcium et de magnésium carbonatés ; la seconde correspond à la mesure, exprimée dans la même unité, des sels de sulfates de calcium et de magnésium. Une eau dure limitera les variations brusques de pH et évitera toute intoxication éventuelle des plantes ou des poissons.

	Ions alcalino-terreux mmol/l	Ions alcalino-terreux mEq/l	Degré allemand °d	ppm de $CaCO_3$	Degré anglais °a	Degré français °f
1 mmol/l d'ions alcalino-terreux	1,00	2,00	5,50	100,00	7,02	10,00
1 mEq/l d'ions alcalino-terreux	0,50	1,00	2,80	50,00	3,51	5,00
1 degré allemand	0,18	0,357	1,00	17,80	1,25	1,78
1 ppm de $CaCO_3$	0,01	0,020	0,056	1,00	0,0702	0,10
1 degré anglais	0,14	0,285	0,798	14,30	1,00	1,43
1 degré français	0,10	0,200	0,560	10,00	0,702	1,00

Tableau de conversion pour les unités de dureté de l'eau.

■ Gaz carbonique

Nous savons quel rôle important joue le gaz carbonique dans le phénomène complexe de la photosynthèse ou assimilation chlorophyllienne. Très schématiquement, on peut résumer le bilan de cette propriété spécifique aux végétaux chlorophylliens comme suit :

$6\ CO_2 + 6\ H_2O + E \rightarrow C_6H_{12}O_6 + 6O_2$

ou :

CO_2 est le gaz carbonique

H_2O est l'eau

$C_6H_{12}O_6$ est un sucre

O_2 est l'oxygène

E est l'énergie fournie, sous forme de photons, par le soleil.

On constate donc qu'une carence en gaz carbonique empêche toute synthèse de « sucre », aliment énergétique par excellence des plantes, et bloque, par contrecoup, leur croissance.

Signe de carence en CO_2

Le dépôt de carbonate de calcium, tant sur les parois de l'aquarium que sur le décor, est une manifestation typique de la carence en gaz carbonique dans le bac. Pour comprendre l'origine de ce dépôt, il faut revenir à l'équation suivante :

$CaCO_3 + H_2CO_3 \rightarrow Ca\ (HCO_3)_2$

Cette réaction se produit dans le cas où il y a apport de gaz carbonique. Dans le cas où il y a déficit, elle fonctionne en sens inverse. Le bicarbonate soluble « cède » du gaz carbonique à l'eau et le carbonate de calcium insoluble, qui apparaît, précipite dans le bac. Dans des conditions équilibrées (sans déficit, ni excès), il y a un échange permanent entre le gaz carbonique et le bicarbonate. Par contre, si le déficit en CO_2 devient très important, le bicarbonate doit céder beaucoup de gaz carbonique et par contrecoup il y a formation d'une grande quantité de carbonate insoluble. Il en résulte la formation du dépôt de calcaire mentionné précédemment.

Origines de la carence

On note plusieurs origines à cette carence en gaz carbonique.

La première, la plus grave, est la présence d'un diffuseur. La colonne d'air qu'il produit dans l'aquarium brasse énergiquement l'eau. Elle met ainsi les couches inférieures en contact avec la surface où le CO_2 libre s'échappe. Les rejets de filtres ou de turbines placés au-dessus de la surface de l'eau produisent les mêmes effets. L'injection d'eau entraîne une grande quantité d'air et libère une quantité d'oxygène qui chasse le gaz carbonique. Si ce dispositif est excellent pour le bien-être des poissons et pour maintenir un pH élevé, il est par contre peu favorable à la croissance végétale. A partir d'une dureté carbonatée de 6 à 8 ° KH, il est presque obligatoire de diffuser du CO_2 par un apport artificiel. L'augmentation de la population piscicole, productrice de CO_2 « naturel » ne fournit aucune solution à ce problème. La charge supplémentaire produite par les poissons est disproportionnée par rapport aux besoins en CO_2. En revanche, une eau faiblement minéralisée, à population piscicole relativement faible, produit souvent assez de gaz carbonique pour maintenir l'équilibre avec les bicarbonates.

Capacité de fixation en acide (C.F.A.) de deux types d'eau.

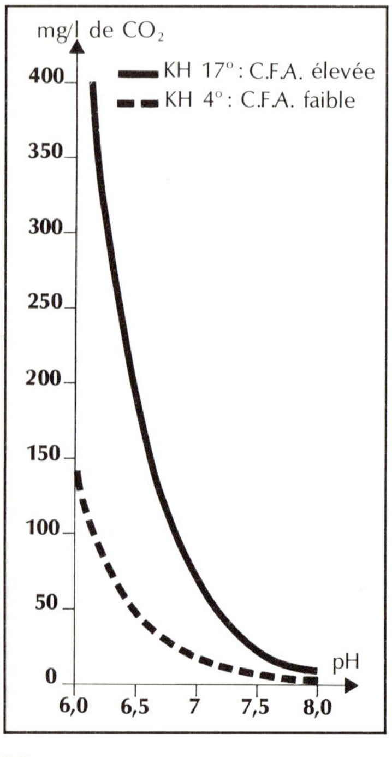

La seconde cause de carence fait suite à une forte croissance végétale dans le bac. Dans ces conditions, la carence en CO_2 se fait rapidement sentir par une stagnation de la croissance et une précipitation de carbonates sur les vitres de l'aquarium. Cette carence est d'autant plus rapide que les autres éléments nécessaires à la maintenance des plantes sont eux aussi en déficit.

Une troisième cause trouve son origine dans les variations de l'activité photosynthétique entre le jour et la nuit. Durant la période d'éclairement, les végétaux absorbent du gaz carbonique pour assurer l'assimilation chlorophyllienne. Par contre, durant la nuit, leur respiration associée à celle des poissons conduit à une production de gaz carbonique. On peut facilement, au travers des mesures des pH nocturne et diurne, vérifier ces variations. Le pH est plus acide le matin que le soir. Ainsi, dans un bac densément planté et à riche population piscicole, on peut mesurer un pH de 6 le matin contre 8 le soir.

Les aquariophiles qui aèrent continuellement leur bac pour le bien de leurs poissons, évitent ces fortes variations de pH. Mais les plantes sont souvent rares dans leurs bacs. C'est notamment le cas dans les aquariums qui accueillent des poissons des lacs Malawi et Tanganyika, pour lesquels le pH doit impérativement être maintenu au-dessus de 7,5. Dans ces bacs, une plantation correcte n'a aucune chance de se maintenir à long terme par manque de CO_2 libre, les constantes physico-chimiques de l'eau étant les suivantes : (15 KH, pH : 7,5 = 19 mg/l de H_2CO_3).

Mesure de la carence

Avant toute diffusion artificielle de CO_2, un bilan complet de l'équilibre biologique de l'aquarium doit être établi. Afin de situer la carence éventuelle en gaz carbonique, il convient d'abord de mesurer le pH, de préférence à l'aide d'un pH-mètre électrique ou d'un excellent indicateur-colorimètre, puis de mesurer la dureté carbonatée (C.F.A.) à l'aide de réactifs ; le dosage s'effectue avec une pipette de titrage. Les résultats obtenus sont interprétés à l'aide de tableaux qui donnent la quantité de gaz carbonique présente dans l'eau. Si celle-ci est inférieure à 8 mg/l l'aquariophile réalise une fumure artificielle. Mais aucun aquarium n'étant semblable à un autre, il est parfaitement possible que la croissance des plantes soit bonne, malgré un taux de CO_2 libre, en-dessous de cette limite.

Ces analyses s'effectuent dès les premiers signes d'une carence en gaz carbonique, laquelle se manifeste par : la précipitation des carbonates, la stagnation de croissance et une modification de l'apparence des plantes (coloration jaunâtre). Si les mesures obtenues restent inférieures à 8 mg/l et qu'un ou plusieurs signes de carence se manifestent, la fumure devient nécessaire.

Production de CO_2

Plusieurs possibilités sont offertes pour disposer du CO_2. Le produire impose quelques manipulations contraignantes pour un débit de gaz souvent faible et de pureté douteuse. Il peut encore être acheté dans le commerce spécialisé sous forme gazeuse : en bombe, ou

d°KH	C.F.A. mmol/l
1	0,4
2	0,7
3	1,0
4	1,4
5	1,8
6	2,1
7	2,5
8	2,9
9	3,2
10	3,6
11	3,9
12	4,3
13	4,6
14	5,0
15	5,4
16	5,6
17	6,1
18	6,4
19	6,7
20	7,2

Table de conversion dureté carbonatée / capacité de fixation en acide.

pH	facteur	pH	facteur	pH	facteur
6,0	118	6,7	24,0	7,4	4,7
6,1	94	6,8	19,0	7,5	3,7
6,2	75	6,9	15,0	7,6	3,0
6,3	59	7,0	12,0	7,7	2,4
6,4	47	7,1	9,4	7,8	1,9
6,5	37	7,2	7,5	7,9	1,5
6,6	30	7,3	5,9	8,0	1,2

Calcul du CO_2 dissous en fonction du pH (à chaque valeur de pH correspond un facteur par lequel on obtient la teneur en acide carbonique exprimée en mg/l en multipliant ce facteur par la C.F.A.)

Appareillage pour fabrication du CO_2 par réaction chimique.

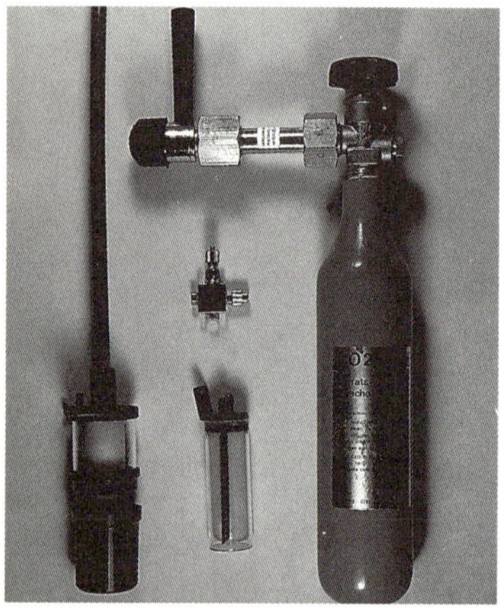

Système de diffusion du CO_2 avec détendeur simple et cartouche.

Bouteille industrielle de CO_2.

liquide : en cartouche ou en bouteille. la production de CO_2 par fermentation en anaérobiose s'effectue à partir d'eau, de sucre et de levure de boulanger. Dans une bonbonne de 1 à 10 l, on dispose les trois composants dans la proportion de : 1 l d'eau pour 100 g de sucre cristallisé et 20 g de levure. La fermentation qui produit du gaz en quantité limitée et en faible débit ne convient donc que pour un petit bac. La production est assez longue, 8 jours à un mois suivant le volume du mélange. Le CO_2 produit est impur et sa diffusion donne un film gras à la surface du bac malgré une agitation correcte de l'eau dans l'aquarium.

La production de CO_2 par réaction chimique s'effectue dans les mêmes conditions que précédemment. Elle peut se faire à partir de craie et d'acide chlorhydrique dans une bonbonne en verre thermique. Là également, la pureté du gaz laisse à désirer.

Le CO_2 en cartouche est sous une forme liquide à un poids variant de 8 à 75 g. Le gaz y est maintenu à une pression de 60 bars. Le CO_2 en bombe est sous forme gazeuse, à faible pression. Dans les deux cas, il s'agit de CO_2 de qualité alimentaire. Malheureusement, la faible quantité de gaz disponible dans ces récipients ne permet qu'une diffusion pendant huit jours à un mois pour un bac de 80 à 100 l, suivant la demande en gaz de la plantation. Ces cartouches seront donc considérées comme un appoint, en cas d'immobilisation ou de rechargement d'une bouteille de gaz industriel.

Le CO_2 peut être disponible en bouteille industrielle. Suivant la taille de la bouteille, le poids du gaz liquide varie de 1,5 à 10 kg. Ces bouteilles doivent être munies d'un détendeur qui permet l'utilisation du gaz stocké, sous haute pression, d'une façon régulière et en toute sécurité. Selon le réglage, une bouteille de 1,5 kg de gaz peut alimenter un bac de 100 l pendant une année, en fonction de la dureté de l'eau et de la densité de la plantation végétale. Une bouteille de type industriel de 10 kg de gaz liquide est pratiquement inépuisable dans les conditions normales d'exploitation en aquariophilie.

L'exploitation du CO_2 en bouteille de haute pression implique le respect de quelques règles simples :

- vérifier avec de l'eau savonneuse, lors de l'installation de la bouteille, l'étanchéité du détendeur et des raccords ;
- effectuer le test de la bougie, si vous suspectez une fuite ;
- éloigner la bouteille des rayons solaires et de toute autre source de chaleur ;
- respecter les tests de sécurité annuels (normes établies par le Service des Mines). Le remplissage de la bouteille est interdit au-delà d'une date gravée sur la bouteille ;
- n'effectuer jamais de transfert de gaz d'une bouteille à une autre ;
- laisser toujours la bouteille en position verticale durant son utilisation.

Mise à disposition du CO_2

Le CO_2 produit à partir de la fermentation ou d'une autre réaction chimique est véhiculé à travers une simple durite en nylon utilisée couramment en aquariophilie. La très faible pression du gaz permet la liaison directe avec le dispositif de diffusion. La pression nécessaire, de 0,02 à 0,2 bar, sera réduite grâce à un détendeur simple ou à deux étages pour le gaz en cartouche ou en bouteille. On obtient une régularité exemplaire et un réglage fin avec le détendeur à double étage et ses manomètres. Cet instrument malheureusement très coûteux doit être considéré comme un luxe. La société Wecomatic (R.F.A.) produit un détendeur simple, le Ceomat, pour cartouches et bouteilles jusqu'à 10 kg. Il s'adapte à ces dernières

	Dureté KH	1	2	3	4	5	6	7	8	9	10	11	12	13	14	15	16	17	18
volume en litres	1 000	100	120	140	160	180	200	220	240	270	300	320	340	360	380	400	420	440	460
	900	100	100	120	140	160	180	200	220	240	270	290	310	330	350	370	390	410	430
	800	50	70	90	110	140	160	180	200	220	240	270	290	310	330	350	370	390	410
	700	30	40	60	80	110	130	150	170	190	210	230	250	270	290	310	330	350	370
	600	30	40	40	60	80	100	120	140	160	180	190	210	230	250	270	290	310	330
	500	30	30	40	40	50	70	90	110	130	150	170	190	210	230	250	270	290	310
	400	30	30	40	40	50	50	70	90	90	120	140	160	180	200	220	240	260	280
	300	*	30	30	40	40	50	60	70	90	100	120	140	160	180	200	220	240	260
	200	*	*	*	30	30	30	40	50	50	60	80	100	120	140	160	180	200	220
	100	*	*	*	*	*	30	30	30	40	40	50	70	90	110	130	150	170	190

Surface de diffusion en cm² du CO_2 en fonction du volume de l'aquarium et de la dureté de l'eau.
**La quantité de CO_2 produite par la population piscicole est suffisante dans les conditions normales.*
30 : les appareils courants dans le commerce conviennent pour cette surface.

par l'intermédiaire de raccords filetés. Il permet l'abaissement de la pression de 60 bars à 0-0,7 bar, grâce à son robinet de réglage. A partir de ce détendeur, le gaz nécessaire à la diffusion est conduit à travers une durite en nylon sur laquelle un robinet simple sert au réglage fin. Pour son prix modique par rapport au service rendu et sa simplicité d'utilisation, ce détendeur est particulièrement recommandé.

Appareils et méthodes de diffusion

Les diffuseurs de gaz carbonique disponibles dans le commerce sont souvent inadaptés et inesthétiques. Dans la plupart des cas, il s'agit d'un tube en altuglas ou plexiglas, en position verticale, doté d'une ouverture de contact, entre l'eau et le gaz carbonique, nettement insuffisante (quelques cm²). Fixé à l'aide de ventouses à la glace latérale, ce tube est plutôt disgracieux. Ces appareils pourraient éventuellement être placés dans un compartiment du bac de décantation où s'effectue le rejet de l'eau.

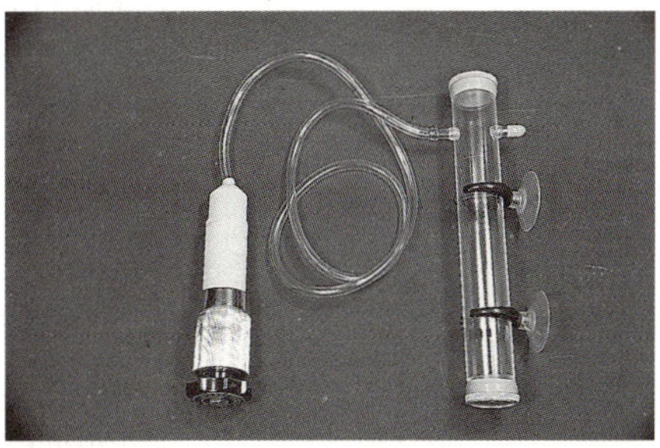

Cartouche, détendeur et diffuseur de CO_2.

Mais les bacs desservis par un filtre à décantation sont volumineux et le nombre de diffuseurs nécessaires à une bonne propagation du gaz carbonique se chiffrerait par dizaines. Ce type de diffuseur convient à un petit bac de moins de 100 l où les possibilités de dissimulation sont réduites. La surface de contact de ces tubes ne dépasse pas 30 cm². Elle est peut-être suffisante pour des bacs de volume plus conséquent, mais dans ce cas, la dureté carbonatée doit être aussi moins importante (voir tableau des surfaces de diffusion).

Le procédé de diffusion en continu du gaz carbonique avec un diffuseur en bois ou en céramique, est à bannir totalement. La dispersion du CO_2 est incontrôlable et la consommation en gaz, prohibitive. Plus de 99 % du gaz remonte vers la surface pour s'échapper dans l'air.

La diffusion par barbotage en cuve séparée, placée en série sur le rejet d'une pompe centrifuge, est également incontrôlable. Avec ce principe, à l'inverse de la diffusion en continu du gaz, l'eau est mise en contact forcé, à grand débit, avec le CO_2. Ces deux méthodes entraînent quelquefois une intoxication des animaux aquatiques car la saturation est atteinte rapidement.

La diffusion « idéale » a été réalisée par M.P. Isseman, amoureux des plantes

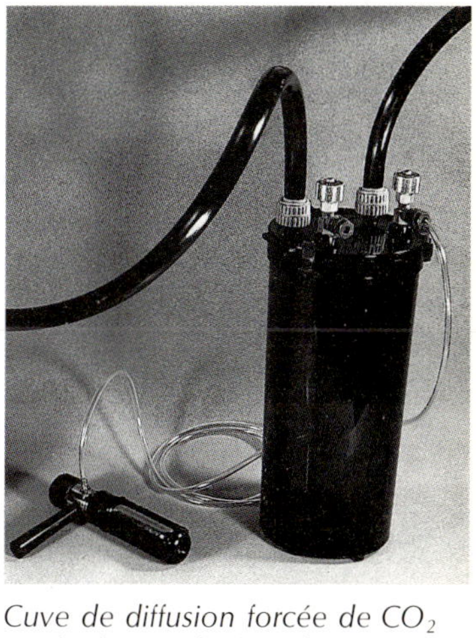

Cuve de diffusion forcée de CO_2 par barbotage (à droite).

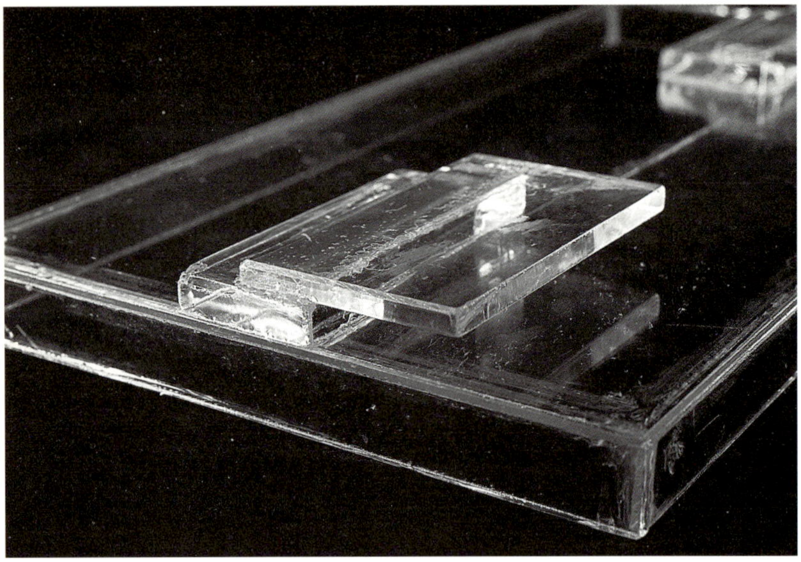

Cloche à CO_2.

aquatiques. Son principe consiste à mettre librement le CO_2 en contact avec l'eau sur une surface déterminée, dans une cloche de verre. Le gaz étalé sur cette surface répond sans excès ni carences à la demande biologique des plantes, suivant la dureté carbonatée de l'eau. Cette cloche, malgré son importance en surface, a le mérite de passer pratiquement inaperçue puisqu'elle se confond avec le miroir formé par la surface réfléchissante de l'eau. Elle est fabriquée avec du verre, d'une épaisseur de 4 mm ou plus, et collée au silicone. L'étanchéité doit être parfaite. La forme carrée ou rectangulaire est spécifique à chaque aquarium car faite sur mesure. La hauteur de la cloche n'a d'importance que pour des raisons esthétiques et d'adaptation spécifique à l'aquarium. Son support s'adapte à un renfort latéral de l'aquarium ou bien il est collé définitivement sur une glace latérale ou sur la glace arrière. La hauteur est déterminée selon le niveau moyen de l'eau du bac et le bord inférieur du couvercle d'éclairage. Si son emplacement dans l'aquarium est judicieux, cet accessoire simple, facile à réaliser, bon marché, est particulièrement discret. Il suffit de le placer vers l'arrière-plan, au-dessus des plantes à croissance rapide. Parfois il est possible de réaliser une chambre à CO_2 à partir d'un renfort qui se trouve déjà sur l'aquarium. Dans ce cas, et si la surface est compatible avec les besoins, il suffit de coller une baguette de verre en position verticale sur le champ du renfort. Celle-ci, haute de 2 à 3 cm, plonge sous l'eau et peut se dissimuler dans le couvercle d'éclairage. Elle doit également être collée sur cette hauteur à la glace frontale et arrière afin de garder le CO_2. Il faudra aussi percer un orifice de passage pour la durite d'arrivée du gaz sur la surface supérieure. Un morceau de tuyau rigide de 4 mm est glissé dans l'orifice et l'étanchéité se fait à la colle silicone. La durite est fixée sur ce manchon alimentant la chambre en CO_2 avec une parfaite discrétion.

Mise en service de la diffusion

Lorsque la cloche est amovible, la remplir d'eau en la retournant dans le bac. Son étanchéité est controlée lors de la mise en place. Elle est parfaite lorsque l'eau s'y maintient malgré la différence de niveau par rapport à la surface du bac. Sur une chambre inamovible, il suffit de glisser une durite dans la poche d'air et d'y faire le vide par succion. L'eau remontera dans la chambre. Ces deux opérations entraînent une économie de gaz carbonique. L'aquariophile disposant de CO_2 à profusion n'a plus qu'à chasser l'air ou l'eau avec le gaz.

Le réglage de la diffusion s'effectue en deux étapes. Lors de la mise en service, la chambre à CO_2 est entièrement remplie de gaz en ouvrant légèrement le robinet du détendeur et le robinet de réglage fin en grand. Lorsque le gaz déborde et monte vers la surface, le débit du gaz est réduit afin que les bulles en surplus montent vers la surface à une cadence de 10 à l'heure. Au fur et à mesure que la croissance végétale augmente et que l'échange carbonates-CO_2-bicarbonates se stabilise, la cadence des bulles ira en diminuant. Souvent, la demande en CO_2 est très élevée, les bulles s'arrêtent et le niveau d'eau remonte dans la cloche. Dans ce cas, le débit de CO_2 se réajuste à l'aide du robinet de réglage. Avec le temps, lorsque la demande des plantes se sera stabilisée, l'aquariophile trouvera facilement le débit optimal du besoin en CO_2. Ce genre de mise en service est exclu avec le CO_2 en cartouche, le temps de diffusion étant fortement limité par la faible quantité de gaz disponible. Il suffit alors de remplir la cloche à CO_2 suivant les besoins du bac lorsque le niveau de l'eau atteint sa hauteur maximale après épuisement du gaz. Afin de favoriser une diffusion optimale en CO_2 à travers l'ensemble de l'aquarium, un courant d'eau doit circuler sous la couche de gaz carbonique.

La fumure au CO_2 nécessite un suivi des paramètres physico-chimiques de l'eau. Lors de la mise en service de la diffusion, pendant une semaine, le pH sera vérifié soir et matin. Après une semaine de diffusion, l'équilibre de la balance carbonates-CO_2 se stabilisera, seules les plantes et les fuites hors de l'aquarium seront consommatrices de CO_2. La mesure hebdomadaire du pH et celle de la dureté carbonatée restent suffisantes pour assurer une surveillance correcte.

L'aquariophilie française n'a pas encore pris réellement conscience de l'importance des besoins en CO_2 des plantes.

Ce n'est pas le cas des aquariophiles anglo-saxons qui ne jurent que par cette fumure, au point que la diffusion du CO_2 fasse partie de la panoplie standard du « parfait » aquariophile.

La sagesse commande plutôt une juste utilisation de ce gaz acide après avoir effectué un bilan objectif des besoins et des carences réels de l'eau de l'aquarium.

■ Oligo-éléments

Le terme d'oligo-éléments regroupe toutes les substances, à l'état de trace, nécessaires à la vie et à la croissance des plantes. Les oligo-éléments sont constitués essentiellement par les métaux et, dans une moindre mesure, par des matières azotées et de grosses molécules issues des complexes argilo-humiques du sol. Leur présence est tout à fait indispensable, même s'ils n'entrent qu'en petite quantité dans les mécanismes du métabolisme des plantes. Si un oligo-élément vient à manquer, et même si tous les autres sont suffisamment représentés, les végétaux dépériront. Cette remarque fondamentale est connue sous le nom de « loi du minimum ». Cette dernière s'applique évidemment à des éléments aussi importants et vitaux pour les plantes que le CO_2, la lumière, le pH, les carbonates...

Forme assimilable

En milieu terrestre, les végétaux puisent dans le sol les oligo-éléments, par l'intermédiaire de leurs racines. En milieu aquatique, c'est au niveau d'organes spécialisés (les hydropodes), répartis en particulier sur les feuilles, que se fait leur assimilation. Cette particularité implique que ces éléments soient effectivement présents dans l'eau, sous une forme ionisée et soluble, pour être assimilés. Encore faut-il que la forme ionisée soit acceptée par les plantes.

Considérons le cas du fer (Fe), élément métallique indispensable à la réalisation de l'assimilation chlorophyllienne. Il se présente sous deux formes ionisées :

- Fe^{++} : fer ferreux ;
- Fe^{+++} : fer ferrique.

Seule la première forme est assimilable par les plantes, à condition encore qu'elle soit liée à un composé organique susceptible de la maintenir sous une forme soluble. Ces molécules organiques capables de livrer sous cette forme le fer ou d'autres métaux, tel le magnésium ou le manganèse, sont des chélateurs.

Chélateurs

Les chélateurs, molécules organiques complexes, ont la propriété de se lier aux ions métalliques ou à certaines protéines pour les solubiliser et ainsi, les rendre disponibles aux plantes. Ces composés sont présents naturellement dans l'aquarium, en particulier dans le substrat. Ce sont souvent des acides humiques issus du complexe argilo-humique. Compte tenu de cette origine, certains auteurs conseillent, entre autres, une filtration sur un matériau riche en acides humiques comme la tourbe, d'incorporer de l'argile ou de l'anmoor (complexe argilo-humique) dans le bac. Malheureusement, ces substances sont rapidement dégradées. La meilleure solution consiste à chélater artificiellement les oligo-éléments à l'aide d'un chélateur de synthèse. L'E.D.T.A. est le plus couramment utilisé en aquariophilie et hydroculture. Il est commercialisé sous différents noms suivant son origine de production : Titriplex (Merck) ; Tricon, BS (B.A.S.F.) ; Versele (Dow Chemichal). Mais, seule la forme disodique devra être employée, car soluble dans l'eau, c'est le cas par exemple du Titriplex III de Merck (réf. : 8418).

Carence en fer

Si les changements d'eau réguliers permettent d'apporter en quantité suffisante la majorité des oligo-éléments, ils ne semblent pas faire face à la forte demande en fer (Fe) des plantes. Le jaunissement des feuilles est un signe typique de carence en Fe. Ce dernier symptôme peut aussi trouver son origine dans un blocage de la chélation du Fe. Ainsi, en eau très dure, le calcium et le manganèse sont préférentiellement chélatés et bloquent le fer sous quelque forme qu'il soit. Dans le premier cas de figure, il faudra apporter du fer, et dans le second des chélateurs. L'apport de fer sous une forme solide (clous, grenaille, etc.) est totalement inutile.

Apports Fe/chélateurs

Dans l'eau de dureté moyenne, le fer a souvent une concentration de 2 mg/l, exceptionnellement plus. Le contrôle de cet élément est fait à l'aide d'un test (Merck : Aquamerck n° 14 404) permettant de constater la carence et de suivre l'évolution des chélates additionnels dans l'aquarium. En présence de fer sous une forme naturelle en concentration supérieure à 1,5 mg/l, il n'y a pas lieu d'en rajouter. Cependant, cette concentration pourra être élevée à 2,5 - 3,0 mg/l, toujours accompagnée du chélateur (E.D.T.A.). Le fer présent dans l'eau de conduite (celle du robinet) sera chélaté seul, en fonction de sa concentration.

L'apport de fer bivalent peut se faire sous plusieurs formes en aquarium : en chlorure tétrahydraté $Fe\ C_{12}\ 4H_2O$, en gluconate dihydraté $C_{12}H_{22}FeO_{14}\ 2H_2O$, ou en sulfate hydraté $FeSO_4H_2O$ accompagné du chélateur. La quantité d'E.D.T.A. nécessaire comme chélateur sur le fer et les autres ions métalliques, sera légèrement optimisée en rapport à la quantité nécessaire pour le fer seul. Des recherches personnelles ont permis de sélectionner des chélates destinés aux professionnels de l'hydroculture. Cet engrais Flory 7, des établissements Euflor, R.F.A., particulièrement hydrophile, est équilibré sur le plan des relations chélates/E.D.T.A., et les résultats sont très spectaculaires ; son prix est modique.

Nous ouvrons ici une parenthèse pour signaler que ce produit est également recommandé en eau de mer pour son innocuité chimique (à dose normale) et son activité stimulante sur les Caulerpes et autres algues marines.

Excès de chélateurs

Le non-respect des proportions oligo-éléments/E.D.T.A. pourrait être à l'origine de perturbations physiologiques des plantes. Un surdosage en E.D.T.A. sous-entend qu'une quantité présente du chélateur dans l'aquarium n'est pas combinée. Le chélateur se fixera suivant un ordre préférentiel en grande partie sur le calcium, le magnésium et le manganèse, puis sur le fer bivalent. En surdosant l'E.D.T.A., la chélation se poursuit et, selon le cas, de grandes quantités d'oligo-éléments, sous forme d'ions métalliques divers, seront prises en « pince », non seulement les ions métalliques en eau libre et ceux dans le substrat, mais également ceux stockés dans les tissus des plantes. Il peut donc arriver qu'une quantité de fer oxydé, stockée dans l'ensemble de l'aquarium, soit subitement mobilisée par l'excès d'E.D.T.A. Le fer bivalent en surdose pourra supplanter d'autres oligo-éléments importants dans les processus vitaux des plantes comme le phosphate ou le manganèse. Le résultat conduit à une carence due à un glissement des relations entre les divers oligo-éléments. Ces problèmes n'apparaissent pas lorsque la proportion entre chélates et chélateur est rigoureusement respectée, et le contrôle de la teneur en fer effectué.

Les produits dans le commerce ont quelques inconvénients, notamment le prix, du fait de leur présentation aqueuse (produits actifs dilués) mais surtout en raison du manque d'indications sur leur composition qualitative et quantitative. Ce manque d'informations ne permet pas l'ajustement correct des oligo-éléments nécessaires à la bonne croissance des plantes, en fonction des multiples facteurs rentrant en ligne de compte.

Un autre danger doit être signalé : l'apport subit de chélates en milieu déficient chronique. Un surdosage ne remédiera en aucun cas à la stagnation de croissance des plantes si la dose recommandée est déjà distribuée. Il aura comme on l'a vu un effet négatif, et la fumure subite de chélates à dose normale, imposée aux plantes sous-alimentées produira un « collapsus digestif », plus particulièrement chez les espèces du genre *Cryptocoryne*. C'est d'ailleurs l'une des nombreuses causes possibles de cette mystérieuse maladie des Cryptocorynes. Ce procédé revient à offrir un repas de noce à une personne ayant effectué une grève de la faim prolongée.

La chélation de l'aquarium se fait avec prudence, après avoir pris connaissance du bilan « énergétique ». En aquarium nouvellement installé, le dosage est calculé sur l'ensemble de la contenance du bac. Par la suite, la quantité de chélates ne concernera que la masse d'eau des changements hebdomadaires ou mensuels, selon le cas. Les plantes ayant souffert d'une carence prolongée en chélates, devront être accoutumées par des distributions progressives, accompagnées de changements d'eau neuve limités.

Comme pour le gaz carbonique, la lumière ou tout autre élément, la modification brusque et en excès du « climat de fumure » sera aussi néfaste que sa carence prolongée.

Les engrais et chélates spécifiques au jardinage ou pour plantes d'appartement ne conviennent pas aux plantes aquatiques. Outre le fer, ces fumures chimiques contiennent entre autres de grandes quantités de matières azotées, de l'anhydride phosphorique ou de l'oxyde de potassium. Ces produits chargeraient d'autant plus le milieu aquatique qu'ils sont souvent déjà présents en quantité suffisante ou en excès.

Dosage du fer

Les relations de chélation entre l'E.D.T.A. et les oligo-éléments sont d'une mole pour une mole. Il importe donc de se renseigner sur les masses molaires des divers produits utilisés, et nous nous limitons ici aux plus aptes à la chélation en aquariophilie. Rappelons que la masse molaire correspond à la masse de N molécules du produit considéré. N étant le nombre d'Avagadro-Ampère. Il est égal à $6,023 \times 10^{23}$. Les masses molaires des produits suivants sont :

L'E.D.T.A. (Titriplex III®) M = 372,24 g.
Le sulfate de fer ($Fe\,SO_4$) M = 151,91 g.
Le chlorure de fer ($Fe\,Cl_4$, $2H_2O$) M = 198,81 g.
Le gluconate de fer ($C_{12}H_{22}FeO_{14}$, $2H_2O$) M = 482,18 g.

Cette quantité permettra de chélater un aquarium de 1 000 litres avec son E.D.T.A. en quantité proportionnelle. Malheureusement, quelques facteurs instables comme le pH et un ordre de fixation préférentiel et conditionnel de l'E.D.T.A. pourront perturber la chélation du fer. En effet, les constantes préférentielles font que le chélateur se fixe d'abord sur le magnésium, puis sur le calcium et, en principe, la chélation en eau dure se réalisera en grande partie sur les éléments de la dureté carbonatée (calcium et magnésium).

Le tableau des constantes conditionnelles de l'E.D.T.A. sur les oligo-éléments montre qu'un certain nombre d'oligo-éléments seront pris en pince avant le fer trivalent, et ce, suivant un ordre rigoureux. En surdosant en excès l'E.D.T.A., il est donc possible que les oligo-éléments stockés en réserve dans les tissus des plantes soient transformés, et que cette modification subite entraîne la mort des plantes.

Ordre de fixation	0 Kmz — 5 — 10 — 15 — 20 — 25 — 30
9	≧≧≧≧Fe^{+++}≧≧≧≧≧≧≧≧≧≧≧≧≧≧≧≧≧≧≧≧≧≧≧≧≧≧≧≧ 25,1
8	≧≧≧≧Cu^{++}≧≧≧≧≧≧≧≧≧≧≧≧≧≧≧≧≧≧≧≧ 18,8
7	≧≧≧≧Zn^{++}≧≧≧≧≧≧≧≧≧≧≧≧≧≧≧≧≧≧ 16,5
6	≧≧≧≧Cd^{++}≧≧≧≧≧≧≧≧≧≧≧≧≧≧≧≧≧ 16,5
5	≧≧≧≧Al^{++}≧≧≧≧≧≧≧≧≧≧≧≧≧≧≧≧≧ 16,1
4	≧≧≧≧Fe^{++}≧≧≧≧≧≧≧≧≧≧≧≧≧≧ 14,3
3	≧≧≧≧Mn^{++}≧≧≧≧≧≧≧≧≧≧≧≧ 13,8
2	≧≧≧≧Ca^{++}≧≧≧≧≧≧ 10,7
1	≧≧≧≧Mg^{++}≧≧≧ 8,7

Le substrat

La présence d'un substrat dans l'aquarium n'est pas absolument nécessaire pour la maintenance des poissons. Au contraire, beaucoup d'éleveurs d'espèces fragiles préfèrent s'en passer, par mesure d'hygiène. En effet, il est constitué d'agrégats qui sont toujours le siège d'agents pathogènes en quête d'hôtes, comme les kystes d'*Ichthyosporidium*. Mais le substrat est indispensable dans un bac planté et crée, de plus, une apparence naturelle au sein de celui-ci.
Il est d'abord censé représenter « grosso modo » le lit d'une rivière, ou le fond d'une lagune tropicale. Il faut donc choisir suivant deux critères :
– qu'il soit neutre chimiquement, non seulement en ce qui concerne le calcaire, mais également du point de vue de la toxicité ;
– qu'il paraisse le plus proche possible des éléments naturels. Toute apparence artificielle est à rejeter (quartzite teinté en rouge, noir ou autres couleurs).

■ Quartz naturel ou quartzite

C'est le matériau le plus utilisé comme substrat par les aquariophiles. Malheureusement, il n'offre pas beaucoup d'avantages, ni aux poissons, ni aux plantes, ni même à l'aquariophile. Sa couleur blanc vif crée une ambiance blafarde à la lumière. Cela ne donne pas de luminosité diffuse dans l'aquarium : les poissons sont souvent « mal à l'aise » lorsque le fond du bac est plus clair que l'ensemble de l'environnement... Par leur structure, les grains de quartz, aux côtés plats et aux arêtes tranchantes, s'imbriquent pour former des blocs compacts et durs, dans lesquels l'eau a du mal à circuler. L'aquariophile utilisant le quartz peut remarquer que le substrat de son aquarium, lors d'une réfection, se tasse avec le temps et se lie d'une façon mécanique. Le mulm et les déchets non dégradés forment en plus un liant où les racines se fixent assez bien. Malheureusement, ce milieu devient rapidement réducteur par manque d'oxygène dû à une mauvaise circulation de l'eau, entravée par l'absence d'interstices suffisants. Le quartz convient éventuellement lorsqu'il a déjà servi dans un bac, mais disposé sur une faible épaisseur.

■ Sable

Qu'il soit de la Loire ou du Rhin, ses propriétés sont identiques. Sa couleur beige à jaunâtre est souvent du plus bel effet. Mais, comme le quartz, avec le temps, il est imperméable au passage d'un courant d'eau à cause du colmatage de sa couche superficielle. Les racines s'y fixent solidement. Il est particulièrement recommandé dans les bacs spécifiques pour Cichlidés « mangeurs de terre » des genres *Geophagus, Acarichthys*. Car leurs espèces à la recherche de particules alimentaires filtrent le substrat à travers les branchies. Il en est de même pour les espèces du genre *Corydoras* qui, à l'aide de leurs barbillons, fouillent le sol. Un substrat grossier handicaperait lourdement leurs mœurs nutritionnelles.
Le sable présente encore l'inconvénient d'assurer une mauvaise stabilité lors de la construction de reliefs dans l'aquarium. Suite aux mouvements des poissons et des courants d'eau du bac, il ruisselle rapidement pour former une surface uniforme et plane.

■ Gravier

Le gravier rond aux grains de 2 à 4 mm de diamètre constitue certainement le matériau le plus adapté en tant que substrat d'aquarium. Non seulement les arêtes coupantes sont absentes, mais sa structure ronde offre des interstices nombreux et vastes où l'eau circule librement. Les racines trouvent facilement un chemin pour s'ancrer dans ce substrat irrigué par une eau plus ou moins chargée de nitrates. Dans ce cas, et en présence d'un câble chauffant, le substrat reste un milieu oxydant. La couche de gravier peut être importante (plus de 10 cm d'épaisseur) sur l'arrière d'un bac régional ou communautaire. La couleur du gravier permet également son utilisation dans tous les types de décors et ce, sans fausse note de goût. Avec le temps, il se couvre d'algues unicellulaires ou de diatomées, et passe inaperçu. Les gros Cichlidés demandent dans leur bac un gravier aux grains plus gros (10 à 12 cm de diamètre). Une telle dimension permet d'inhiber leurs instincts excavateurs. Le gravier possède aussi une autre qualité : il est bon marché. C'est un aspect appréciable lorsque les besoins sont importants.

■ Pouzzolane

Cette roche volcanique et siliceuse, de couleur brun foncé, représente le meilleur substrat de fond pour l'aquarium et les filtres. La structure alvéolaire et la forme plus ou moins arrondie de la pouzzolane concassée, ainsi que sa couleur, en font un matériau de choix. Non seulement elle a les avantages du gravier, mais sa couleur rougeâtre permet également de recréer une lumière diffuse, comme c'est le cas dans les rivières et lagunes tropicales. Les poissons se sentent sécurisés sans cette clarté provenant du fond du bac, comme dans le cas d'un substrat sableux. La structure poreuse de la pouzzolane constitue un excellent terrain pour les radicelles des plantes. La conformation inégale des grains permet une très bonne circulation de l'eau à travers le substrat. Ce dernier reste alors un milieu oxydant où les colonies de bactéries dénitrifiantes peuvent proliférer. La densité de ce matériau, du fait de sa grande porosité, est largement inférieure à tout autre. L'aqualite,

Exploitation de pouzzolane.

un matériau analogue, offre les mêmes avantages, avec toutefois une différence de coût non négligeable.

La pouzzolane forme une transition heureuse avec un décor en polystyrène résiné, pour lequel la teinte et l'aspect peuvent être facilement copiés. Le décor réalisé entièrement en pouzzolane semble souvent uniforme. Mais les plantes sont tout de même mises en valeur sur ce fond sombre. Un tel décor dénote une certaine aptitude de l'aquariophile à recréer un univers homogène et réaliste.

Le substrat peut être particulièrement épais, surtout si l'eau est drainée au travers par simple convection ou filtration lente.

Décor avec pouzzolane.

■ Substrat composite

De nombreuses publications tant aquariophiles qu'aquariologiques ont fait référence à des compositions savantes pour la réalisation de substrats. Tourbe, humus, boulettes d'argile, matières organiques, voire fécales, tout semble avoir été proposé, en confondant aquarium et jardin, plantes terrestres et aquatiques. Pas une plante aquatique ne connaît ces substances et ne les exploite. Toute la nourriture est tirée des éléments en solution dans l'eau et assimilée au niveau des feuilles. Les racines ne servent qu'à fixer les végétaux au substrat. Certes, certains auteurs recommandent l'anmoor (complexe argilo-humique). Ils ne le considèrent pas comme un engrais mais comme un chélateur qui se lie au fer bivalent. Malheureusement, cet argile est emprisonné dans le substrat, et aucun échange n'est possible avec l'eau libre de l'aquarium. Le problème reste identique pour la tourbe enfouie dans le substrat : elle y fermente en créant de multiples ennuis à l'aquariophile. Il est préférable de la placer dans le filtre où le dégagement de l'acide humique en milieu oxydant est plus profitable à l'ensemble de l'aquarium.

Les boulettes d'argile ont une influence favorable sur l'ensemble de la plantation, mais il ne faut pas les considérer comme un engrais. Elles ont été chauffées, presque cuites, et les principes actifs liés ont été détruits par la cuisson. Mais l'argile sous cette nouvelle forme parfaitement neutre réagit comme les zéolites qui emmagasinent des substances en excès et les restituent aux plantes suivant leurs besoins. D'ailleurs, certains végétaux vendus en godet ou avec leur matelas nutritif sont accompagnés de zéolites entre leurs racines. Pour leur part, les boulettes d'argile, compactées, peuvent être placées au-dessus d'un câble chauffant et recouvertes d'une couche de gravier ou de pouzzolane. Ainsi, elles constituent un véritable « grenier » à oligo-éléments. L'échange thermique, dû au chauffage, entre le substrat et l'eau met, naturellement, à disposition des plantes les oligo-éléments dont elles ont besoin.

Que choisir ?

En règle générale, le substrat le plus simple reste le meilleur. Seule la granulométrie a de l'importance. Les substrats à larges interstices sont garants d'une eau limpide. Car, malgré une excellente filtration, toutes les particules ne peuvent être aspirées. Ils permettent leur dissimulation et leur rétention avant qu'elles ne soient dégradées. Les aquariums où les particules sont toujours en suspension possèdent généralement un fond de sable fin. Là, les déchets sont continuellement remis en suspension par les poissons et les mouvements d'eau. Ils sont donc plutôt à déconseiller.

Escargots pour entretenir les substrats

Une colonie de mollusques peut être une aide précieuse pour l'entretien du substrat. Il faut choisir comme auxiliaire *Melanoides tubercularia*. Cet escargot, de forme conique et spiralée, offre plusieurs avantages. Il ne se déplace que la nuit dans la partie visible de l'aquarium. Il s'agit d'une espèce ovovivipare qui ne dépose donc pas d'œufs sur les plantes et le décor. Ce n'est pas un herbivore et les racines ne l'intéressent pas. Le jour, il s'enterre dans le substrat qu'il remue, à la recherche de particules comestibles. Ainsi travaillé, ce dernier conserve une parfaite propreté. Les interstices restent bien ouverts et permettent un libre passage de l'eau. Le substrat garde ses propriétés oxydantes avec tous les avantages qui en découlent. La présence de mollusques gastéropodes est indicatrice d'une bonne qualité biogénique du substrat. Lorsque ce milieu est abandonné, c'est le signe qu'un déséquilibre ou qu'une pollution est en cours d'installation. Soit le sol devient réducteur, soit plus grave, il y a production d'hydrogène sulfuré.

Malheureusement, ces escargots ont deux légers inconvénients :

- ils nivellent rapidement les reliefs du décor ;
- leur multiplication est pléthorique.

Le premier avatar est inévitable, à moins de se séparer de ces précieux auxiliaires. En revanche, le second peut être contourné. On limite la population grâce à des piégeages réguliers. Il suffit pour cela de placer quelques petits morceaux de viande maigre sur le substrat au moment de l'extinction de la lumière. Une à deux heures plus tard, on découvre alors une masse énorme de mollusques agglutinée. Il ne faut surtout pas tuer ces escargots avec un produit chimique quelconque, leur décès en masse entraînerait une pollution certaine de l'aquarium.

Certains mollusques comme la limnée peuvent être de précieux auxiliaires en aquariologie.

LES DÉCORS

Après avoir conçu le décor statique de son aquarium, l'aquariophile peut privilégier les végétaux pour l'orner et, dans ce cas, il créera un bac hollandais. Il peut aussi choisir d'associer plus étroitement les plantes aux poissons.

Le décor artificiel

A partir d'un volume de 200 litres, un aquariophile « moderne » ne conçoit plus son aquarium sans un décor artificiel, que ce soit en eau de mer ou en eau douce. Les premiers décors artificiels ont été réalisés en polystyrène expansé au début des années 70 par la section Eau de mer du plus ancien club d'aquariophilie de France : « Les Amis de l'Aquarium de Strasbourg 1932 ». Ces décors de première génération n'étaient pas placés dans le bac mais à l'extérieur, derrière la glace arrière qui devait toujours être d'une parfaite propreté. Ce type de décor était recouvert à l'aide de peintures communes (toxiques). Par la suite, en découvrant dans un premier temps des peintures non toxiques, le décor intégra l'intérieur de l'aquarium. Cependant, cette couverture n'était pas très résistante à l'eau (eau de mer ou eau douce), ni aux agressions des poissons. Grâce à la découverte de la résine époxydique, on obtint la stabilité des couleurs et la résistance de surface.
Dans le même temps, l'Aquarium de Nancy mit au point un décor similaire, à l'aide de gel-coat mat, de verre et de résine sur polystyrène, qui fut rapidement abandonné à cause de sa mise en œuvre compliquée. Les recherches en matière d'économies d'énergie ont favorisé l'apparition de matières isolantes qui, par la suite, se sont révélées excellentes en tant que matières premières pour un décor d'aquarium. Ce sont surtout les mousses de polyuréthanne qui, ajoutées aux diverses formes de polystyrène, ont constitué la base des décors artificiels. Dans tous les cas, ces décors bruts sont recouverts de résine époxydique, de qualité alimentaire, employée en viticulture pour l'isolation interne des cuves à vin en béton. Cette technique, d'origine « alsacienne », est aujourd'hui employée dans le monde entier.

■ Réalisation du décor en polystyrène

Choix des épaisseurs

Les plus grands blocs de polystyrène manipulables sont disponibles aux dimensions standard de 2,50 X 1,50 X 0,50 m mais, également sous forme de plaques de 10 à 150 mm d'épaisseur. En fonction de la taille des billes, le constituant, le polystyrène a une densité comprise entre 20 et 35 kg/m^3. Le plus lourd étant le polystyrène à petites billes, c'est celui qu'il convient de choisir pour la réalisation d'un décor d'aquarium. Sa contraction, due à la chaleur, est beaucoup plus lente et sa rigidité, bonne.
Suivant la destination finale de l'aquarium, bac hollandais, bac communautaire ou régional, etc., le volume de polystyrène nécessaire varie. Pour un bac hollandais, une plaque aux dimensions de la glace arrière d'environ 10 cm d'épaisseur, est suffisante. L'épaisseur du décor final ne doit pas trop empiéter sur la place destinée aux plantes. En revanche, pour les décors auxquels on désire donner du volume, par exemple une rive accidentée de type sud-américain, l'épaisseur du polystyrène sera d'au moins 30 cm.

Travail du polystyrène

Avant de « travailler » le polystyrène, il convient de réunir les outils nécessaires à la sculpture du décor : une scie égoïne, un couteau à pain, un crayon feutre, un burin ou un gros tournevis, un chalumeau portatif ou un décapeur à air chaud, et du fil électrique gainé.

La première opération consiste à couper le bloc aux dimensions internes de l'aquarium. La surface d'origine plane, servira de surface de contact avec la glace arrière. Les très gros blocs (plus de 1 m) ne peuvent pas être coupés avec une scie égoïne. Un bout de fil électrique, avec quelques nœuds espacés de 8 à 10 cm, permet ce travail sur une longueur de coupe bien supérieure. La longueur du bloc est légèrement majorée pour tenir compte de la contraction, à la chaleur, du polystyrène. La surface en contact avec la glace arrière est flambée en un mouvement régulier afin de lui garder une certaine planéité. Il en va de même pour les côtés qui, se rétractant, amènent le bloc à la largeur du bac. Après cette opération, le bloc brut peut déjà rentrer dans l'aquarium.

Lorsque toutes les faces en contact avec le verre ont été flambées, le travail de sculpture proprement dit peut débuter. Il est indispensable d'avoir défini au préalable les grandes lignes du décor (type d'aquarium, roches naturelles utilisées, etc.), afin de recréer un milieu homogène. Il serait illogique de tailler des volumes arrondis et massifs et de disposer, en avant-plan du décor des roches schisteuses en strates. En revanche, ces mêmes formes, accompagnées de bombes et de scories volcaniques, l'ensemble de ton brun rougeâtre, créeront certainement une apparence plus « géologique » donc plus conforme à la réalité. La façon de tailler la face visible du décor détermine par conséquent le caractère du bac. Le néophyte aura intérêt à tracer au stylo feutre les grandes lignes de la découpe, et ne devra pas hésiter à replacer de temps à autre le décor en épure dans le bac, afin de vérifier la progression du travail dans son contexte. L'ébauche du décor s'effectue à la scie égoïne. Les détails, comme les cavernes, les renfoncements ou les reliefs stratifiés, se creusent avec un tournevis. Mais rien ne peut remplacer la main ou le doigt pour fignoler un détail. En frottant vigoureusement avec le plat de la main, il est possible de retirer les billes couche par couche. A l'inverse, en piquant le tournevis dans la masse de polystyrène et en faisant levier sur celui-ci, on peut arracher facilement un morceau arrondi plus ou moins conique.

L'objectif en l'occurrence est de façonner un maximum de relief dans un volume minimum. Toute matière invisible à l'œil à partir de la glace frontale est inutile. Elle doit être éliminée, dans la mesure où son absence ne porte pas préjudice à la solidité du décor. L'épaisseur minimale devant subsister, par exemple au fond d'une caverne, est de 1 cm. Les excavations seront conçues de telle façon que, par la suite, le pinceau chargé de résine ait accès en tous endroits. Quand le décor est entièrement sculpté, cette face est flambée. Les décapeurs produisant un air chaud de plus de 100 °C conviennent pour les grandes surfaces externes. En revanche, ils manquent de précision pour les recoins et les renfoncements. Face à cette situation, la chaleur dirigée d'un petit chalumeau réglable est préférable. Attention ! le polystyrène s'enflamme avec un dégagement de vapeurs toxiques.

Une autre variante du décor en polystyrène, appelée décor-sandwich, consiste à alterner une couche de roches naturelles plates avec des plaques travaillées en polystyrène. Ce type de décor doit être réalisé en strates ; il a l'avantage d'être entièrement amovible. Les pierres naturelles assurent la stabilité à l'ensemble de l'édifice. Ce décor s'adapte bien aux bacs pour poissons pétricoles, dans lequel le démontage fréquent est nécessaire pour capturer ces animaux ou leurs alevins. Ces opérations sont bien souvent laborieuses dans un bac à décor inamovible.

A

B

C

D

Le travail du polystyrène
A flambage de la face arrière
B sculpture du bloc
C flambage des volumes
D la satisfaction du travail fini

Décor arrière réalisé en polystyrène.

■ Décor en polyuréthanne

Polyuréthanne à deux composants

L'utilisation de polyuréthanne à deux composants permet de teinter le décor dans sa masse en incluant un colorant universel dans l'un des deux composants. L'aspect final après polymérisation est assez décevant, et fait apparaître des mottes boursouflées et lisses. Il est souhaitable de retravailler cette matière après polymérisation.

Le mélange de polyuréthanne s'effectue à part égale par pesée. La coulée se fait très difficilement sur la glace arrière en position verticale d'un très grand bac. En principe, elle ne peut être réalisée que sur un aquarium facilement manipulable dont les surfaces à couvrir sont mises à plat. Il est possible de fabriquer ce genre de décor dans un grand bac, à condition de démarrer à la base de la paroi, et d'inclure des supports fixes dans la masse comme des briques creuses. Les couches de polyuréthanne peuvent ainsi se succéder jusqu'au sommet en coulures horizontales.

Dans un petit bac, les opérations sont facilitées car le polyuréthanne est coulé sur la glace arrière à plat. Les surfaces recouvertes sont nettoyées à l'aide d'un diluant (acétone, trichloréthylène) et couvertes en principe d'un primaire à base de silane.

Cette mousse de polyuréthanne possède des avantages non négligeables. Lors de l'expansion (25 fois le volume de base) elle s'infiltre partout et évite les recoins où l'eau risquerait de stagner, une fois le bac rempli.

On peut inclure dans le décor un bac de décantation. A cet effet, on utilise un bac en verre dont les faces ne doivent pas être recouvertes de primaire, mais au contraire d'une légère pellicule de graisse végétale (margarine). Lorsque le polyuréthanne est polymérisé, il suffit de sortir le bac à l'aide d'une ventouse appliquée sur son fond. L'empreinte laissée dans le décor servira de bac de décantation. Les trous d'arrivée et de départ de l'eau peuvent être percés directement dans la mousse polymérisée. Les chicanes en verre se disposent directement dans des rainures préalablement creusées dans la masse, et étanchéifiées avec de la colle au silicone.

Polyuréthanne monocomposant

Contrairement au polyuréthanne à deux composants qui se présentent séparément en deux récipients, le polyuréthanne monocomposant est commercialisé en bombe. La réalisation du décor se trouve sensiblement simplifiée, puisqu'il suffit de secouer la bombe quelques minutes et de presser sur le pistolet muni de sa rallonge. Ce matériau atteint sa pleine expansion en 10 minutes à une température minimale de 18 °C. Avec ce type de produit, la réalisation de certains détails est plus aisée grâce à la canalisation possible de la mousse à travers le tuyau. Il est possible de réaliser des cavernes en enrobant des moitiés de pots de fleurs ou des culots de bouteilles en plastique. Ce décor a encore l'avantage d'isoler l'aquarium et de limiter les pertes de chaleur. Ce gain d'énergie est d'ailleurs très sensible lorsque les trois faces du bac sont recouvertes.

Décor en polyuréthanne avec emplacement d'un bac de décantation.

■ Finition du décor : la résine

Les deux types d'isolants utilisés (polystyrène et polyuréthanne) pour réaliser ces décors dégagent avec le temps du styrolène. C'est pourquoi il est impératif de les recouvrir d'une ou deux couches de résine époxyde de qualité alimentaire. De plus, il faut assurer, à long terme, la neutralité chimique du décor ; la résine donne à ce dernier la touche esthétique finale. Les décors ne sont recouverts de résine que sur la surface en contact avec l'eau. En revanche, le décor en polystyrène est impérativement recouvert sur toute sa surface. La résine forme une surface dure et autorise l'incrustation de microéléments minéraux (sable, poussière de quartz, sable coquillier ou corallien pour l'eau de mer). Elle fait également office de colle pour fixer des morceaux de coraux dans le décor d'un futur bac marin.

Mise en œuvre

L'utilisation de cette résine impose deux impératifs :

– se soumettre aux conseils d'utilisation fournis par le fabricant ;

– travailler à une température minimum de 20 °C.

Il faut savoir que les deux composants de cette résine époxyde sont toxiques séparément et que seule la polymérisation neutralise cette toxicité. Pour que la polymérisation soit complète, il faut :

– que les proportions de la résine et de son catalyseur soient respectées scrupuleusement (leur mesure doit se faire à l'aide d'une balance) ;

– que la température du local dans lequel se déroule le travail soit au minimum de 20 °C.

Tous les problèmes survenus en aquariophilie, lors de l'utilisation de ce produit, sont liés au non respect de ces deux consignes.

La bonne polymérisation de cette résine permet d'y inclure un colorant universel courant qui se trouve neutralisé dans la masse.

Les outils nécessaires pour appliquer la résine sont : un pinceau à poils durs, un bocal en verre, une baguette en bois, ainsi que les colorants et le matériel pour saupoudrer la résine. Du fait

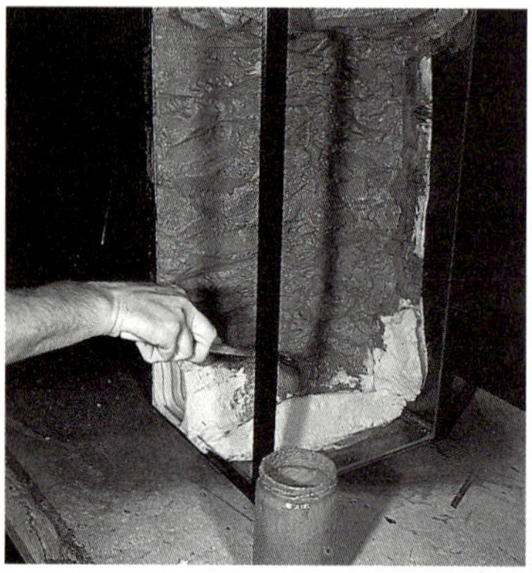

Application de résine sur un décor de polyuréthanne.

d'un laps de temps très court entre la préparation du mélange et le début de la polymérisation, il convient de préparer une quantité raisonnable en fonction de la surface à couvrir et de la vitesse d'exécution du travail. Il est également recommandé de modifier légèrement la teinte des diverses préparations successives pour ne pas tomber dans l'uniformité des tons. La résine aura de préférence une teinte proche de celle des éléments naturels. Ainsi, la couleur de la lave est reproduite avec du rouge carmin et du noir, celle d'une pierre meulière avec du jaune et du rouge, celle de la bauxite avec de la terre de Sienne et un peu de noir, enfin, le grès avec du jaune, du rouge et du noir. Par la suite, le saupoudrage de sable aura tendance à éclaircir les tons.

Application sur polystyrène

On commence par travailler sur la face arrière du décor en polystyrène (qui ne sera pas saupoudrée de sable). Cette couche de résine consolide les billes de polystyrène, en particulier, aux endroits où s'applique la colle au silicone pour la fixation du décor sur la vitre arrière du bac. Après polymérisation de cette face, et éventuellement des parties fixées sur les glaces latérales, la face visible du décor peut être recouverte de résine. On procède à des applications sur des surfaces de 40 x 40 cm (35 à 45 cl de résine préparée). La surface traitée doit être immédiatement saupoudrée de sable, en le projetant violemment sur le décor. Les grains de sable se collent dans la résine et sont parfois recouverts par capillarité. Puis le décor est retourné et tapoté pour faire tomber l'excédent de sable. Le polystyrène est entièrement enduit de résine par étapes successives. Il faut vérifier, avec attention, que tous les recoins du décor et les passages d'eau soient couverts de résine.

Application sur polyuréthanne

Les décors en polyuréthanne ne nécessitent pas de flambage après avoir été travaillés comme ceux en polystyrène. On constate que leur structure interne est toute différente. La porosité est très serrée, ce qui confère à l'ensemble une très forte résistance à l'arrachage. On applique la résine de la même manière que précédemment. Cependant, l'opération est beaucoup plus difficile puisqu'elle s'effectue sur le décor déjà fixé à l'aquarium. La protection de la vitre frontale du bac est nécessaire. En effet, la résine adhère fortement à la glace et les projections malencontreuses, une fois polymérisées, se retirent difficilement. Lorsque la résine est assez teintée et que son application est faite consciencieusement, une seule couche suffit pour un bac d'eau douce. Pour celui d'eau de mer, il est cependant recommandé de couvrir le décor de deux couches de résine, et de saupoudrer uniquement la dernière de matière minérale. La seconde couche assure une bien meilleure protection contre certaines espèces marines comme les poissons-perroquets et les balistes qui ont tendance à « grignoter » le décor.

■ Installation du décor en polystyrène

Trois jours après, dans un local bien aéré, la résine est entièrement polymérisée. On peut alors ajuster le décor en polystyrène dans ses moindres détails. Les passages éventuels des câbles chauffants, sur la face arrière ou le fond, ou ceux des renforts en verre, qui prennent place sur le fond, sont coupés à la scie égoïne, puis résinés. Après quelques heures, le décor pourra être définitivement installé dans le bac.

Il faut rappeler que ce décor doit être fixé solidement contre les glaces du fond et arrière du bac, afin d'éviter l'effet de bouchon dû à la forte différence de densité entre l'eau et le polystyrène. A cet effet, plusieurs amas de colle sont disposés à la base du décor et sur sa face arrière. Ce dernier est introduit dans le bac après avoir nettoyé correctement les surfaces de contact avec un diluant. Il est recommandé de ne pas faire seul cette opération. Fortement pressé contre la glace arrière et celle du fond, le décor est immédiatement calé avec des chutes de polystyrène. 48 heures plus tard, le bac pourra être rempli d'eau.

Le décor naturel

L'arrière-plan réalisé à l'aide de matériaux artificiels et le substrat déposé au fond de l'aquarium, il faut envisager d'y agencer un décor. Dans cette intention, l'utilisation de matériaux naturels est recommandée. Le choix se portera sur les roches et les bois qui sont des éléments omniprésents dans le milieu naturel. Ces matériaux peuvent aussi être utilisés pour le décor d'arrière-plan, si celui-ci n'est pas réalisé avec des éléments artificiels. Tous les gadgets du genre scaphandrier, sous-marin ou petit pont avec moulin à eau sont ici volontairement écartés. Certes, on ne discute pas des goûts et des couleurs ; mais quel lien y-a-t-il entre ces éléments et la réalité ?

■ Rôle des éléments naturels

Outre le fond de l'aquarium, constitué de matières minérales sous une forme différente (voir chapitre sur le substrat), les roches et les bois sont des composants statiques du décor interne du bac. Les roches forment tout d'abord l'ossature du substrat ; elle le stabilise et évite le travail de sape de certaines espèces piscicoles sur ce dernier. Elles offrent aux poissons un refuge et quelquefois un support de ponte. Elles délimitent pour certains un territoire. Elles permettent aux plantes de torrent *(Microsorium, Bobitis ...)* de se fixer en pleine eau.

Pour les autres, elles temporisent les effets du courant de rejet, d'un filtre ou d'une turbine.

■ Choisir les matériaux

Tous les matériaux ne conviennent pas à l'aménagement. Ainsi, certains minéraux libèrent trop de calcaire dans l'eau pour le type d'aquarium envisagé. D'autres encore émettent des toxines. L'aspect esthétique et l'ornementation générale de l'aquarium sont fortement dépendants de la structure, de la taille et de la couleur des roches. Certaines, parfaitement neutres sur le plan chimique, ne conviennent pas du fait de leur couleur trop vive (blanc, vert, rouge, bleu). L'assemblage réalisé avec celles-ci s'apparenterait bien plus à une salle d'exposition minéralogique ou à une vitrine de joaillier. Le « mélange » géologique à l'intérieur d'un aquarium est possible, mais de préférence dans un grand bac où l'on peut créer différentes zones qui présenteront une unité.

■ Différents types de roches

Il existe trois grandes catégories de roches qui se distinguent selon l'origine de leur formation : les roches sédimentaires, les roches métamorphiques et les roches magmatiques. Les roches sédimentaires regroupent en gros les calcaires, les marnes, les grès et les sables ; les roches métamorphiques, l'ardoise et le gneiss ; les roches magmatiques, le granite et les laves (basalte).

Une roche métamorphique : le gneiss.

Décor réalisé avec des roches métamorphiques.

Les roches sédimentaires

Certaines ne s'utilisent que dans un milieu où la dureté de l'eau n'a pas d'importance, ou, au contraire, est fortement recommandée. C'est le cas par exemple des bacs à eau saumâtre, ou des bacs pour des espèces des lacs sodiques de la Rift Valley ou nord-mexicains, mais aussi en aquariophilie marine. Ces roches sont à exclure des bacs spécifiques sud-américains, africains ou asiatiques à tendance fluviale.

Par ailleurs, il faut savoir que ces roches réagissent par effervescence à l'acide chlorhydrique ou à l'eau de Javel.

Les plus connues mais aussi les plus recherchées sont le travertin et le calcaire karstifié. Le premier ressemble à une concrétion aux formes arrondies. En revanche, le calcaire karstifié possède de grandes « cavernes » irrégulières, aux bords parfois coupants. Le poids spécifique de ces roches est souvent élevé, mais variable selon leur origine.

Les tufs caverneux constituent une autre variante pour le décor minéral. Ce type de roches est de faible densité. La variété teintée d'oxyde de fer ressemble assez aux orgues marines. Dans ces roches, on découvre quelquefois des inclusions de carbonate de calcium cristallisé, en forme de prisme : il s'agit d'aragonite. Elles sont sans « danger » en aquariophilie. L'est de la France, notamment la Champagne et la Lorraine, fournit la plus grande quantité de ces pierres.

D'autres formes de calcaire peuvent encore être utilisées pour la décoration du bac. Il s'agit :

– de la fluorite ou spath fluoré du mineur : elle est formée de grands cristaux verts, bleus, parfois veinés de blanc ;

– de la calcite ou carbonate de calcium : elle peut être incolore, unie le plus souvent blanche ou rosée ou rougie par l'oxyde de fer ;

– du marbre et de la dolomite qui, en plus de leur utilisation dans la décoration jouent le rôle de masse filtrante et

sont stabilisatrices d'un pH alcalin.

Les grès sont constitués de grains de sable, agglomérés par un ciment de diverses origines. Ils sont aussi utilisés pour les décors en aquarium et donnent un résultat visuel très heureux. Par exemple, le grès quartzeux placé dans une eau dure absorbe une grande quantité de calcaire.

A l'inverse, un grès à ciment calcaire a tendance à « durcir » une eau douce. Il est préférable de choisir les grès quartzeux ou à silice qui sont parfaitement neutres. Cette roche est disposée en strates horizontales ou obliques dans le bac. Le grès comme le schiste rouge peut être délité en tapant sur toute la surface de la roche avec un maillet en bois. Une grande plaque épaisse sera clivée en deux offrant ainsi une surface double.

Ce travail demande du doigté et de l'attention. En effet, il faut que la plaque comporte au moins deux clivages pour être partagée.

Les roches métamorphiques

Les principales régions d'extraction de l'ardoise sont les Ardennes, la Bretagne et l'Anjou. Ce schiste transformé est particulièrement intéressant en aquariophilie. Les fines plaques d'ardoise noire ou verte peuvent être empilées en strates horizontales sur le substrat, mais aussi contre la glace arrière de l'aquarium. Ce type de décor convient spécialement aux petits Cichlidés pétricoles des lacs africains pour lesquels le contact avec le substrat pierreux est vital. L'ardoise offre alors une surface de contact élevée pour un faible volume. Disposée sur tranche dans le substrat, l'ardoise peut encore soutenir des terrasses de sable ou de gravier, mais sa surface, noire et plane, n'est pas toujours très esthétique. Toute plaque d'ardoise qui présente des éclats dorés est suspecte. Ce sont des inclusions de pyrite (l'or des fous) qui peuvent se dissoudre dans l'eau et devenir alors dangereusement toxiques pour les organismes du bac.

Les schistes les plus connus en aquariophilie sont le schiste rouge et le schiste vert du Siam. Le clivage parfait des schistes permet de les débiter en plaques et de les utiliser comme l'ardoise. Ils sont parfaitement neutres et s'harmonisent très bien aux bacs sud-américains, africains et asiatiques. Leur couleur rouge ou verte tranche avec les plantes aquatiques et contribue à la création d'un « climat » diffus du bac. Lors de l'agencement de l'aquarium, il est nécessaire de bien disposer les plaques pour conserver une stratification naturelle.

Le gneiss est un feuilletage de mica noir et de quartz. Les masses volumineuses conviennent particulièrement bien aux grands aquariums et permettent de recréer des cavernes et des refuges pour poissons de grande taille et territoriaux.

Les roches magmatiques

Le granite est vendu sous différentes appellations dans le commerce : granilite, syénite, déiorite, etc., qui correspondent à différentes proportions de ses éléments constitutifs : feldspath, quartz, mica... Il est extrêmement dense, avec des arêtes vives et une coloration parfois très claire.

Le basalte est une roche éruptive, compacte et noire, qui met bien en valeur les plantes. Attention ! Les arêtes de cette roche sont très coupantes et doivent être émoussées avant leur introduction dans l'aquarium. La densité élevée ne permet pas une utilisation en masse de cette roche dans l'aquarium. Sous le terme de lave sont regroupés divers matériaux comme l'obsidienne, les rhyolites, les phonolithes, les andésites, les porphyres, la ponce et la lave proprement dite sous forme de bombes, scories ou pouzzolane. Le terme de lave, souvent utilisé en aquariophilie, ne concerne en fait que la cendre volcanique granuleuse. La lave, dans son ensemble, constitue réellement le matériau de prédilection pour la décoration de l'aquarium. Les gros blocs de scories à grandes vacuoles permettent d'édifier des décors élevés grâce à leur faible poids. Leur couleur, généralement sombre, s'harmonise parfaitement avec les plantes et contribue à la réalisation d'un décor aux tons sombres caractéristiques des milieux aquatiques tropicaux. En revanche, l'agencement peut sembler difficile à réaliser dans l'aquarium, car la lave se présente souvent en blocs plus ou moins arrondis. Un éboulement, en dégradé, vers l'avant-plan est la solution la plus heureuse. Il est également possible de noyer la lave en partie dans le substrat pour réaliser des terrasses de hauteurs différentes. Dans sa forme concassée, elle est un matériau de choix en tant que substrat de fond et de filtration. Sa couleur sombre atténue fortement la réflection de la lumière. Comme matière filtrante, sa surface rugueuse et vacuolée permet l'installation d'une riche faune bactérienne indispensable au bon déroulement du cycle de l'azote.

Le quartz, les silex et les galets sont eux aussi utilisables. Si les blocs de quartz sont relativement rares, les silex et les galets abondent. Ils permettent la réalisation d'un fragment de lit de rivière. Ce type de décor est particulièrement conseillé dans les bacs européens d'eau douce et dans les bacs fluviaux d'Amérique centrale. Il convient également au bac régional congolais, peuplé d'espèces rhéophiles. Les gros galets, ronds ou ovales, empilés, offrent de nombreuses cachettes et des refuges pour les petits poissons et leurs alevins.

Autres roches

Il faut enfin citer les matériaux naturels qui ont subi une transformation industrielle. C'est le cas du coke, obtenu par distillation des houilles grasses, qui offre plusieurs avantages pour la décoration. Avant son utilisation, il faut procéder à un trempage prolongé car, moins dense que l'eau, il a tendance à flotter et c'est seulement lorsque l'ensemble de ses canaux poreux sont occupés par l'eau qu'il peut être placé dans l'aquarium. Sa couleur noir-mat permet de réaliser d'heureux contrastes avec les plantes. Il est peu onéreux, léger, et parfaitement neutre en milieu aquatique.

Les scories de haut fourneau peuvent aussi participer à l'élaboration du décor. Elles se présentent sous forme de « galettes » plus ou moins plates dont l'aspect boursouflé et caverneux est assez esthétique. Les scories sont plus lourdes que le coke, mais bien moins que les roches. Ce matériau est totalement neutre dans l'eau mais doit subir au préalable quelques rinçages afin d'évacuer les impuretés. Quelques inclusions ferreuses peuvent subsister ; elles s'oxydent rapidement dans l'eau pour former de la rouille, parfaitement inoffensive.

L'utilisation des terres cuites, neutres dans l'eau, permet de donner du volume à un décor, dans un très grand bac. La brique creuse peut aussi former l'assise des roches naturelles dans le substrat et l'ossature d'un décor volumineux. Ainsi, un empilement de briques peut soutenir une façade en pier-

Décor avec roches volcaniques.

res naturelles, et offrir de nombreuses caches pour les poissons.
Il est encore possible de réaliser soi-même quelques caches creuses dans la forme souhaitée. On utilise alors le polystyrène expansé : par exemple, un gros bloc plus ou moins arrondi, recouvert d'une couche de béton d'environ un centimètre d'épaisseur. Une partie du polystyrène ne sera pas couverte de béton. Lorsque le béton est dur, le polystyrène est éliminé à l'acétone. On réalise ainsi des coquilles creuses en béton qui fournissent de nombreux refuges. Il faut cependant recouvrir cette surface de résine époxyde.

■ Les bois

Choisir les bois

Les aquariums de type fluvial tropical et même européen ne se conçoivent pas sans une souche, un fragment de racine ou une branche de bois mort. Mais, comme pour les roches, toutes les essences ne conviennent pas. Les bois « nobles » pour la décoration de l'aquarium se présentent sous la forme fossilisée ou pétrifiée. L'écorce de quelques arbres s'emploie également, ainsi que des tiges comme celles du bambou.

Utilisables	Toxiques
Chênes	Résineux (toutes espèces)
Saules	Ormes
Hêtres	Bois rejetés par la mer*
Peupliers	Les écorces, sauf celles du chêne liège
Bouleaux	

Essences utilisables ou toxiques en aquariophilie.
** Les bois rejetés par la mer peuvent être utilisés en aquarium d'eau saumâtre ou éventuellement en bac d'eau de mer.*

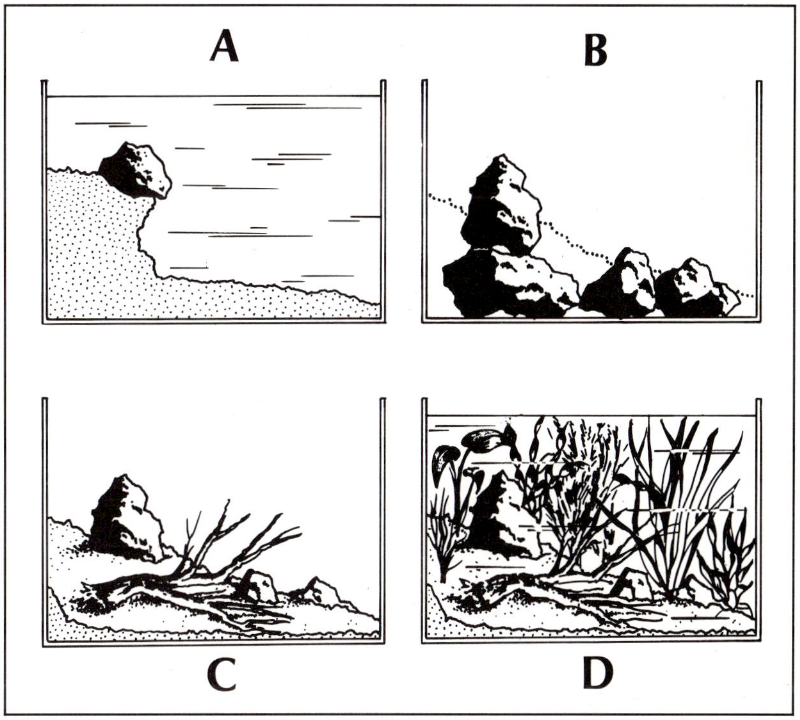

Installation d'un décor.
A Ne jamais placer une roche à même le sable, elle finit par s'ébranler.
B Poser les roches sur le fond.
C Agrémenter le décor minéral avec des racines ou des branches.
D Planter les végétaux après la mise en place des décors naturels.

Où choisir le bois ?

En forêt, la pièce de bois est souvent délabrée par le processus de dégradation biologique. En revanche, les milieux aquatiques cachent des bois morts immergés « prêts à l'emploi ». A l'aide d'un petit grappin attaché à une cordelette, la moisson de bois mort peut être riche et variée. En général, il suffit de le brosser vigoureusement pour le débarrasser des algues puis, de le tremper dans une solution « stérilisante » d'eau de Javel non concentrée (20 cl pour 20 l) ou de sulfate de cuivre (1 g par litre), pendant une à deux heures. Ensuite, on rince abondamment le bois à l'aide d'une brosse en nylon (une brosse métallique l'endommagerait).

Les morceaux de bois les mieux conservés se trouvent dans les tourbières acides à sphaignes où l'espèce la plus fréquente est le bouleau des tourbières *(Betula pubescens)*. Ces bois ont été protégés de la dégradation en stagnant dans le milieu acide en anaérobiose. Il est conseillé de rechercher ces pièces de bois dans une tourbière en exploitation, car les tourbières intactes sont dans la plupart des cas protégées. Une certaine acidité dans un bac de faible volume peut causer quelques dommages aux poissons et aux plantes. Il est conseillé de les immerger quelques jours dans l'eau courante renouvelée quotidiennement avant de les introduire dans le bac. Ces pièces de bois se trouvent également dans les commerces spécialisés. Suivant leur origine, que ce soient des racines, des fragments de branche ou de tronc, on les appelle « bois d'Ecosse » ou « Moorkienholtz ».

Le bois de tourbière convient parfaitement aux bacs d'ensemble, mais surtout à la décoration typique d'un bac régional sud-américain ou africain à caractère fluvial.

Installation

L'installation d'une racine, lorsqu'elle a gardé une partie de sa flottabilité, appelle une petite astuce afin qu'elle soit maintenue à l'emplacement choisi. Dans ce but, il suffit de lester le bois avec une roche ou un galet en coinçant le lest dans une cavité du bois. Il est aussi possible d'immobiliser le bois à l'aide d'un fil en nylon résistant. On évitera tous les autres fils ou lests.

Une pièce en bois ramifiée, de grande longueur, peut être calée, sa partie large contre une roche à assise stable et l'une de ses parties hautes contre un renfort de l'aquarium. Le fait de placer une branche ramifiée à l'envers dans un aquarium (les parties fines vers le substrat) n'est pas une erreur, car bon nombre d'arbres vivants ou morts plongent ainsi leurs branches en milieu naturel.

Utilisation de l'écorce

De nombreux aquariophiles utilisent l'écorce du chêne-liège pour la décoration. Les plaques, que l'arbre fournit, sont d'excellentes garnitures pour la glace arrière du bac. A l'aide des parties arrondies de ces écorces, on peut réaliser des terrasses retenant le substrat. Ce matériau doit être bouilli puis parfaitement séché avant toute utilisation. L'écorce sera isolée de l'eau par une couche de résine époxyde, de qualité alimentaire, sur toute sa surface, puis collée, soit sur la glace arrière de l'aquarium comme décor de fond, soit sur la dalle de fond comme retenue du substrat, à l'aide de colle au silicone.

Décor avec branches et racines d'arbre mort.

Alliance du bois et des végétaux.

Bois fossilisé

Parmi les différents bois fossiles, certains ne conviennent pas, comme la lignite (bois en voie de carbonisation) ou les bois fossiles originaires des tourbières calciques, en voie de putréfaction. Seuls les bois fossiles tirés des couches sédimentaires nous intéressent. De très belles pièces sont souvent extraites par les dragues des ballastières en exploitation. Issues des couches profondes du sédiment, elles peuvent immédiatement être introduites dans l'aquarium après un rinçage sommaire. Ce bois ne doit pas sécher. Il n'aura aucune influence sur l'eau du bac, car il a séjourné parfois durant des millions d'années dans la nappe phréatique.

Bois silicifié ou pétrifié

Le bois pétrifié possède une surface ligneuse mais de consistance dure, due au remplacement des cellules végétales par de la silice. Il est originaire des régions chaudes souvent désertiques. Comme de nombreuses roches, ce bois est parfaitement neutre. Il suffit de le brosser à l'eau courante avant son utilisation pour la décoration.

Utilisation du bambou

Les tiges sont susceptibles de résister à la dégradation sous l'eau pour recréer, par exemple, une zone de roselière. Leur teinte va du noir au jaune clair en passant par tous les tons bruns. Le bambou est le matériau de choix pour un bac typiquement asiatique ou régional. Cependant, le décor ne doit pas être surchargé, et seul l'un des coins de l'aquarium, vers l'arrière, recevra une dizaine de tiges qui voisineront avec quelques *Vallisneria* rubanées ou spiralées. Avant leur utilisation, les bambous doivent être désinfectés dans une solution d'alun de potasse. On les débarrasse ainsi des germes et des champignons qui se développent, particulièrement au niveau des nœuds, sous forme d'amas gélatineux et blancs.

Les cours d'eau tropicaux sont souvent encombrés par du bois mort.

Bac hollandais

Contrairement à un bac de type classique, le bac hollandais abrite essentiellement des plantes. On ne l'aménage pas progressivement comme les autres bacs; les plantes soigneusement choisies sont disposées dans l'aquarium une fois pour toutes. La salle de séjour est l'endroit idéal pour exposer cette magnifique « serre aquatique ».
Il n'est pas étonnant que les Hollandais aient été les inventeurs de ce type d'aquarium. Leur attirance naturelle pour les végétaux d'intérieur a fortement influencé leur aquariophilie nationale. Bien que ces bacs, véritables joyaux, soient presque toujours l'œuvre d'aquariophiles chevronnés, ils sont parfaitement réalisables pour un débutant, à condition de suivre quelques conseils évitant les déconvenues.

■ Place du bac hollandais

Avant toute précipitation, il faut choisir la place du bac en prévision de la taille et surtout du poids. Les précautions à prendre et les vérifications à effectuer avant l'installation sont les mêmes que pour les autres bacs. Mais, à taille égale, un bac hollandais peut être légèrement plus lourd à cause de son volume de substrat. A partir de 500 litres, il faut vérifier soigneusement la solidité du sol. Un parquet en bois sur solives est toujours problématique. Si le bac est placé perpendiculairement aux solives, il est plus prudent d'asseoir le support de l'aquarium avec des barres en fer, de type I.P.N., soudées. On glisse ensuite sous le support la plaque en aggloméré (Novopan) et la feuille de polystyrène, comme dans le cas d'un aquarium classique.

■ Dimensions du bac

Les dimensions de l'aquarium participent à l'esthétique générale du bac. Sa largeur est déterminante. Il faut qu'il offre une profondeur de champ suffisamment grande afin de mettre en valeur le décor. Un bac hollandais mesure au minimum 130 x 60 x 60 cm. La longueur et la largeur peuvent être plus importantes, alors que la hauteur est, de préférence, limitée à 60 cm, ce qui, compte tenu de la hauteur du substrat, facilite les fréquents travaux d'entretien sur la plantation. Cette hauteur d'eau permet également d'avoir un bon éclairement dans l'ensemble du bac.
Quant à la longueur (130 cm), elle autorise l'adoption d'une multitude de types de tubes fluorescents dans la gamme standard (40 W).

■ Habillage de la vitre arrière

L'aquariophile peut choisir plusieurs solutions pour « habiller » la vitre arrière. La première consiste en un décor cartonné à fond photographique qui se fixe à l'extérieur. Il ne comporte que des plantes aquatiques appartenant à des espèces communes. Les motifs à poissons sont à bannir, car trop statiques. Malheureusement, il est difficile de se procurer un fond photographique d'une hauteur supérieure à 50 cm. Néanmoins, en tenant compte de la hauteur du substrat à l'arrière, et en fixant le décor à partir du bord supérieur du bac, la bande manquante ne sera absolument pas visible sur un bac de 60 cm de haut.
La seconde solution décorative consiste à recouvrir la face externe de la glace arrière d'une couche de peinture

noire ou bleu foncé. Cette opération est facilitée par l'emploi de la peinture en spray, car une application au pinceau est toujours délicate.
Ces deux types de décor laissent la face interne de la vitre arrière visible. La réflection de la lumière qui en résulte peut projeter des reflets désagréables ou gênants, surtout si la végétation en arrière-plan n'est pas très dense ou en début de croissance.
Réaliser le décor en polystyrène ou en polyuréthanne offre certainement la solution la plus adéquate. Ce décor s'intègre à l'intérieur du bac contre la glace arrière. La méthode de réalisation n'est pas différente de celle abordée dans le chapitre consacré au décor artificiel. Ce décor devra occuper le minimum de place afin de ne pas empiéter sur l'espace réservé aux plantes. Les saillies proéminentes sont à proscrire. Le matériau choisi, d'une épaisseur de 3 à 4 cm, est travaillé en strates horizontales très discrètes. La résine, de type alimentaire, couvrant le décor, est de préférence très sombre, presque noire, saupoudrée de poussière de quartz ou de sable fin. Notons que le décor artificiel doit être entièrement recouvert de résine teintée.
Avant la mise en place définitive du décor, et après sa polymérisation complète durant 4 à 5 jours, il doit être rincé abondamment. Ce décor peut contenir un bac de décantation interne. Cependant, ce dernier occupe une place souvent trop importante dans la partie réservée à la plantation. Plusieurs solutions de filtration sont envisageables comme nous allons le voir plus loin.

■ Équipement du bac

Chauffage par le substrat

Le chauffage par le substrat consiste à placer un câble chauffant au fond de l'aquarium. La puissance de chauffe est de 15 à 180 W, en fonction de la surface et du volume du bac. La longueur du câble peut varier de 3 à 10 mètres. Des câbles de longueur double sont prévus par puissance de chauffe similaire. Par exemple, 50 W pour 3 mètres ou 60 W pour 10 m. Pour un bac hollandais, il est préférable de placer au fond 2 câbles de 10 mètres, d'une puissance de 60 W chacun, plutôt qu'un câble chauffant unique de 120 W et de 9 m seulement. La répartition de la chaleur sera meilleure et évitera les points chauds toujours préjudiciables aux plantes. La plupart des espèces végétales à fortes racines apprécient ce confort thermique au pied. L'avantage principal offert par le câble est l'échange thermique entre l'eau chaude du substrat et l'eau plus froide dans la zone libre. L'échange, par conduction, de la chaleur qui en résulte permet le brassage d'une eau bien oxygénée et le maintien du substrat en aérobiose. Cet échange est primordial en présence d'un substrat plus épais, comme dans le cas d'un bac hollandais. De plus, le lent courant ascensionnel de l'eau chaude empêche le colmatage superficiel qui résulte de la formation d'une croûte en surface du substrat. En aérobiose, toutes les matières qui s'infiltrent entre les interstices du substrat sont dégradées par la colonie des nitrosomonas puis des nitrobactéries (organismes bactériens qui entrent dans le cycle de minéralisation de l'azote et conduisent à la formation de nitrates assimilables par les plantes).
Un substrat épais maintenu en anaérobiose par absence d'oxygène produit souvent, et rapidement, des poches d'hydrogène sulfuré (H_2S). Dans le même temps, le substrat devient noirâtre en profondeur. L'installation de câbles chauffants facilite donc la conduite du bac hollandais, et l'échéance de la réfection du bac, parfois redoutée, s'en trouve largement reculée.
La mise en place d'un câble chauffant maintient le substrat en milieu oxydant. Dans ce cas, toute élaboration d'un substrat composé d'argile, de tourbe, etc., est superflue. Les oligo-éléments, notamment le fer, ne se maintiendront plus dans le substrat à l'état trivalent, mais ils seront oxydés dans l'ensemble de l'aquarium (voir paragraphe sur les oligo-éléments). L'apport d'une fumure à base de chélates (chélates + Fe^{++}) est recommandé en présence d'un substrat oxydant.

Bac hollandais

Bac hollandais.

Filtration

Plusieurs solutions peuvent être envisagées pour la filtration du bac.

Les filtres à cuve et turbine sont placés à l'extérieur de l'aquarium. Ils se situent de préférence sous le bac dans le support. Lorsque les tuyaux d'aspiration et de refoulement sont munis de robinets, leur nettoyage et leur accès sont assez aisés. Mais les tuyaux qui passent entre le bac et le mur sont très inesthétiques et nécessitent un décalage, vers l'avant, du complexe bac support. L'aquariophile peut remédier à ce problème en effectuant un habillage de l'ensemble. L'utilisation de ces filtres à turbines est une solution qui permet une mise en fonctionnement rapide du bac. Le choix doit se porter, dans le cas d'un bac hollandais, sur un débit faible de la turbine, par exemple 350 l/h pour un volume de 500 l. En effet, les plantes n'apprécient pas un fort courant de rejet et dans le cas où des espèces de poissons sont maintenues, elles ne demandent pas une aspiration violente. La cuve de filtration doit être aussi vaste que possible. La cuve standard, livrée avec la turbine, sera remplacée par une autre plus grande, quitte à se procurer les deux éléments séparément. Le rejet de la turbine doit se faire sous la surface de l'eau, là où se déroule l'aspiration. Cette position du rejet permet une diffusion tournante de l'eau à travers le bac. Dans le cas où le rejet est à l'opposé de l'aspiration, il se crée un courant d'eau direct entre celui-ci et l'aspiration.

Une autre solution consiste à adopter un filtre à décantation. Ce type de filtre occupe une certaine place dans l'aquarium. A cet effet, il faut calculer une largeur de 10 cm, à moins qu'elle ne soit déjà prévue dans l'aquarium. Le passage de l'eau dans ce filtre doit être lent. Long de 50 ou 60 cm suivant la largeur du bac, ce filtre peut disposer de quelques aménagements spéciaux, par exemple avec une légère filtration sous substrat. L'eau est collectée par les conduites en P.V.C., destinées à la protection des câbles chauffants. Elles sont percées de petits trous de 3 à 4 mm qui évitent l'aspiration du substrat. Cette conduite débouche dans le premier compartiment de filtration à travers un orifice percé dans la cloison du filtre, ou à travers plusieurs, suivant l'importance de l'installation liée à la surface de l'aquarium. Dans ce premier compartiment, l'eau décante ses grosses particules, puis traverse un deuxième compartiment rempli de laine perlon. Cette dernière fait office de préfiltre mécanique, qui peut être retiré pour le rinçage hebdomadaire. Le troisième compartiment est garni de pouzzolane concassée sur toute sa hauteur, et sert de filtre biologique. Un quatrième abrite les accessoires comme la ou les pompes immergeables, le chauffage principal ou complémentaire, et éventuellement un diffuseur de secours, en période estivale. Sur une longueur de 60 cm, ces quatre compartiments ont une section de 15 x 10 cm sur la hauteur de l'aquarium. Ce volume permet d'introduire aisément la main et le bras pour y effectuer des manipulations. Le substrat biologique sera colonisé par des bactéries dénitrifiantes et ce milieu devra être continuellement protégé des macro-particules avec de la laine perlon.

La pouzzolane, dans le troisième bac, n'est jamais nettoyée, sauf si le passage de l'eau est fortement freiné.

Les trois séparations entre ces compartiments doivent laisser un passage suffisant à la circulation de l'eau.

Le ou les rejets de la pompe se font également sous la surface de l'eau, et ce, de préférence à travers la cloison de séparation du filtre à décantation. Ainsi, le rejet de l'eau se situe, par exemple, sur le coin supérieur avant du filtre, et l'aspiration au coin inférieur arrière. Cette disposition favorise une excellente circulation de l'eau à travers l'aquarium. L'orifice d'aspiration est dissimulé par le décor en polystyrène, à travers lequel est foré une petite conduite. Un grillage en P.V.C. protège cette entrée d'eau si elle n'est pas couplée à une filtration du substrat. Ce filtre à décantation est mis en œuvre avec une ou plusieurs pompes immergeables. Il ne faut pas oublier que le bac hollandais ne nécessite pas une filtration violente.

Les turbines externes, même les plus faibles, produisent un courant de sortie beaucoup trop violent. Les petites pompes immergeables de 200 à 300 l/h remplissent merveilleusement leur office. Totalement silencieuses, elles sont d'un entretien facile. Néanmoins, la résistance de la colonne d'eau ne permet pas de véhiculer l'eau dans un tuyau trop long. C'est pourquoi il est préférable de la rejeter directement dans l'aquarium après sa sortie du bac de décantation. Dans ces conditions, la puissance de rejet peut être qualifiée d'optimale pour un bac hollandais. En bac hollandais, le filtre-gouttière utilisé couramment en aquariophilie ne convient pas. Les retombées continuelles de l'eau, liées à son utilisation, créent des jeux de reflets de lumière dans l'aquarium. Par ailleurs, il élimine une grande quantité du CO_2 indispensable aux plantes.

Le système de filtration réalisé, le décor de l'aquarium, s'il est en polystyrène, est collé dans le bac.

Bac hollandais.

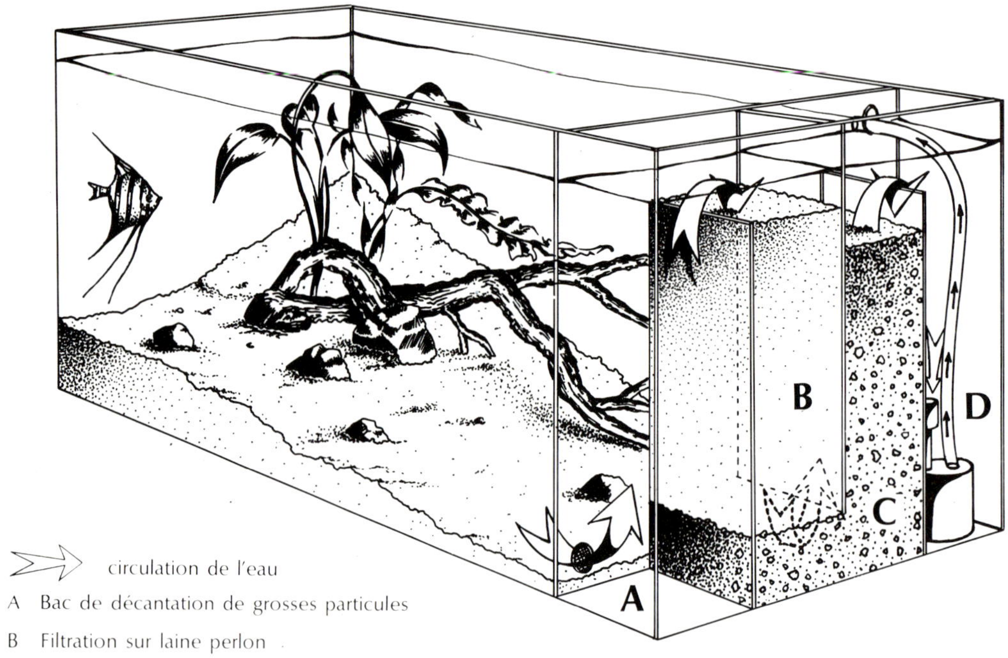

Eléments d'un filtre à décantation.

Éclairage

Jusqu'à une hauteur d'eau de 60 cm, il est préférable de choisir les tubes fluorescents ; au-delà, les lampes à décharges sont plus avantageuses.

Dans un aquarium de 60 cm de large, il est possible d'installer 6 à 7 tubes. Cette puissance d'éclairement semble beaucoup trop élevée, mais dans un bac hollandais la puissance calculée doit être supérieure à celle d'un bac traditionnel (voir tableau de calcul dans le chapitre sur la lumière). Il ne faut pas oublier qu'un tel bac est principalement destiné à la culture des plantes, qui sont nombreuses et parfois concentrées sur une surface restreinte. Il importe donc que l'ensemble de l'aquarium reçoive une quantité suffisante de lumière, et que les zones d'ombre soient éliminées au maximum. Pour un bac hollandais de dimension 140 x 60 x 60 cm, on choisit cinq tubes répartis de la façon suivante :

- 1 tube Gro-Lux en avant-plan ;
- 2 tubes « plein-spectre » au centre ;
- 1 tube Warmton en arrière-plan.

L'ensemble de l'éclairage est décalé par rapport au filtre à décantation. Il est en revanche centré dans le cas d'un filtre externe.

Dans un aquarium où la hauteur d'eau est supérieure à 60 cm, les lampes à décharge sont placées au-dessus du bac, soit suspendues au plafond, soit fixées au mur. La cage d'éclairage n'est pas souhaitable ici, car la chaleur émise par ces lampes est préjudiciable à l'aquarium. Par ailleurs, le cône d'émission de celles-ci nécessite un éloignement assez important de la surface de l'eau. L'aquarium peut donc rester découvert, d'autant que ce type de bac est généralement de grande taille et de préférence doté d'un goutte-à-goutte et d'un trop-plein : l'évaporation n'a donc aucune importance. La couverture n'est pas non plus utile pour éviter les sauts hors de l'eau des poissons, si

poissons il y a. Il est reconnu que dans les très grands aquariums les petites espèces ne sautent pas à l'extérieur du bac. De plus, lorsque l'aquarium est en « vitesse de croisière » les plantes atteignent la surface et font office de couverture.
Afin d'obtenir une diffusion optimale des lampes à décharges, il faut consulter les caractéristiques techniques de chaque modèle. Suivant l'angle d'ouverture du cône d'émission et la largeur de l'aquarium, la lampe doit être placée plus ou moins haut. Le choix se portera vers une lampe dont le cône d'ouverture se situe entre 90° et 120 °. Un angle de faible ouverture nécessite un éloignement de la lampe. A l'inverse, un angle ouvert oblige à rapprocher la lampe de la surface de l'eau. Néanmoins, une lampe à ouverture de 120°, trop éloignée de la surface de l'aquarium, verra son flux lumineux déborder hors du domaine à éclairer. Elle doit être intégrée dans une cloche de diffusion appropriée ayant un angle d'ouverture identique.

Qualités de l'eau

Si le bac hollandais est doté d'un système de goutte-à-goutte, le choix n'existe pas : l'eau de ce bac sera de préférence mi-dure entre 5 et 13° dGH c'est-à-dire de 9 à 24°f TH. Dans tous les cas la dureté totale doit être comprise entre 3 et 18° dGH. Une conductivité jusqu'à 600 uS/cm^2 est acceptable. Une eau plus dure s'adoucit à l'aide d'eau de source faiblement minéralisée, ou d'eau déminéralisée. En aucun cas, on ne doit utiliser de l'eau permutée ou bipermutée. Car elle a subi des transferts de minéraux et non une déminéralisation.
Dans la majorité des villes européennes, l'eau potable présente les qualités requises. Seule celle des régions montagneuses peut être trop douce (Auvergne, Alpes).

■ Aménagement du bac hollandais

Avant la mise en place du substrat, il faut choisir les éléments statiques du décor. N'oublions pas qu'un bac hollandais est principalement aménagé avec des plantes. Tout élément de taille ou de couleur « excessive » est à éviter. C'est le cas par exemple du quartz, blanc et brillant, du tuf teinté par l'oxyde de fer, du travertin aux contours tourmentés, de la syénite, de l'obsidienne noir éclatant, ou des porphyres rouges ou verts. En revanche, une lave de couleur neutre ou le coke noir mat sont des éléments minéraux tout à fait recommandés en bac hollandais. Les racines de tourbières doivent être aussi discrètes que les roches. La forme élancée et arborescente est préférable aux masses compactes et volumineuses. En principe, roches et racines reposent sur la glace de fond ; mais, comme les quelques poissons choisis pour ce genre de bac ne creusent pas le substrat, cette disposition n'est pas obligatoire.

Mise en place du substrat

Le substrat est disposé d'une manière particulière dans un bac hollandais. Il ne faut pas, comme cela est le cas pour les autres aquariums, le surélever vers l'arrière. Cependant, la couche de substrat doit être épaisse, environ 7 cm sur l'avant et 10 à 12 cm sur l'arrière. De même, un fond en relief est totalement inutile, ce sont les plantes qui créent le relief. Dans la mesure du possible, la tranche visible du substrat sur la face avant de l'aquarium sera habillée en harmonie avec l'ensemble du bac. Un bon choix consiste en l'utilisation d'un gravier rond d'une granulométrie de 3 ou 4 mm, ou d'une pouzzolane concassée, recouvrant une couche de boulettes d'argile (horticulteur ou fleuriste).

Les roches discrètes, de grande surface mais de faible épaisseur, sont utilisées en limite des différents groupes de plantes : celles à croissance rapide, celles de taille moyenne, et les plantes naines d'avant-plan.

Le choix de la taille des roches est dicté par la hauteur du substrat. Il ne faut pas qu'elles dépassent ce dernier de plus de 10 cm de hauteur. En un mot, il faut éviter l'aspect jardin alpin. En disposant les roches dans le substrat, on vérifie que le câble chauffant contourne bien les pierres et qu'elles ne sont pas posées dessus. Quand l'ensemble des éléments statiques de la décoration est en place, le bac peut enfin être rempli d'eau.

Remplissage du bac

Le bac est rempli avec de l'eau courante. Si le robinet est muni d'un mitigeur, il faut régler sa température à 25 °C environ. Si le bac dispose d'un filtre à décantation, l'eau est introduite dans le premier compartiment. De là, elle s'écoule dans le bac à travers l'orifice d'aspiration, ou par les conduites se trouvant sous le substrat. On évite ainsi de déplacer le décor réalisé avec soin. Si l'eau est directement introduite dans le bac, on pose sur le substrat une bassine de faible hauteur dans laquelle l'eau est versée. La bassine pleine, le liquide débordera doucement. Lors du remplissage, le décor s'affaisse légèrement par l'échange de l'eau et de l'air dans le substrat. Ce phénomène sera corrigé automatiquement au moment de la plantation.

Mise en route

Le remplissage effectué, les accessoires sont mis sous tension. C'est le moment de vérifier d'une part l'étanchéité de l'ensemble, d'autre part les réglages du chauffage et des pompes. L'aquarium fonctionnera pendant une semaine, ce qui permet de vérifier la régularité du chauffage, l'efficacité du filtre, et surtout le débit à travers les chicanes du filtre à décantation. Après une semaine de fonctionnement, le bac est vidangé et rempli d'eau renouvelée. Le moment est alors venu de se préoccuper des plantes. Comme nous l'avons déjà signalé, il est souhaitable que l'arrivage de plantes coïncide avec le moment de la plantation. La commande de végétaux aura été faite au préalable, à partir des prévisions du croquis d'ensemble. Presque toutes les espèces souhaitables peuvent être obtenues auprès de grossistes en plantes qui maintiennent plus de 250 espèces aquatiques ainsi que leurs variétés.
Le bac hollandais peut se réaliser avec des plantes et des poissons originaires d'un même continent. Il se conçoit aussi dans la diversité des plantes et des poissons.

Bac hollandais.

Quelques plantes pour bac hollandais

Les espèces citées ne sont que des exemples choisis en fonction de la position dans le bac. Le nombre de plantes indiqué est un minimum par espèce, pour un bac de 500 l (140 x 6 x 60 cm). L'esprit créatif de l'aquariophile, passionné par les végétaux, doit pouvoir s'exprimer avec ce type de bac. Pourtant, au moment de ses choix, qu'il garde présent à l'esprit que les végétaux sont des êtres vivants, avec des exigences de maintenance quelquefois très strictes.

Plantes d'avant-plan

Nombre	Espèces
20	*Echinodorus bolivianus*
20	*Echinodorus paniculatus*
20	*Echinodorus tenellus*
15	*Acorus gramineus var.pusillus*
20	*Anubias nana*
15	*Aponogeton natans*
20	*Cryptocoryne costata*
20	*Cryptocoryne gracilis*
20	*Cryptocoryne parva*
20	*Cryptocoryne petchii*
50	*Lilaeopsis novae-zelandiae*
20	*Marsilea crenata*
15	*Saururus cernuus*

Plantes de milieu du bac (espèces de taille moyenne)

Nombre	Espèces
20	*Alternanthera sessilis*
10	*Anubias afzelii*
7	*Aponogeton crispus*
7	*Aponogeton undulatus*
7	*Barclaya longifolia*
20	*Bacopa monnieri*
15	*Cryptocoryne affinis*
15	*Cryptocoryne becketii*
15	*Cryptorocyne korthausae*
15	*Cryptocoryne willisii*
10	*Echinodorus major*
20	*Ludwigia alternifolia*

Certaines espèces qui sont généralement considérées comme plantes de milieu de bac peuvent aussi être placées en bande diagonale. Les premiers pieds sont disposés près de la glace frontale.

Plantes d'arrière-plan

Nombre	Espèces
20	*Bacopa caroliniana*
20	*Cabomba caroliniana*
3	*Crinum sp.*
10	*Hygrophila stricta*
20	*Limnophila aquatica*
15	*Ludwigia palustris*
20	*Myriophyllum sp.*
20	*Vallisneria sp.*

Plantes maîtresses pour le centre du bac

Nombre	Espèces
1	*Aponogeton bolivinianus*
1	*Aponogeton madagascariensis*
2-3	*Aponogeton ulvaceus*
2-3	*Cryptocoryne balansae*
2-3	*Cryptocoryne retrospiralis*
2-3	*Echinodorus cordifolius*
2-3	*Echinodorus osiris*
1	*Eichhornia azurea*
1	*Nymphaea lotus*

Les monographies, en fin d'ouvrage, renseignent le lecteur sur les exigences de chaque espèce.

■ La plantation

Cette étape doit s'effectuer en une seule fois. Si toutes les plantes ne sont pas disponibles en même temps, vous pouvez conserver les premières acquises dans de l'eau tiède (30 à 32°C). Les plantes sont disposées à la surface, groupées par espèce. Cette solution permet d'attendre durant quelques jours la seconde livraison.

Avant de débuter la plantation, la hauteur de l'eau dans l'aquarium est abaissée d'un quart environ, et tous les accessoires du réseau électrique doivent être débranchés. Ces deux mesures évitent d'une part de travailler avec l'eau au niveau des aisselles, d'autre part d'être électrocuté.

La plantation correspond à un moment crucial et, dans la mesure du possible, il est souhaitable de se faire aider. Elle débute par la mise en place des plantes d'arrière-plan, ou des plantes maîtresses du centre du bac. Aux premières, on conservera une longueur identique pour chaque pied si elles sont disposées en parallèle avec la glace arrière. En revanche, si des plantes à tiges sont disposées en bande parallèle à la vitre arrière, elles doivent être écartées pour former un dégradé progressif.

La majorité des plantes d'arrière-plan sont à tige. Avant de les planter, on les débarrasse soit de leur bande, soit du fil en plomb qui les réunit. Elles sont introduites dans le substrat (voir le chapitre concernant la plantation) par 2 à 3 pieds espacés de 3 à 4 cm. La méthode est la même pour les espèces à tige disposées dans la partie médiane du bac. Une espèce à nuance rougeâtre sera placée en contraste devant une espèce vert franc.

Avant de poursuivre la plantation, vous pouvez modifier le décor sur l'arrière-plan : une roche ou une racine mal placée doit trouver son agencement définitif avant l'aboutissement de la plantation médiane. Les espèces de taille moyenne à racines sont le plus souvent garnies d'un godet avec un matelas nutritif. Ce godet doit être retiré, et la plante est mise dans le substrat avec son matelas nutritif. Il est souhaitable de découper un centimètre de ce matelas afin de dégager le cœur de la plante et de le couvrir d'une petite couche de substrat, sans recouvrir le collet ou le rhizome.

Les plantes d'avant-plan mettent à vif les nerfs de l'aquariophile. Les très petites espèces comme *Echinodorus tenellus* ou *Lilaeopsis novae-zelandiae* sont généralement fournies sur un tapis nutritif entouré d'un filet en nylon. Une fois celui-ci dégagé, la plantation devient plus facile. Mais, si ces espèces sont livrées par pied unitaire, la plantation est alors laborieuse. Souvent, lorsque trois pieds sont en place, dix autres flottent à la surface. Là, seule la dextérité de l'aquariophile vient à bout des plantes rebelles.

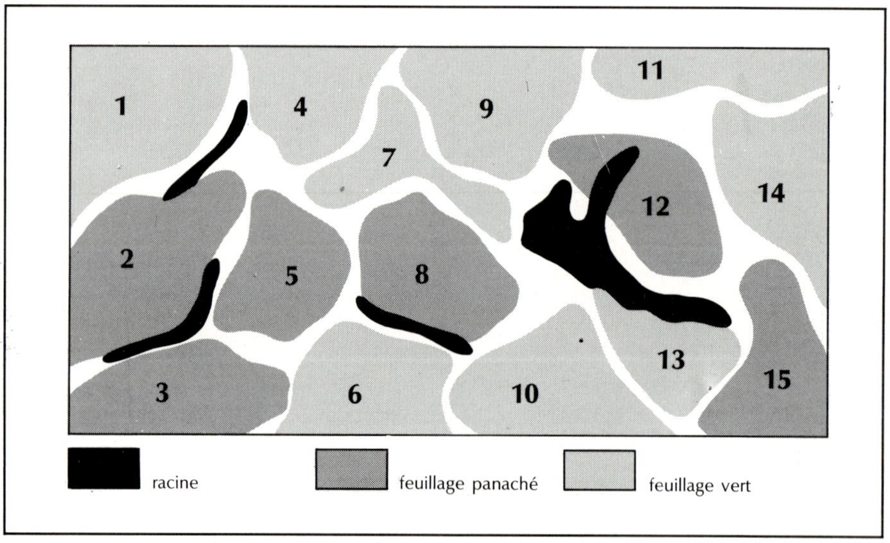

Aménagement d'un bac hollandais avec plantes en bosquets
1 Limnophila aquatica
2 Ammania senegalensis
3 Cryptocoryne petchii
4 Bacopa caroliniana
5 Barclaya longifolia
6 Lilaeopsis novae-zelandiae
7 Echinodorus major
8 Nymphaea lotus
9 Myriophyllum spicatum
10 Marsilea crenata
11 Vallisneria spiralis
12 Rotala rotundifolia
13 Anubias nana
14 Cryptocoryne korthausae
15 Alternanthera lilacina

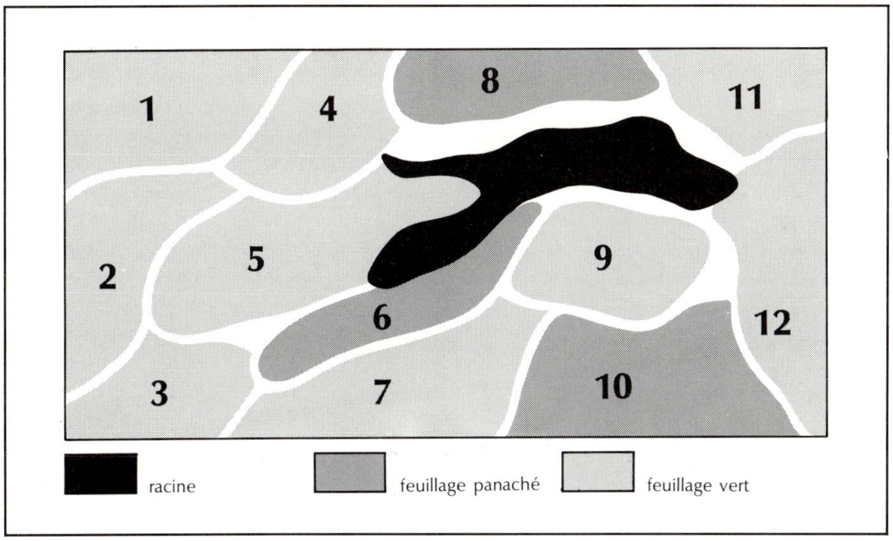

Aménagement d'un bac hollandais de type régional.
1 Aponogeton crispus
2 Limnophila indica
3 Cryptocoryne undulata
4 Ceratopteris thalictroïdes
5 Hygrophila corymbosa
6 Barclaya longifolia
7 Marsilea crenata
8 Rotala rotundifolia
9 Nymphaea lotus
10 Cryptocoryne petchii
11 Vallisneria asiatica

■ Maintenance du bac

Lorsque toutes les plantes sont installées , le niveau d'eau est rétabli. Les accessoires de maintenance remis en fonctionnement permettent de contrôler le comportement du courant d'eau issu de la turbine. Celui-ci ne doit pas plier ni même faire onduler les végétaux. A ce moment là, l'aspect du bac ne correspond pas encore à celui d'un bac hollandais. La plus grande part de travail reste à faire. Les plantes ont encore des feuilles fripées, des tiges tordues ; à la surface flottent des débris qui doivent être repêchés.

On introduit ensuite la dose de chélates correspondante au volume du bac ; on contrôle les différents accessoires, notamment le diffuseur de CO_2 et on règle la minuterie de l'éclairage pour une durée de 14 heures. Aucune intervention ne se fera sur les plantes pendant un mois, hormis le repiquage d'une échappée.
Au terme d'un mois, les plantes ont pris racines, les feuilles se sont déployées et certaines espèces à croissance rapide ont atteint la surface du bac. Les plantes à tiges sont écourtées de plu-

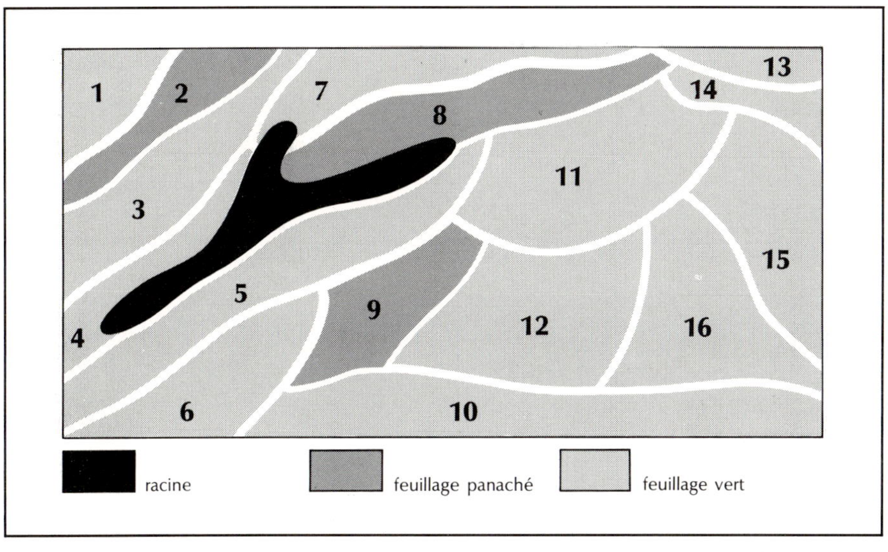

Aménagement d'un bac hollandais avec les plantes disposées en bandes obliques.
1 Vallisneria sp.
2 Alternanthera lilacina
3 Cabomba aquatica
4 Alternanthera reineckii
5 Samolus floribundus
6 Cryptocoryne wendtii
7 Limnophila aquatica
8 Ammania senegalensis
9 Barclaya longifolia
10 Echinodorus tenellus
11 Aponogeton madagascariensis
12 Cryptocoryne becketii
13 Ludwigia palustris
14 Rotala rotundifolia
15 Hygrophila stricta
16 Ludwigia alternifolia

sieurs centimètres, et les boutures latérales, débordantes, repiquées dans les parties libres attribuées à l'espèce. Il faut retirer les anciennes feuilles jaunies, en particulier celles qui montent à la surface *(Nymphaea lotus)*. On met à profit cet entretien pour effectuer des changements d'eau et rincer la laine perlon.

Le substrat sera siphonné, bien que peu de particules soient présentes avant 4 à 6 mois de fonctionnement.

Bac hollandais.

■ Poissons pour bac hollandais

Afin de créer une animation dans ce jardin d'Éden, le choix se porte vers des poissons vifs, mais totalement inoffensifs pour les plantes. Ils sont de préférence grégaires, de petite taille, et colorés, occupant le fond, la pleine eau ou la surface. Cette totale occupation du bac supprimera la compétition entre les espèces et limitera la présence des déchets de nourriture au sein du bac.

Poissons de surface	Poissons de fond	Poissons de pleine eau	Poissons utiles pour les plantes
Carnegiella sp.	*Corydoras sp.*	*Lepidarchus adonis*	*Gyrinocheilus aymonieri*
Gasteropelecus sp.	*Botia sp.*	*Boehlkea fredcochui*	*Ansistrus leucostictus (8 cm)*
Dermogenys pusillus	*Apistrogramma sp.*	*Hyphessorbrycon sp.*	*Farlowella sp.*
Epiplatys sp.	*Rineloricaria parva*	*Rasbora sp.*	*Hypoptopoma thoracatum*
Colisa chuna	*Stigmatogobius sp.*	*Moenkhausia sp.*	*Otocinclus affinis*
Trichogaster leeri	*Pelvicachromis sp.*	*Phenacogrammus sp.*	*Homaloptera zollingeri*

Quelques espèces pour bac hollandais.

■ Entretien du bac

Lorsque les plantes sont soignées régulièrement, la réfection totale du bac n'intervient qu'après trois à quatre années de fonctionnement.

L'été est une période critique, la température de l'eau peut devenir préjudiciable aux plantes. Durant les périodes d'absence prolongée, le métabolisme des plantes sera ralenti en abaissant légèrement la température à 22 °C.

Bacs pour plantes et poissons

Au décor essentiellement végétal du bac hollandais, l'aquariophile peut préférer l'association des plantes et des poissons. Cette dernière option est d'ailleurs celle qui est le plus souvent retenue par l'amateur.
Plusieurs possibilités s'offrent à lui pour aménager son aquarium :
– le « collectionneur » optera pour un bac communautaire regroupant toutes sortes de poissons et de plantes, issus de régions biogéographiques différentes ;
– le « puriste » créera un bac géographique où seront associées des espèces piscicoles et végétales, issues d'une même région biogéographique.
Mais quel que soit leur choix, les aquariophiles devront veiller, non seulement, à offrir aux plantes les conditions indispensables à leur maintenance mais aussi, celles nécessaires à la bonne santé des poissons.

■ Bac communautaire

Un bac communautaire est souvent un bac de « collection ». Il regroupe toutes sortes de poissons et de plantes sans distinction de région ou d'origine.
Ces aquariums sont souvent agencés en terrasses dégradées, où les roches, visibles de face, retiennent le substrat. Ce sont parfois des bacs à composition géologique hétéroclite avec un mélange de plantes, une racine de tourbière et des poissons de diverses couleurs. Même pour ce genre de bac, il faut faire attention à la composition de la population piscicole. Car, si le mélange des plantes a en général peu d'importance, en revanche les négligences concernant le choix des poissons peuvent avoir de lourdes conséquences.
En règle générale, il faut réunir des espèces qui ne sont pas concurrentes pour le territoire et la nourriture. Il est préférable de suivre les conseils prodigués par les associations aquariophiles ou les revues spécialisées pour éviter des désagréments.

Bac communautaire composé en majorité de Cryptocoryne *et* Trichogaster.

Position	Espèces ou genres	Nombre d'individus
Plantes		
arrière-plan	*Vallisneria spiralis*	10
	Limnophila aquatica	5
	Rotala rotundifolia	10
centre	*Nymphaea lotus*	1
	Ludwigia brevipes	10 (sur le côté)
	Lobelia cardinalis	10 (sur le côté)
avant-plan	*Cryptocoryne wendtii*	10
	Lilaeopsis novae-zelandiae	15
surface	*Ceratopteris cornuta*	2
Poissons		
de surface	*Trichogaster* (toutes espèces)	4 à 5
de pleine eau	*Xiphophorus* (toutes espèces)	10 (dont 2 mâles)
de fond	*Hyphessobrycon flammeus*	20
	Brachydanio rerio	20
	Coydoras (toutes espèces)	5 à 6
	Botia (toutes espèces)	4 à 5
	Gyrinocheilus aymonieri	1 à 2

Exemple de composition faunistique et floristique d'un bac communautaire (cette composition convient pour un bac de 300 litres environ).

■ Bacs géographiques

Brachydanio rerio

Un bac géographique regroupe, si possible, plantes et poissons d'un même continent ou d'une même région géographique (bac guyanais par exemple). L'origine des espèces végétales et piscicoles est alors délimitée par des frontières hydrographiques. Le bac peut rassembler des espèces endémiques d'un lac, d'un fleuve et de ses affluents directs. Il faut non seulement contrôler l'origine des espèces végétales et piscicoles choisies mais aussi reconstituer en partie au moins, leur environnement. Par exemple, un aquarium amazonien aura un « climat » lumineux assez sombre tandis que celui de l'aquarium tanganyikéien sera très clair. Toutes ces dispositions particulières se réfèrent aux observations en milieu naturel. L'aquariophile débutant doit se documenter sur les diverses caractéristiques faunistiques, floristiques et physiques bien avant l'installation de l'aquarium.

Le bac régional doit offrir les meilleures conditions de maintenance aux plantes et aux poissons.

Lors du peuplement, on écartera les formes ou variétés artificielles de plantes et de poissons (les poissons à nageoires en « voiles », les formes albinos ou xanthoïques, etc.).

C'est dans les clubs et les associations spécialisés (killies, cichlidés, « labyrinthidés » et ovovipares) que l'aquariophile peut découvrir et se procurer des espèces rares, des formes locales, mais également des espèces communes reproduites à partir de spécimens sauvages qui sont similaires à l'écotype naturel.

Corydoras julii

Botia macracantha

Amérique centrale

En Amérique centrale, les cours d'eau sont plutôt courts et à courant souvent rapide. Du nord du Mexique à Panama, la dureté de l'eau va en diminuant. Par exemple, le Rio Panuco, au Mexique, possède une conductivité de 2 000 uS/cm², alors qu'au Costa Rica l'eau est beaucoup plus douce, à 150 uS/cm². Les rivières rapides et les grands fleuves sont pratiquement dépourvus de plantes aquatiques qui ne subsistent que dans les eaux stagnantes. L'eau est toujours fortement oxygénée (80 à 95 % de saturation en O_2), le pH alcalin varie de 7,0 à 8,0. Le lit de ces cours d'eau est parfois encombré de bois et couvert de gravier et de gros galets. Les poissons sont rhéophiles : ils aiment le courant rapide, mais quelques espèces

Eau : pH dGH uS/cm² Temp. Filtration	7,0-7,5 5-15° 150-1 000 23-26 °C intense
«climat lumineux»	intense
Substrat	gravier-galets
Décor	roches-bois
Plantes	aucune
Poissons	*Xiphophorus* *Priapella* *Rheophilus* *Astyanax fasciatus* *Rhamdia guatemalensis*

Agencement d'un aquarium de type fluvial.

vivent également dans les parties calmes des cours d'eau.

Un second type de biotope en Amérique centrale est constitué par les lagunes d'eau stagnante. Le milieu aquatique est totalement différent, avec ses nombreuses plantes, tant en richesse qu'en diversité. Les plantes de surface avec les genres *Eichhornia, Pistia, Salvinia,* etc., et les feuilles de *Nymphaea* recouvrent de grandes étendues. Les poissons présentent une hauteur du corps souvent plus élevée (absence de courant), et leur coloration est plus intense (milieu plus sombre), notamment parmi les Cichlidés. L'eau est à 25-32 °C, elle est moins oxygénée (60 à 80 % de saturation) et toujours alcaline. Le substrat est constitué de boue ou de vase, parfois de sable près de la berge. Cette composition pour l'agencement de l'aquarium de type lagunaire, tant végétale qu'animale, peut évidemment être modifiée et l'aquariophile peut toujours choisir d'autres espèces originaires de la région.

Eau : pH dGH uS/cm² Temp. Filtration	7,0-7,8 5-15° 150-1 000 23-30 °C moyenne
«Climat lumineux»	diffus
Substrat	sable grossier
Décor	bois
Plantes	*Salvinia* *Myriophyllum* *Ceratophyllum* *Cabomba* *Marsilea*
Poissons	*Xiphophorus* *Poecilia* *Thorichthys meeki* *Dorosoma petenensis*

Agencement d'un aquarium de type lagunaire.

Amérique du Sud

En aquariophilie, les eaux d'Amérique du Sud sont principalement connues pour leur forte acidité et leur très faible dureté. Cela n'est qu'en partie vrai. Dans certaines régions comme au Pérou près de Pucallpa, l'eau peut être alcaline et moyennement dure ; c'est également le cas dans les llanos colombiens. En revanche, il est vrai que dans l'immensité amazonienne, l'eau est acide et extrêmement douce : pH 5,5-7,0, dGH : 0 à 2. Elle peut être de couleur brun foncé et transparente (eau noire), brun laiteux (eau brune), ou transparente et incolore (eau claire). Cette coloration et les conditions physico-chimiques des fleuves dépendent en partie de la composition géologique du bassin versant. Les rivières et fleuves en galeries forestières sont dépourvus de plantes aquatiques immergées, tandis que leur lit reste encombré de feuilles et de bois morts. Sur leur parcours, l'eau peut être stagnante ou agitée. C'est dans ces dernières zones que l'on rencontre, à faible profondeur, les petits characidés, cichlidés et les *Corydoras*.

Eau : pH dGH uS/cm² Temp. Filtration	5,5-6,8 1-5° 30-100 23-26 °C moyenne sur tourbe
« Climat lumineux »	diffus
Substrat	lave concassée pouzzolane
Décor	racines, roches sombres
Plantes	absentes en principe
Poissons	Gastéropélécidés Tétragonoptérinés *Ptetrophyllum altum* *Apistogramma sp.* *Corydoras sp.* *Otocinclus sp.*

Agencement d'un bac sud-américain

En principe, le bac ne doit pas abriter de plantes aquatiques immergées, mais pour des raisons purement esthétiques, quelques espèces végétales des genres *Echinodorus, Cabomba, Myriophyllum* agrémentent le bac. Le décor est réalisé en polystyrène et représente une rive creusée, de couleur brun sombre, avec des racines de tourbières et des roches (schiste rouge, lave).

Certaines espèces doivent de préférence être maintenues en bac spécifique, notamment les genres *Serrasalmus* (piranha), *Colossoma, Mylossoma, Myleus, Metynnis* (faux piranha), ainsi que toutes les grandes espèces des familles : Cichlidés et Loricariidés. Mais l'agencement et les conditions physico-chimiques de l'aquarium restent les mêmes.

Afrique

Le continent africain est divisé en plusieurs régions piscicoles correspondant aux différents bassins hydrographiques. A l'inverse du continent néotropical (Amérique centrale et du Sud), on y distingue plusieurs types d'écosystème. Les fleuves et les rivières de savane sont très exposés au soleil, alors que ceux des forêts-galeries sont abrités. Ces milieux sont fréquents le long de la côte atlantique. L'Est africain intéresse beaucoup les aquariophiles à cause de la riche faune piscicole de ses grands lacs. Ces « mers » internes abritent une faune endémique où la végétation aquatique est pratiquement absente. Les qualités physico-chimiques de l'eau entraînent un difficile maintien de la végétation aquatique. Certains petits lacs sur terrains volcaniques actifs présentent des conditions physico-chimiques exceptionnelles, difficiles à recréer en aquarium. C'est le cas du lac Natron (Kenya) : pH 10,5, densité 1 020, température 40 °C. Mais la faune piscicole de ces petits lacs est bien moins connue des aquariophiles. Cette région est avant tout célèbre pour les lacs Malawi et Tanganyika, mais aussi pour les poissons killies, notamment du genre *Notobranchius*.

La partie tumultueuse du fleuve Zaïre constitue un biotope très distinct des précédents. Sur plus de 150 km, ce fleuve traverse les monts Cristales avant de se jeter dans l'Atlantique.

Bac sud-américain (1 500 l), décor en polystyrène et Discus.

Dans cette zone se sont adaptées des espèces au comportement curieux dû en partie à des adaptations morphologiques et physiologiques (atrophie de la vessie natatoire, microphthalmie).

Agencement des bacs ouest-africains

L'eau doit être généralement douce à mi-dure, avec un pH variant de 5,8 à 7. Un décor en polyuréthanne brut avec de larges espaces couleurs sombres rappelant la lave sera préféré pour le bac de type forestier.

Un décor en polystyrène brun rougeâtre rappelant la latérite pour le bac de type savane.

Bac de l'ouest africain.

Bac régional lacustre (Malawi) pour espèces pétricoles (M'bunas).

Eau : pH dHG Temp. filtration	6,0 à 7 2 à 5° 25 à 30 °C intense
«Climat lumineux»	intense
Substrat	gravier
Décor	rocher
Plantes	*Otellia alismoides* *Ammannia sp.* *Limnophila indica* *Myriophyllum spicatum*
Poissons	*Alestes chaperi* *Barbus sp.* *Epiplatys sp.* *Hermichromis sp.*

Aquarium de type savane.

Eau : pH dGH Temp. Filtration	5,5 à 6,8 0 à 5° 22 à 26 °C moyenne sur tourbe
«Climat lumineux»	diffus
Substrat	lave concassée
Décor	bois roches sombres
Plantes	*Anubias sp.* *Crinum natans* *Nymphaea lotus*
Poissons	*Pantodon buchholzi* *Pelvicachromis sp.* *Aphyosemion sp.* *Gnathonemus petersii*

Aquarium de type forestier.

Gnathonemus petersii.

Agencement d'un bac congolais

Ce bac est caractérisé par l'absence de plantes qui, d'ailleurs, n'existent pas dans les parties rapides du fleuve. Seules des espèces flottantes comme *Eichhornia* et *Pistia* traversent les rapides. Le bac est donc principalement agencé à l'aide d'un décor artificiel qui évoque des gros blocs rocheux (granite), lisses et érodés, ainsi que de très gros galets et des morceaux de bois. Les poissons qui le peuplent sont des espèces rhéophiles(qui vivent dans le courant). Dans ce genre de bac à fortes turbulences, les Cichlidés s'abritent entre les galets. Les territoires des poissons sont moins étendus que dans un bac à faibles turbulences. La teneur en oxygène dissous doit être proche de la saturation.

Eau : pH dGH uS/cm^2 Temp. Filtration	6,5 à 7 2 à 5° 80 à 200 22 à 25 °C Très intense provoquant des turbulences
«Climat lumineux»	normal
Substrat	Gros graviers
Décor	Gros galets, bois
Plantes	Quelques plantes de surface *Bolbitis heudelotii*
Poissons	*Mormyrops deliciosus* *Petrocephalus simus* *Alestes imberi* *Micralestes humilis* *Labeo sp.* *Synodontis notatus* et *brichardi* *Lamprologus congoensis* *Steatocranus cassuarius* *Nannochromis sp.* *Teleogramma brichardi* *Mastacembelus sp.* *Tetraodon mbu*

Agencement d'un bac congolais.

Agencement de bacs est-africains (lacs Malawi et Tanganyika)

Ces deux lacs sont connus depuis 1962 grâce à l'importation massive de leurs Cichlidés. Il n'abritent pas, d'ailleurs, que cette seule famille de poissons. Ces deux lacs sont assez similaires en apparence : des zones sableuses et rocheuses alternent sur leur pourtour. L'eau est très claire (visibilité sous-lacustre : 20 mètres). Sur les côtes rocheuses, l'agitation des vagues favorise la saturation en oxygène (100 à 110 %) qui élimine le CO_2 et empêche

	Malawi	Tanganyika
Eau : pH	7,5 à 7,9	7,5 à 8,2
dGH	7 à 15°	12 à 18°
uS/cm²	300 à 500	600 à 1 000
Temp.	24 à 26 °C	25 à 28 °C
Filtration	normale	normale
«Climat lumineux»	intense	intense
Substrat	sable fin	sable fin
Décor	quelques roches et tiges de bambou	
Plantes	entre les tiges de bambou, *Vallisneria sp.* couvrant l'arrière-plan	
Poissons	*Barbus johnstonii* *Marcusenius nyasensis* *Synodontus nyassae* *Labeo altivelis* *Lethriop sp.* *«Haplochromis» compressiceps*	*Distichodus sexfasciatus* *Hippopotamyrus discorhynchus* *Synodontus granulosus* *Labeo kibimbi* *Xenotilapia* *Oreochromis tanganicae* *Cyprichromis*

Aquarium de type « zone sablonneuse ».
La conductivité de l'eau en milieu naturel est de 210 uS/cm² au lac Malawi et de 610 uS/cm² au lac Tanganyika. Il est difficile de maintenir un pH fortement alcalin avec une eau de si faible dureté, c'est pourquoi il est recommandé d'utiliser une eau plus dure.

	Malawi	Tanganyika
Eau : filtration	intense	
Substrat	lave concassée	
Décor	rocheux, polystyrène, polyuréthanne	
Plantes	éventuellement : *Bolbitis heudelotii* et *Microsorium pteropus*	
Poissons Cichlidés	*M'buna* *Aulonocara sp.* *Trematrocranus sp.*	*Tropheus sp.* *Neolamprologus sp.* *Julidochromis sp.*

Aquarium de type « zone rocheuse ».

toute colonisation végétale. Seule une pellicule d'algues : *Cladophora sp.*, vert jaunâtre, appelée Aufwuchs, couvre le substrat rocheux. Les poissons tirent leur nourriture de ces végétaux et de la faune planctonique (ostracodes-copépodes). Ce sont uniquement les zones sablonneuses ou intermédiaires qui abritent quelques plantes rabougries et des roselières. Selon l'origine des espèces maintenues on réalise pour chaque lac deux types d'agencement. La cohabitation d'espèces de deux milieux différents est dans la plupart des cas désastreuse. Il en est de même de la cohabitation d'une population composite originaire des deux lacs mais issue d'un même biotope. Les deux lacs diffèrent principalement par la composition chimique de leur eau. Celle du Malawi est plus douce que celle du Tanganyika.

Asie

Voici le bac régional le plus facile à mettre en œuvre. Le nombre important de poissons et de plantes originaires de l'Inde, de Sri Lanka et du Sud-Est asiatique, importé en Europe, permet une composition fidèle à la réalité et très agréable à l'œil.

Le bac peut être à caractère régional au sens large, ou très « local », regroupant des espèces de Bornéo, Sumatra, Malaisie, etc.

Il est également possible de recréer des biotopes originaux, par exemple du type malgache. Dans ce cas, des plantes et des poissons endémiques comme *Bedotia geayi*, certains Cichlidés et des végétaux aquatiques du genre *Aponogeton* orneront le bac.

Un bac néo-guinéen peut être réalisé à partir de Mélanotaennidés des genres *Melanotaenia, Glossolepis,* éventuelle-

Bac asiatique.

ment *Telmatherina, Irinatherina* (Atherinidés) et des plantes aquatiques comme *Vallisneria gigantea, Marsilea crenata, Blyxa aubertii, Ceratopteris cornuta, C. thalictroïdes.*

Eau : pH dGH uS/cm² Temp.	6,0 à 6,8 3 à 10° 100 à 400 25 à 30°C
«Climat lumineux»	normal à intense
Substrat	gravier fin ou lave concassée
Décor	roches de Siam, bambou racines de tourbière
Plantes	*Aponogeton crispus* *Aponegeton natans* *Blyxa echinosperma* *Cryptocoryne sp.* *Nymphaea lotus* *Rotala sp.* *Vallisneria asiatica ; V. spiralis*

Agencement d'un aquarium asiatique.

Europe

Les biotopes et niches écologiques de nos fleuves et rivières sont principalement délimités par leur degré d'eutrophisation (DBO et saturation en oxygène) et leur température. Le cours supérieur se caractérise par un courant rapide, une eau fortement oxygénée, peu polluée à température basse. Le lit est couvert de gros galets ou entièrement constitué de rochers. Là, vivent les Salmonidés (truites, saumons de fontaine) mais aussi les poissons suivants : chabots, vairons, ombres et vandoises. Il est difficile d'espérer maintenir correctement ces espèces en captivité. L'agencement nécessite impérativement un groupe frigorifique qui stabilise la température sous la barre critique de 16 °C.

Un aquarium du type régional à eau froide est généralement réalisé pour des espèces originaires du cours moyen inférieur, mais surtout du cours inférieur de nos rivières. L'eau de ces portions de rivières est plus chaude et moins oxygénée. Les espèces piscico-

Eau : pH dGH uS/cm² Temp. Filtration	7,0 à 7,5 6 à 20° 500 à 1 500 maximum 23 °C moyenne à forte et aération
«Climat lumineux»	normal à intense
Substrat	sable grossier, gravier, galets
Décor	bois mort
Plantes	*Potamogeton pectinatus* *Potamogeton crispus* *Callitriche obtusangula* *Ceratophyllum demersum* *Elodea nuttalii* *Elodea ernstae* *Lemma minor*
Poissons	*Tinca tinca* (tanche) *Carassius* (carassin) *Rhodeus sericeus* (bouvière) *Gasteroteus aculeatus* (épinoche) *Lepomis gibbosus* (perche soleil)

Agencement d'un aquarium européen.

les et végétales qui y vivent, supportent beaucoup plus facilement une température élevée dans le premier cas, et leur maintenance s'en trouve facilitée.
Les zones de rivière à eau calme, les anses et les méandres sont couverts de sable, de limon et de vase. Elles sont occupées par les espèces fouisseuses et leurs prédateurs, en particulier le brochet.
Selon la qualité de l'eau, de nombreuses espèces végétales peuvent servir à garnir le bac d'eau froide. Les poissons introduits, d'origine américaine et cousins des Cichlidés : les Centrachidés, se maintiennent admirablement dans ce type d'aquarium mais ils ne peuvent pas être associés avec des espèces de petite taille.
Quant aux différentes espèces végétales caractéristiques des zones eutrophes, elles se maintiennent très bien en aquarium et peuvent servir à son agencement.
Il est parfois possible de rencontrer des végétaux subtropicaux en milieu naturel. Dans ce cas, il ne faut pas hésiter à les prélever et à les introduire dans l'aquarium d'eau froide. C'est le cas pour : *Azolla filiculoïdes, Trapa natans, Salvinia natans* et d'autres plantes de surface.
Les compositions végétales et faunistiques évoquées ne sont bien entendu que des exemples, Il revient maintenant à l'aquariophile de consulter des monographies et des livres spécialisés pour enrichir ses connaissances.

Biotope de ruisseau européen.

L'aquarium chez soi

De nombreuses personnes considèrent l'aquarium comme un élément de décoration, et peu en font un laboratoire d'essai. Le plaisir visuel qu'un aquarium peut apporter a le pouvoir de calmer et de détendre. Chez soi, cette fenêtre ouverte sur l'exotisme permet, parfois, un voyage onirique en pantoufles. Cet aquarium ne doit donc être en aucun cas une source d'anxiété ou d'ennuis. A condition de l'intégrer correctement dans le décor de la maison, de l'installer après mûre réflexion, pour en faciliter en particulier l'entretien, vous ne regretterez pas votre choix. De plus, si vous choisissez de le fabriquer, vous pourrez le concevoir à la mesure de l'endroit où vous souhaitez l'installer. Il vous sera alors possible d'amener quelques innovations, absentes des aquariums disponibles dans le commerce spécialisé.

■ Réalisation de l'aquarium

Choix du matériel

Le verre est évidemment le matériau essentiel à la réalisation du bac. Même d'occasion (vitrine de magasin), il ne doit pas être rayé, au moins la partie destinée à la face avant du bac. Une fois découpés, les différents éléments sont assemblés avec de la colle au silicone.

Différents éléments de l'aquarium et ordre de mise en place.

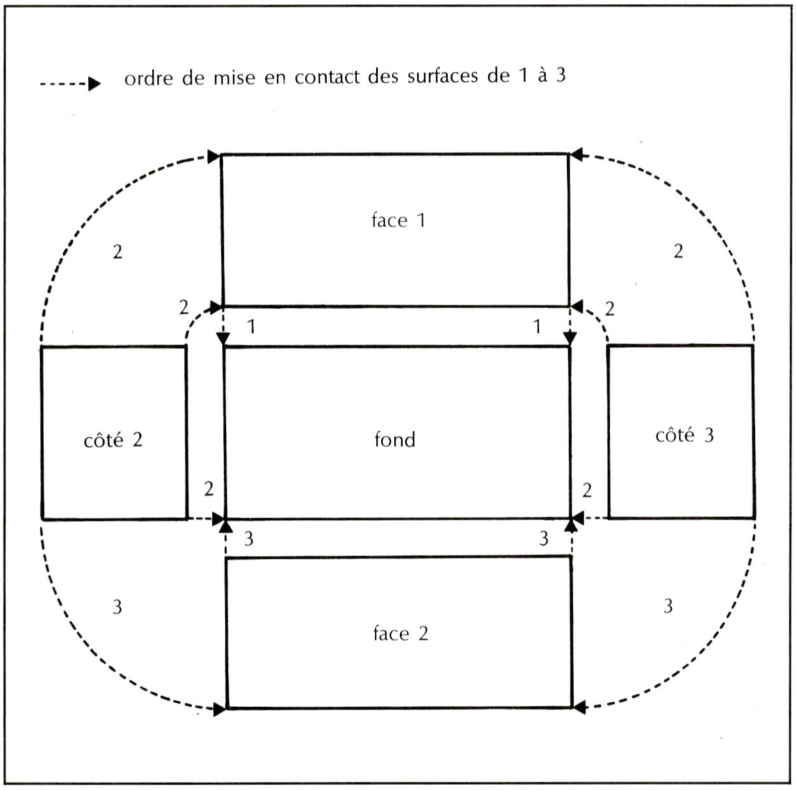

Exemple de fournitures en verre pour la réalisation d'un aquarium de 450 l (longueur : 1,5 m ; hauteur : 0,5 m ; largeur : 0,6 m). Pour une telle hauteur, le verre choisi doit avoir une épaisseur de 8 mm.

- 2 plaques de 150 x 50 cm (avant et arrière) ;
- 1 plaque de 150 x 60 cm (dalle du fond) ;
- 2 plaques de 58,3 x 50 cm (côtés).

La largeur des côtés, 58,3 cm, tient compte des épaisseurs réunies des glaces avant et arrière soit 1,6 cm, auquel s'ajoute une épaisseur de 1 mm de colle.

Option possible : couverture du bac en verre de 3 mm d'épaisseur : 3 plaques de 58 x 46 cm.

Par contre, il est indispensable de prévoir deux renforts en verre de 148 x 5 cm sur l'avant et l'arrière du bac, ainsi que deux autres de 58 x 5 cm répartis sur les deux tiers centraux de l'aquarium.

Pour des aménagements dépassant 1,50 m de long, il est conseillé de placer 2 renforts longitudinaux (148 x 5 cm) sur la dalle du fond, le long des glaces frontale et arrière, afin d'éviter toute flexion.

Collage du bac

Lorsque toutes les pièces de verre ont été grésées, pour éviter tout risque de coupure, et qu'elles sont parfaitement dégraissées au trichloréthylène ou

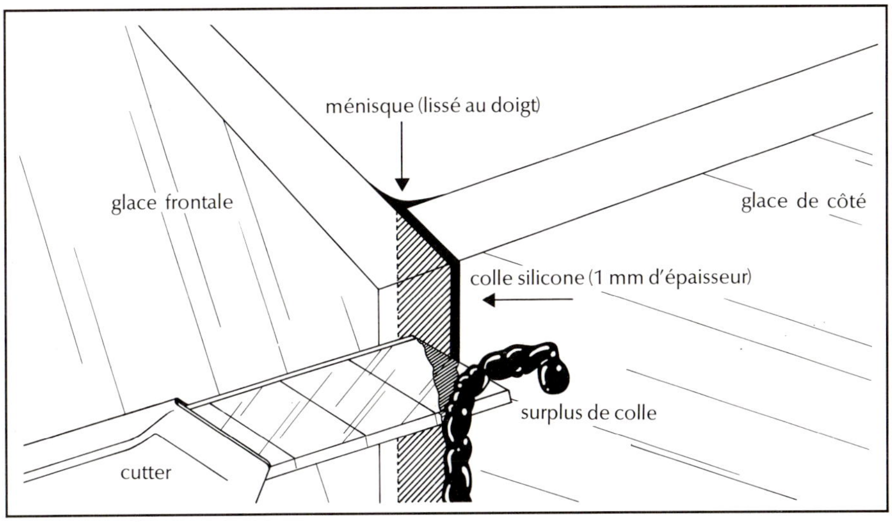

Suppression du surplus de colle à l'aide d'un cutter.

à l'acétone, on peut envisager le collage. A l'aide d'un pistolet, la colle est étalée en boudin continu sur le pourtour de la dalle de fond, ainsi que sur les deux bords latéraux de la première grande glace (face 1). Cette dernière est posée sur la glace du fond. Ensuite, les deux faces latérales (côté 2 et côté 3) sont ajustées, parfaitement à l'équerre. Enfin, on encolle la dernière glace (face 2) qui vient fermer le parallélépipède. Lors de cet ajustage il est prudent de s'assurer que les trois autres glaces ne bougent pas sous la pression que l'on exerce. Quand l'ensemble des verres est en place, le bac est consolidé par un cerclage de ruban adhésif, en attendant la prise de la colle. Très rapidement,

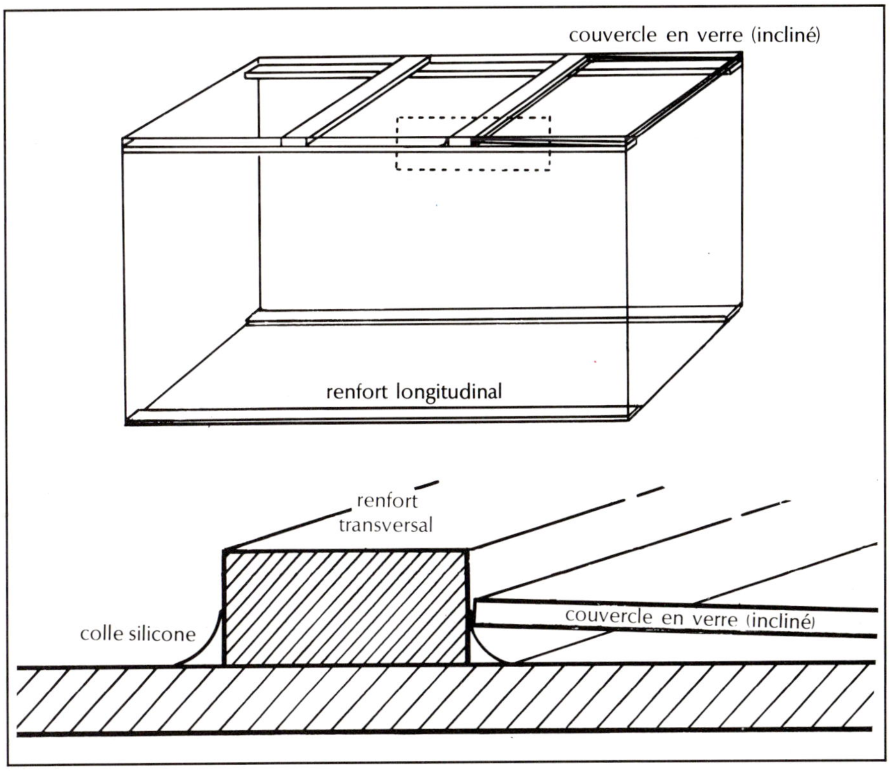

Position des renforts et détail de mise en place.

il faut lisser avec le doigt, c'est encore le plus pratique, les boudins de colle qui apparaissent sur les angles internes du bac. Selon le cas, les renforts de fond sont placés contre les deux grandes glaces et encollés. Au bout de 12 heures de séchage, le ruban adhésif est retiré et l'excédent de colle coupé.

Les renforts du haut se fixent alors à l'aide de serre-joints, ou plus tard, après l'aménagement d'un décor en polystyrène ou polyuréthanne (voir: décor artificiel).

L'installation de l'aquarium sur son support définitif requiert quelques précautions. Celui-ci doit être capable de supporter la charge que représente l'aquarium, quelquefois plusieurs centaines de kilogrammes. Sa surface est parfaitement plate et couverte d'une plaque en aggloméré de 10 à 22 mm d'épaisseur, doublée d'une autre en polystyrènne. Cette seconde plaque est extrêmement importante car elle absorbe toutes les irrégularités de planéité du support. Il faut absolument utiliser une plaque neuve, au pouvoir de compression intact, qui garantie une répartition uniforme du poids sur l'ensemble de la dalle de fond du bac. Ce détail important limite les risques d'accident en cas de modification quelconque du support, et même du plancher.

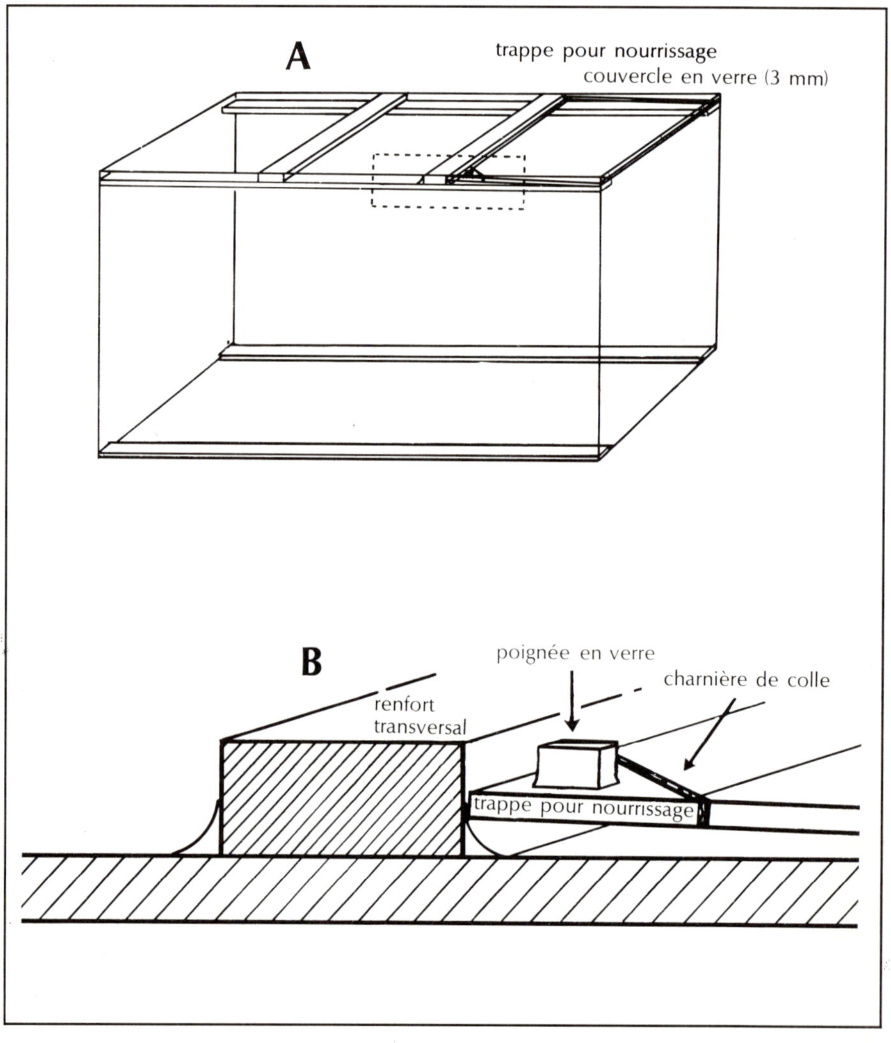

Couvercle avec trappe de nourrissage
A Vue générale du couvercle
B Détail de la trappe de nourrissage

Deux exemples de bacs parfaitement intégrés dans la pièce.

L'aquarium esthétique et pratique

Dans la maison, l'installation d'un aquarium dans l'une des différentes pièces ne dépend que de problèmes esthétiques, techniques ou fonctionnels qui méritent d'être approfondis.
L'aquarium d'eau douce est celui qui, grâce aux dominantes vertes de la végétation, repose le plus l'œil. Par contre, le bac marin aux couleurs souvent claires ou même blanches, est beaucoup plus « agressif ». Le volume sera aussi grand que possible et l'emplacement choisi s'intégrera au mieux avec l'environnement. Le salon comme la cuisine, le couloir ou la chambre à coucher accueillent aisément un aquarium, mais également ses accessoires qui représentent souvent de multiples tracasseries lors de l'installation. Il faut pourtant avoir à l'esprit qu'une minuterie ou un distributeur automatique de nourriture sont des auxiliaires qui permettent des absences exceptionnelles (vacances).

Un aquarium est, en général, une cuve parallélépipédique, en verre collé, garnie de tuyaux, fils électriques et autres pompes plus ou moins bruyantes. Tout ce matériel inesthétique doit s'adapter au style de la pièce. Afin d'intégrer cet ensemble au volume parfois important, l'abattage d'un mur de séparation peut être envisagé. Mais dans la plupart des cas, une niche ou un renfoncement d'une pièce sont des endroits idéaux.

Le bon entretien de l'aquarium dépend aussi de la facilité de son accès.

Bac intégré dans un meuble rustique

Le choix des bacs

Bac à accès direct par l'avant

Ce sont des aquariums que l'on trouve dans le commerce spécialisé. Ces « meubles-aquariums » sont encadrés de métal anodisé, argenté ou doré, surmontés de leur rampe d'éclairage. De nouveaux modèles, plus modernes, habillés de P.V.C., sont équipés de leurs accessoires dans la galerie d'éclairage.

Cette disposition des accessoires est pourtant loin d'être idéale.

Quelques artisans proposent des habillages personnalisés de bonne facture. Mais la meilleure solution reste évidemment la réalisation par soi-même, tant pour le plaisir que par souci d'économie.
Les bacs du commerce disposent d'un accès sur l'avant, soit en ôtant la galerie d'éclairage, soit par une trappe. Le filtre est séparé, souvent placé sous l'aquarium.
Si vous réalisez vous-même ce genre de bac, il faut disposer l'éclairage au-dessus, dans une sorte de caisse. Les accessoires (pompe à eau, filtres à décantation, pompe à air) se situent dans un compartiment latéral où l'accès s'effectue également par le dessus ou par une porte latérale. Ce bac peut être posé sur un meuble (attention aux

Aquarium avec accès par l'avant; détail de la trappe de visite et de la cage d'éclairage.

meubles anciens qui « travaillent »). Deux plaques, l'une en Novopan, l'autre en polystyrène, sont placées entre le support et l'aquarium. Cette disposition absorbe l'irrégularité du meuble et répartit la charge et la pression au niveau de la dalle de verre du fond. L'aspect extérieur de ce cube « majestueux » doit se faire oublier, seul l'intérieur doit retenir l'attention.

Bac à accès par l'arrière

Pour des raisons principalement techniques mais également esthétiques, l'accès par l'arrière est certainement la solution la plus rationnelle. Le choix de l'emplacement pour ce genre de bac est déterminant. Nul ne doit, en principe, soupçonner la présence d'une « raffinerie » aquatique derrière l'aquarium. Une place supplémentaire est parfois nécessaire.

Il existe d'innombrables solutions pour ce type de réalisation. La plus simple consiste à monter une « caisse » en bois aggloméré entièrement cloisonnée jusqu'au plafond, comprenant la partie aquarium et un couloir sur l'arrière d'une largeur d'au moins 50 cm. L'accès se fait généralement par une porte latérale très discrète, montée sur charnières à piano. La partie haute atteindra le plafond, ce qui, pour les bacs profonds, permet de faire disparaître, selon le cas, des lampes à décharge. Mais on peut envisager aussi des solutions plus raffinées. Une armoire à balais, un garage accolé à une salle de séjour, un balcon sur salle de séjour, un réduit de rangement sont autant d'endroits par lesquels l'aquariophile trouve un accès à l'arrière. Ces solutions nécessitent quelques aménagements, qui, dans certains cas, semblent insurmontables. Mais abattre un pan de cloison peut se faire proprement avec un minimum de désagréments. Là également, deux solutions sont possibles :

– soit garder le bac dans la pièce et le garnir de sa caisse en bois ;
– soit reculer l'aquarium dans le local disponible, la glace frontale visible à ras du mur.

La seconde solution limite l'ouverture du mur à la hauteur du niveau d'eau envisagé. Cet espace supplémentaire, autour du bassin, permet plus d'aménagements techniques, comme un bac de décantation surdimensionné sur

Bac à accès par l'arrière.

Aquarium cylindrique.

L'aquarium à trois faces visibles.

un même plan que l'aquarium, ou des pompes à air fixées en série au plafond à l'aide d'un sandow, afin d'éliminer le bruit lié à leurs vibrations. Les « marins » trouvent une place de choix pour leurs écumeurs à injection, lampes U.V., etc. Cet aménagement offre un fonctionnement très discret de l'ensemble de l'aquarium, puisque les câbles électriques, minuterie, lumières, peuvent se fixer sur la face interne de la cloison ou du mur, hors de portée de l'eau. L'éclairage, s'il se compose de tubes fluorescents, est accroché sur un cadre en lattes. Ce dernier pivote contre la cloison à l'aide d'une charnière à piano, ou est simplement suspendu à l'aide de cordelettes et de poulies fixées au plafond. Ces « haubans » servent à élever l'ensemble de l'éclairage vers le plafond et dégagent ainsi le dessus du bac.

L'aquarium intégré est de loin celui qui s'adapte le mieux à tous les décors. Il est aussi le plus fonctionnel.

Bac à quatre faces visibles

Cette disposition de l'aquarium est certainement la plus difficile à réussir sur le plan esthétique. Elle pose quelques problèmes, notamment sur le choix de l'emplacement des accessoires et de la réalisation interne du décor. Il faut alors faire preuve d'ingéniosité, y apporter des solutions. La mise en œuvre d'un aquarium de dimensions standard est à rejeter. Le cube de 1,20 x 1,20 x 0,60 m de haut présente un volume extérieur acceptable dans de nombreux cas. Il offre aussi un volume brut interne très vaste (850 l). L'astuce consiste à ne voir presque pas de l'autre côté du bac. Il s'agit dans un premier cas de percer un trou de 60 à 70 mm au centre de la dalle de fond, à travers lequel passent les différents fils électriques qui alimentent l'éclairage placé dans le couvercle, les tuyaux d'aspiration et de refoulement de l'eau reliant le filtre. Tous ces fils et tuyaux traversent le centre du bac à travers

une colonne de verre étanche et débouchent tout en haut du couvercle, à l'abri des regards. L'appareillage est installé dans le piètement sous le bac. La seconde solution, plus raffinée, consiste à installer le bac sur un piètement très fin de forme tulipée, en inox poli ou brossé, dans lequel ne monte que la conduite électrique. La dalle de fond est également percée d'un trou de 30 mm, surmonté d'une colonne en verre étanche. Autour de cette colonne se trouve un bac de décantation où l'eau circule à travers des compartiments disposés autour de l'axe central. L'ensemble est coiffé d'un décor en polystyrène plus ou moins circulaire qui entoure le filtre jusqu'à la surface. Tous les accessoires peuvent prendre place dans le filtre (chauffage, pompes immergeables, turbines). Quant à la pompe à air, elle est suspendue au couvercle d'éclairage. La cage d'éclairage est couverte de préférence avec des lames en inox. Ce type de bac est plus difficile à agencer en eau douce, car il faut tenir compte de l'esthétique. Cet ensemble, destiné exclusivement à des invertébrés, s'inscrit plutôt dans une grande pièce de style moderne.

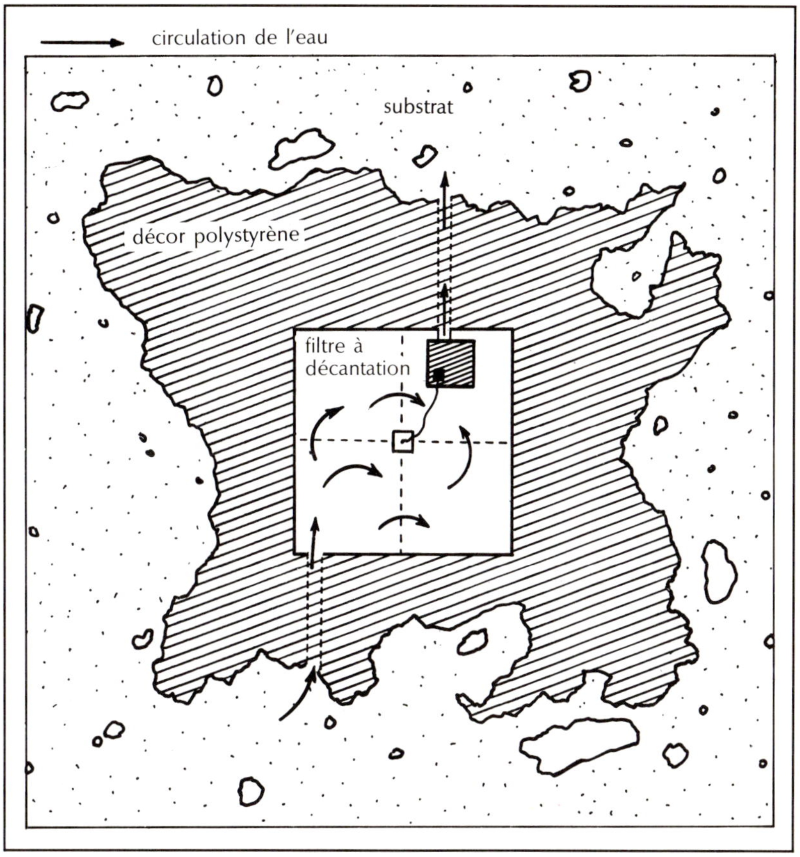

Vue en plan d'un bac à quatre faces visibles.

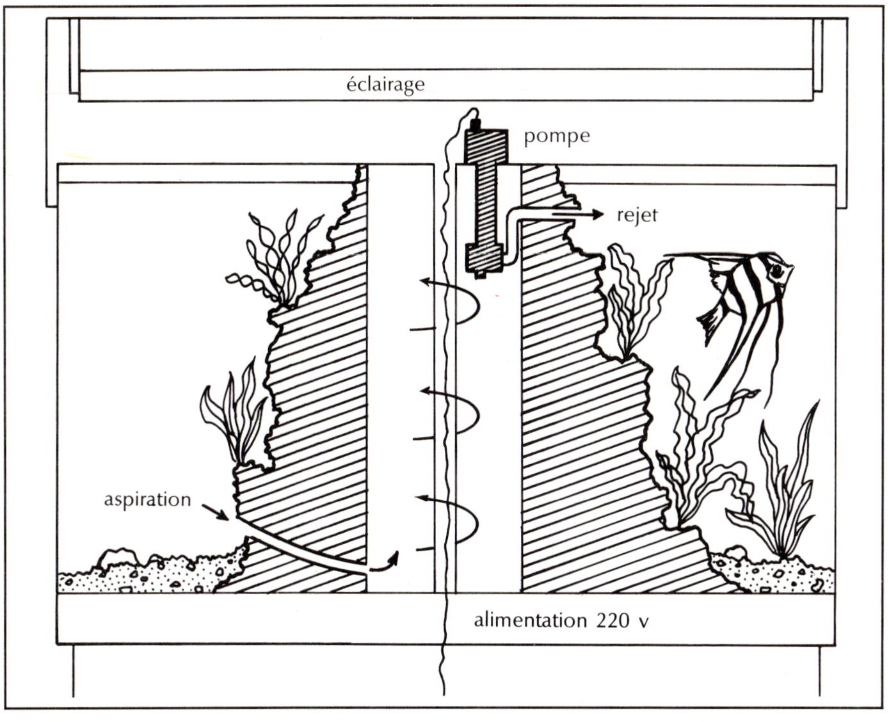

Coupe dans un bac à quatre faces visibles avec décor polystyrène central.

■ Aquarium dans la pièce : le mariage des styles

L'aquariophile choisit en toute liberté le lieu privilégié pour installer ses poissons et ses plantes. Il peut préférer sa chambre afin de jouir « nuit et jour » du spectacle aquatique qui s'offre. Mais il en profitera tout autant dans une salle de séjour ou une cuisine.

Cependant, il doit chercher à intégrer le bac aux tendances décoratives qui s'expriment dans la pièce, qu'elles soient : « moderne », « design », « rustique », « style », « contemporain », etc.

« Rustique »

Le terme « rustique » regroupe des meubles en bois plus ou moins travaillés, de différentes régions et d'époques (Régence, Louis XIII, Louis XIV,...). Les belles réalisations sont, dans la plupart des cas, artisanales et représentent des copies récentes de bonne facture. Dans cette optique, un artisan peut effectuer l'habillage de votre aquarium après avoir étudié le style des meubles composant la pièce. Une caisse en bois aggloméré, tapissée ou tendue de tissu, de toile de jute, par exemple dans les tons bruns ou tête de nègre, est une solution économique. Un crépi blanc et grossier étendu sur la caisse en aggloméré peut également convenir.

« Style »

Ce vocable englobe des copies de meubles de styles officiels (par exemple Louis XVI, Directoire, Chippendale, Regency, etc.). Dans le cas où vous possédez ce genre de meubles, l'harmonie avec un aquarium est difficile. Il est alors préférable d'abandonner l'idée de copier leur style pour en faire profiter le couvercle, le panneau, ou les pieds de votre bac. Une solution peut tout de même être envisagée. Un papier peint et un tissu mural assez discrets couvrent la caisse et se prolongent sur les murs. Mais, dans tous les cas et selon les possibilités, l'aquarium en retrait avec la glace frontale à ras du mur est certainement la meilleure solution pour ce genre de meuble. Il est donc nécessaire de placer le bac dans une pièce contiguë et disponible.

« Contemporain »

Ce terme en principe désigne des meubles issus d'époques successives à partir de la Seconde Guerre mondiale, et en particulier notre mobilier actuel composé de verre, d'acier, de plastique, de rotin ou de bambou. Dans ce style de mobilier, un aquarium trouve tout naturellement une place de choix. Même ceux du commerce à armature en aluminium ne détonnent pas à côté d'un salon en cuir. La caisse en aggloméré couverte de tissu mural clair supportant des étagères en verre fumé, s'harmonise très bien avec un mobilier sombre et moderne. Le « scandinave »

Aquarium intégré dans une salle à manger « rustique ».

Aquariums et aquaterrarium intégrés dans un meuble de « style ».

s'accompagne tout naturellement d'un aquarium intégré dans une armature de bois clair brut. La peinture laquée de couleur claire, ou à l'inverse très sombre, est le dernier recours à ce genre de cadre pour ne pas commettre d'impair.

Pièce de collection

C'est la pièce où l'intégration sera la plus difficile à réussir car des meubles et des bibelots d'époque et de matières différentes se côtoient. Cet ensemble de meubles confirme souvent la présence d'un collectionneur dans la maison. En général, l'aquarium devient alors la pièce maîtresse de cet environnement. L'habillage du bac doit être sobre, peint en noir mat ou blanc mat avec un piètement pouvant abriter une petite bibliothèque.

Aquarium dans une pièce de style « contemporain ».

■ À méditer

Enfin, voici quelques types d'aquarium à proscrire :
- l'« aquarium télévision »,
- la bombonne d'alcool transformée en aquarium,
- l'aquarium-table de salon, l'« aquarium-bar ».

Dans la mesure du possible, suivez les conseil d'un ami décorateur.

Consultez les revues spécialisées en aquariophilie et en décoration d'intérieur et retenez les solutions les plus simples qui sont souvent les meilleures.

LES PLANTES

Pour sélectionner avec sérieux les plantes pour l'aquarium, l'aquariophile doit savoir les reconnaître, les utiliser et satisfaire à leurs besoins.

Les plantes pour aquarium

Sur les 8 000 espèces macrophytes d'eau douce réparties en plus de 400 genres, l'on peut espérer trouver environ 250 espèces dans le commerce spécialisé. A un niveau européen, seules une centaine de plantes différentes sont offertes couramment.
La Systématique des végétaux aquatiques est très controversée. Dans cet ouvrage, nous nous en tiendrons à la Systématique actuelle admise par « tous », mais surtout à la dénomination binômiale et aux noms communs en usage parmi les aquariophiles.

Aperçu de la taxonomie botanique

Le nom d'une plante, ou binôme, est composé du nom de genre et du nom d'espèce. Ce dernier peut être un adjectif, un substantif ; il peut être locatif et enfin dédicataire. Un nom d'espèce, adjectif, voit sa terminaison s'accorder au sens (masculin ou féminin) du nom de genre.
Exemple : *cornuta* est le nom d'espèce dans le nom de la plante *Ceratopteris cornuta. Ceratopteris* étant un nom de genre féminin, *cornuta* (avec des cornes) s'accorde au genre. Au masculin cela donnerait *cornutus,* et neutre *cornutum.*
Les substantifs sont invariables.
Les locatifs se terminent en *ae, ense, ensis,* ou suivant la terminaison latinisée du nom local ; ex. : *matogrossense,* pour *Myriophyllum matogrossense* du Mato Grosso (Brésil).
Les dédicatifs se terminent par *ae* pour une femme, et par *i* pour un homme ; ainsi, *Cryptocoryne korthausae* est une espèce dédiée à Mme Édith Korthaus, ou encore *Cryptocoryne nevillii* qui est une espèce dédiée au récolteur M. H. Nevill.
Le binôme de l'espèce est suivi du nom d'auteur et de celui d'un réviseur éventuel ; ex. : *Hygrophila strica* (Nees) Lindau.

D'autres éléments peuvent suivre le binôme comme :
- *var. :* désignant une variété d'une espèce issue du milieu naturel ;
- *hort. :* désignant une variété issue de sélections horticoles ;
- *f. :* forme, désignant une différence d'une espèce ne répondant pas aux critères d'une variété ;
- *foliis variegatis :* désignant une espèce à feuilles panachées.

Description et maintenance de quelques plantes d'aquarium

Les monographies des plantes se succèdent par ordre alphabétique des genres et espèces. Pour chaque plante décrite, des informations chiffrées précisent les caractéristiques de sa maintenance.
pH = 6,0-7,0, désigne la plage de maintenance du pH de l'eau.
dGH = 5-15, indique la dureté totale en degrés-allemand.
20 = précise la température en degrés centigrades.
40 = la hauteur d'eau minimum nécessaire en cm.

pH : 6,0-7,0	Temp. : 20
dGH : 5-15	Haut. d'eau : 40

Exemple de symbolique

A

ACORUS

Les Acores font partie de la famille des Aracées. Elles occupent les zones tempérées froides, avec toutefois des incursions en zones subtropicales avec la variété *A. calamus var.angustifolius.* Deux espèces, traitées ci-dessous, sont connues sous diverses variétés géographiques ou horticoles.
Leur rhizome est horizontal et leur extrémité apicale, redressée, porte des feuilles élancées plus ou moins fines suivant les variétés.

■ *A.calamus*

pH : 6,5-7,5	Temp. : 10-22
dGH : 5-25	Haut. d'eau : 40

Famille : *Araceae.*
Nom scientifique : *Acorus calamus* Linné.
Synonymes : *A.americanus, A.aromaticus, A.odoratus.*
Noms communs : Acore vrai ; Acore calame.
Répartition géographique : trois variétés géographiques sont connues. *A.c.var.angustifolius* est la plus méridionale, son expansion atteint Java et les Célèbes ; *A.c. var.verus* se rencontre au Bengale, au Sri Lanka, en Chine et au Japon ; *A.c.var.*

vulgaris est notre Calame européenne, elle est commune dans le nord-est de la France, en Belgique, en R.F.A. et dans tout le centre de l'Europe. *Acorus calamus* est une grande plante, d'eau tempérée à froide, qui peut atteindre une taille de 150 cm. Elle ne convient donc pas pour les aquariums, par contre elle trouve sa place en aquaterrarium régional où elle pourra occuper l'arrière-plan en position émergée. C'est une excellente plante pour bassin de jardin dont elle garnit les bordures toute l'année. La reproduction s'effectue par fractionnement du rhizome.

■ *A.gramineus*

pH : 6,5-7,5	Temp. : 10-22
dGH : 5-25	Haut. d'eau : 20

Famille : *Araceae*.
Nom scientifique : *Acorus gramineus* Solander.
Synonymes : *A.humilis, A.intermedius, A.tartarinowii.*
Noms communs : Acore graminé, Acore vert.
Répartition géographique : Asie Centrale, parties froides du Sud-Est asiatique, Japon.

A.gramineus

Cette espèce, aux feuilles vert franc, en éventail, atteint une taille de 30 cm. Elle et sa variété horticole : *foliis variegatis* ou Acore japonais, sont souvent proposées aux aquariophiles. Malheureusement, elles supportent difficilement l'ambiance " tropicale ". Elles jaunissent rapidement, les feuilles deviennent vitreuses et la plante meurt. Par contre, en aquarium tempéré de 15 à 22 °C, en aquaterrarium et paludarium sur sol pauvre, elles se cultivent bien avec toutefois une croissance lente. La variété naine : *A.g.var.pusillus,* dont la taille ne dépasse pas 10 cm, est une plante d'avant-plan pour aquarium tempéré. Les Acores supportent mal le déracinement, et celles vendues en pot seront préférées. Au moment de la plantation, ce pot devra être retiré tout en maintenant le substrat autour des racines.

ALTERNANTHERA

Les Alternanthères sont regroupées dans la famille des Amaranthacées. Leur nombre est d'environ 170 espèces, principalement paludéennes. La plupart sont originaires de l'Amérique, mais quelques-unes, cosmopolites se rencontrent en Afrique et en Asie. Depuis 1970, trois ou quatre espèces sont importées pour l'aquariophilie sous des noms fantaisistes comme *Telanthera.* Une espèce *A.variegata* se rencontre dans les pays méditerranéens et sert de bordure décorative.

■ *A.reineckii*

pH : 6,2-7,0	Temp. : 24-30
dGH : 3-12	Haut. d'eau : 40

Famille : *Amaranthacea.*
Nom scientifique : *Alternanthera reineckii* Briquet.
Synonyme : *Telanthera osiris.*
Nom commun : Alternanthère de Reineck.
Répartition géographique : sud du Brésil, Paraguay.
Cette plante se maintient principalement en position émergée, mais peut être adaptée temporairement à la position submergée. C'est l'espèce la plus rustique, mais aussi la moins belle. Elle convient à l'aquarium de faible profondeur (30 cm). Lorsque les feuilles dépassent la surface, elles périssent. Il convient d'écourter régulièrement les tiges principales. La partie supérieure des feuilles est vert brillant sous un éclairage normal et s'assombrit en brun foncé en station ombragée. C'est une excellente plante pour paludarium et aquaterrarium, où elle fleurit très facilement. Elle se multiplie bien en position émergée. En particulier grâce aux ramifications sur lesquelles apparaissent des racines adventives.

■ *A.sessilis*

pH : 5,8-7,0	Temp. : 24-30
dGH : 3-15	Haut. d'eau : 40

Famille : *Amaranthaceae.*
Nom scientifique : *Althenanthera sessilis* (Linné), de Candolle.
Synonymes : *Achyranthes villosa, Adenogramma oppositifolia, Telantherarubra, T.lilacina.*
Nom commun : Alternanthère sessile.
Répartition géographique : Parties tropicales et subtropicales de l'Amérique.

A.sessilis

En aquariophilie deux variétés aux feuilles rougeâtres sont connues : *A.s.var.lilacina* et *A.s.var.rubra.* La première se distingue par une coloration vert brunâtre sur la face supérieure de la feuille et rouge violacé sur la face inférieure. La seconde possède deux faces de couleur rouge. Malheureusement, cette espèce ne tient pas longtemps en position immergée (2 à 6 mois) et il convient de la maintenir périodiquement en position émergée. Ce sont les boutures prélevées sur les plantes émergées qui sont par la suite repiquées dans l'aquarium. Cette espèce ne supporte pas de plantes flottantes audessus de sa station. Les pieds, au nombre minimum de 10 à 15, seront suffisamment écartés afin d'éviter qu'ils ne se fassent mutuellement de l'ombre. L'éclairement sera intense, et de bonne qualité. Une fumure au CO_2 est indispensable. La multiplication s'effectue par repiquage des pousses latérales.

AMMANIA

Les Ammanies sont cosmopolites malgré leur nombre restreint d'espèces. On en compte une trentaine réparties dans les parties tropicales, subtropicales et méridionales de l'Europe. Trois espèces peuvent être choisies pour l'aquariophilie : *Ammania gracilis, A.latifolia et A.senegalensis.* Elles sont considérées comme des mauvaises herbes notamment dans les rizières. Ce sont des plantes d'eaux stagnantes ou à courant lent, qui se développent dans des stations bien exposées au soleil.

■ A.senegalensis

pH : 6,5-7,2	Temp. : 25-30
dGH : 3-10	Haut. d'eau : 40

Famille : *Lythraceae.*
Nom scientifique : *Ammania senegalensis* Lamarck.
Synonyme : *Rotala senegalensis.*
Noms communs : Ammanie du Sénégal, Ammanie cognac.
Répartition géographique : Sénégal, Sénégambie.
La coloration cuivrée de cette plante herbeuse et amphibie lui vaut son nom vernaculaire « cognac ». Cependant, en fonction de sa station et du climat lumineux, la couleur des feuilles peut s'assombrir en brun rougeâtre. Ces plantes à tiges pourront former un rideau ou un bosquet contrasté en avant-plan, principalement en bac hollandais. Cette plante supporte bien la chaleur (30 °C) et demande un éclairement intense. Sa station doit être dépourvue de plantes flottantes. Lorsque ses feuilles de tête atteignent la surface de l'eau, elles sont pincées. Cette opération a pour effet de stimuler la pousse de tiges latérales sur la plante mère. Les boutures sont repiquées lorsqu'elles ont une taille de 15 cm, la tige enfoncée de 3 à 4 cm dans le substrat. La bouture peut également être obtenue en coupant la plante mère à une hauteur de 15 cm. Celle-ci développe une autre tige à partir de la tige mère. Cette espèce à une bonne tenue en aquaterrarium et paludarium où ses feuilles prennent une teinte vert foncé. La reproduction sexuée est à ce moment possible. Les fleurs apparaissent aux aisselles des feuilles sessiles et opposées. Après pollinisation, les graines sont répandues sur le sol humide.

A.senegalensis

ANUBIAS

C'est à Anubis, le dieu égyptien des Ténèbres, que le genre doit son nom. Il appartient à la famille des Aracées qui regroupe environ 100 genres et 1 800 espèces, dont la Calla des marais ou notre « Philo » *(Monstera deliciosa),* mais également le genre très populaire des Cryptocorynes. Le genre Anubias a été réduit à huit espèces dans la révision de Wim. Crusio en 1979. Le genre est endémique en Afrique, principalement dans la partie tropicale de l'ouest. Suivant les espèces, la taille ne dépasse pas 10 cm (*A.barteri var.nana*) ou peut atteindre plus de 1 mètre de haut (*A.afzelii* et *A.gigantea*). Elles se rencontrent en savane, en forêt, dans les parties chaudes et humides, mais également le long des grands fleuves comme le Zaïre ou l'Ogowé (*A.heterophylla, A.pynaertii*). Plusieurs variétés sont connues notamment chez l'espèce *A.barteri.* Toutes les espèces sont généralement des plantes d'ombre ou de faible éclairement. Leur structure végétale est dure, ce qui rebute dans leur consommation la plupart des poissons végétariens. La croissance est lente et sous une faible lumière ; le développement d'algues envahissantes devra être maîtrisé par la présence d'un poisson mangeur d'algues comme *Gyrinocheilus aymonieri* en bac communautaire, ou du genre *Garra* dans un bac régional. La reproduction sexuée est toujours difficile en culture ; par contre, la multiplication végétative s'effectue en fractionnant le rhizome entre les traces foliaires ou en séparant les plantes filles de la plante mère. Le rhizome ne doit en aucun cas être enterré car il pourrirait irrémédiablement.

■ A.afzelii

pH : 6,5-7,2	Temp. : 24-28
dGH : 3-10	Haut. d'eau : 40

Famille : *Araceae.*
Nom scientifique : *Anubias afzelii* Schott.
Synonyme : néant.
Nom commun : Anubias de Afzel.
Répartition géographique : c'est l'espèce la plus nordique. On la rencontre dans la rivière Sima au Sénégal, en Guinée et au

Sierra Leone (bordures des petits ruisseaux, bancs de sable et même troncs d'arbres tombés à l'eau).
Cette espèce convient uniquement pour les grands paludariums où elle est maintenue en position émergée. Les feuilles vert brillant atteignent la taille de 35 cm de long et 13 cm de large. Le rhizome peut dépasser 1 cm d'épaisseur.

■ *A.barteri*

pH : 6,0-7,5	Temp. : 22-25
dGH : 3-15	Haut. d'eau : 30

Famille : *Araceae.*
Nom scientifique : *Anubias barteri* Engler.
Synonyme : néant.
Nom commun : Anubias de Barter.
Répartition géographique : Nigeria, Côte-d'Ivoire, Cameroun, Gabon.
Variétés : *A.b.var.barteri, A.b.var.caladiifolia, A.b.var.glabra = Anubias minima, A.b.var.lanceolata = Anubias lanceolata f.angustifolia, A.b.var.nana = Anubias nana.*

A.b.var.glabra

Les plus petites variétés, « *nana* » et « *glabra* », sont aussi les plus populaires en aquariophilie. La feuille des Anubias nains atteint 6 cm de long, elle est elliptiforme à cordiforme ; la tige, de 5 à 6 cm, est extrêmement courte. La forme « *glabra* » possède des feuilles plus grandes et plus larges (18 sur 7 cm). La variété « *lanceolata* » est dotée de feuilles en forme de lance, longues de 10 à 16 cm et larges de 6 à 7 cm sur une tige longue de 15 cm. Cette dernière variété est beaucoup plus rare en aquarium. Ces petites plantes conviennent particulièrement pour garnir l'avant-plan où, avec le temps, elles

A.b.var.nana

forment un tapis très esthétique lorsque les conditions de maintenance sont optimales. Le rhizome ne doit jamais être enterré, et les fines racines fixent rapidement la plante. Elles peuvent également se fixer sur des supports comme des bois ou des roches. A une température inférieure à 20 °C, la croissance, déjà lente dans les meilleures conditions, s'arrête. En aquaterrarium, ces plantes subissent une légère polymorphie, et il n'est pas rare qu'elles fleurissent. La spathe est située au bout d'une hampe, et l'épi floral (spadice) porte des fleurs mâles et femelles qu'il est possible de féconder avec un pinceau. Malheureusement, les graines fertiles sont rares en culture. Une luminosité faible à moyenne est suffisante en aquarium et aquaterrarium. La multiplication végétative est relativement facile : les plantes filles sont séparées de la plante mère à l'aide d'une lame à rasoir ou d'un cutter. Le fragment de rhizome est maintenu contre le substrat à l'aide d'un poids (petit galet).

■ *A.gilletti*

pH : 6,0-7,2	Temp. : 22-25
dGH : 3-10	Haut. d'eau : 40

Famille : *Araceae.*
Nom scientifique : *Anubias gilletii* De Wild & Dur.
Synonyme : *Amauriella gilletii.*
Nom commun : Anubias de Gill.
Répartition géographique : Nigeria, Cameroun, Gabon, Congo, Zaïre (le long des grands fleuves).
C'est une espèce de taille moyenne atteignant 25 à 30 cm. Les feuilles vert tendre, longues de 10 à 12 cm, sont lancéolées et ovales. En fonction de la taille, cette plante sera disposée en solitaire ou en bosquet de 2 à 3 pieds au centre du bac. Cette espèce supporte bien une immersion permanente, mais le plein épanouissement ne s'obtient qu'en aquaterrarium où elle fleurit. La multiplication végétative s'effectue par fractionnement du rhizome entre les traces foliaires, ou par séparation des plantes filles.

■ *A.heterophylla*

pH : 6,2-7,2	Temp. : 22-25
dGH : 2-8	Haut. d'eau : 50

Famille : *Araceae.*
Nom scientifique : *Anubias heterophylla* Engler.
Synonymes : *Anubias affinis, A.bequaerti, A.congensis, A.engleri, A.undulata.*
Nom commun : Anubias congolaise.
Répartition géographique : Vaste expansion au Congo, au Zaïre, en Angola (forêt tropicale humide).
La polymorphie des feuilles est extrêmement développée. Celles-ci peuvent être ovales, elliptiques ou lancéolées. La taille de la feuille atteint 35 cm de long sur 13 cm de large. Cette plante convient seulement pour de très grands aquariums, où toutefois sa taille reste sensiblement plus petite. Elle peut atteindre 0,80 à 1 m en paladarium.

APONOGETON

Ce genre afro-asiatique est principalement localisé à Madagascar et en Asie du Sud-Est, en ce qui concerne les espèces importées pour l'aquariophilie. Les espèces africaines sont trop grandes et nécessitent un repos végétatif annuel de quelques mois. Une espèce, *A.distachyon,* a été introduite en Amérique du Sud et en Europe, dans le midi de la France (canal du Midi). Ces espèces occupent les rizières, les eaux stagnantes, mais également les cours d'eau rapides, parfois jusqu'à l'altitude de 2 000 mètres. La plupart des espèces sont des plantes d'eau douce. Quelques-unes comme *A.appendiculatus* supportent momentanément l'eau saumâtre. Leur rhizome peut être sphérique, cylindrique ou ramifié, et suivant les espèces pourra être fractionné. La floraison est commune chez les *Aponogeton*. L'épi, protégé en immersion dans une spathe, est dévoilé en milieu aérien. Les espèces asiatiques et australiennes possèdent un épi unique ; les africaines sont dotées de deux épis ; les malgaches ont deux épis ou plus. Mais il y a des exceptions : *A.distachyon, A.hexapetalus*. Il peut arriver chez certaines espèces, par exemple *A.undulatus,* que la hampe florale produise des plantes filles. Certaines peuvent également développer des embryons sans fécondation (apomixie).

A.boivinianus

pH : 6,5-7,3	Temp. : 22-25
dGH : 5-15	Haut. d'eau : 60

Famille : *Aponogetonaceae.*
Nom scientifique : *Aponogeton boivinianus* Baillon ex Jumelle.
Synonyme : néant.
Nom commun : Aponogeton de Boivin.
Répartition géographique : Extrême nord-ouest de Madagascar, îles de Nossi-Be et Mayotte (Comores), stations très localisées en eau courante jusqu'à 1,50 m de profondeur. Milieu ombragé ou fortement éclairé.
Le tubercule, de forme discoïde, peut atteindre 5 cm de diamètre pour 2 cm de haut ; celui-ci est enterré jusqu'à sa moitié ; par la suite, ce sont les racines qui « tirent », dans le substrat, le bulbe à sa profondeur optimale. Les grandes feuilles vert sombre sont élancées, leur surface est bosselée et ondulée. Elles peuvent atteindre 70 cm de long sous un éclairage

A.boivinianus

faible. Le pétiole de la feuille est court, 5 à 7 cm. Cette belle plante occupera la partie centrale du bac. Sa maintenance est facilitée par son adaptation aisée en eau mi-dure. L'épi, long de 10 cm, est composé de 2 à 3 branche.. Les fleurs sont blanches et autofertiles, ce qui implique une fertilisation artificielle au pinceau. Après deux mois de fructification, les graines sont recouvertes d'une épaisseur de sable fin égale au diamètre de la graine. La hauteur d'eau sera progressivement augmentée en fonction de la croissance de la plante. Cette espèce est confondue avec *A.bernieranus* qui possède des feuilles plus petites et un épi de 3 à 10 branches.

A.crispus

pH : 6,5-7,3	Temp. : 23-28
dGH : 5-15	Haut. d'eau : 50

Famille : *Aponogetonaceae.*
Nom scientifique : *Aponogeton crispus* Thunberg.
Synonyme : néant.
Nom commun : Aponogeton crispé.
Répartition géographique : Sri Lanka.
L'adaptation à une eau mi-dure a largement popularisé cette espèce en aquariophilie. La croissance très rapide des feuilles élancées, aux bords crispés, de couleur vert tendre à rougeâtre, la désigne dans un aquarium de grande taille comme plante solitaire au centre du bac, ou en bosquet touffu de 3 à 4 pieds. La taille des feuilles est variable, de 25 à 40 cm de long et de 1,5 à 4 cm de large. Sous un éclairage diffus, la pétiole des feuilles s'allonge en direction de la surface. Cette plante fleurit facilement dans de bonnes conditions de maintenance. L'épi est à branche unique et porte des fleurs blanches. L'espèce est autofertile et doit être fécondée avec un pinceau doux. Après 2 mois, les graines arrivent à maturité et se cultivent facilement dans le sable : il suffit d'augmenter progressivement le niveau d'eau sous un éclairage intense.

A.longiplumulosus

pH : 6,5-7,0	Temp. : 24-26
dGH : 3-8	Haut. d'eau : 45

Famille : *Aponogetonaceae.*
Nom scientifique : *Aponogeton longiplumulosus* Van Bruggen.
Synonyme : néant.
Nom commun : Aponogeton à plumet allongé.
Répartition géographique : Aux environs de Maromandia, dans les affluents du Sambirano au nord-ouest de Madagascar.
Parmi les récentes importations de cette espèce, on distingue deux formes différentes : l'une à feuille faiblement ondulée et à fleurs roses, l'autre à feuille fortement ondulée et à fleurs violettes. Les deux formes présentent un épi à deux branches. Le tubercule est sphérique, légèrement allongé et d'un diamètre de 2 cm. Les feuilles, de couleur vert brunâtre à vert franc, possèdent de fortes nervures longitudinales (1 à 3) de chaque côté de la large nervure médiane. La taille de la feuille atteint 30 à 40 cm et la tige une longueur de 10 cm. Cette espèce peut être confondue avec *A.ulvaceus ;* cependant, cette dernière a des feuilles légèrement spiralées. Sa maintenance est identique aux autres espèces, avec toutefois une intensité lumineuse plus élevée. La floraison est commune et l'épi produit de nombreuses graines qui devront être successivement transplantées après chaque stagnation de croissance de la plantule.

A.madagascariensis

pH : 6,5-7,2	Temp. : 22-24
dGH : 3-10	Haut. d'eau : 50

Famille : *Aponogetonaceae.*
Nom scientifique : *Aponogeton madagascariensis* (Mirbel) Van Bruggen.

A.madagascariensis

Synonymes : *Hydrogeton fenestralis, Aponogeton guillotii, A.henkelianus, A.fenestralis.*
Nom commun : Aponogeton dentelle.
Répartition géographique : Régions centrale, occidentale et orientale de Madagascar. Introduite à l'Ile Maurice où elle prolifère.

L'absence des tissus foliaires et une structure « squelettique » constituée de nervures longitudinales et transversales font de cette plante une curiosité botanique. Au moins deux formes se reconnaissent : l'une à feuille longue et effilée, l'autre à feuille courte et trapue, vendue sous le nom commercial *enkelianus*. La chaleur, une lumière intense et les particules en suspension dans l'eau sont les trois facteurs néfastes dans la maintenance de cette plante. Des plantes de surface, une température de 21 à 23 °C, ainsi qu'une bonne filtration assurant une eau limpide seront les conditions idéales de sa maintenance. La polymorphie du rhizome est assez étendue, celui-ci peut être sphérique ou très allongé (jusqu'à 10 cm de long). Lorsque le rhizome est en bonne santé (taille suffisante, ferme), il peut être fractionné pour la reproduction asexuée. Une racine dégagée du substrat peut éventuellement produire une plantule. La reproduction sexuée est difficile. L'épi porte de 3 à 6 branches. Les fleurs sont blanches et virent au rouge après fécondation. L'espèce est autofertile.

■ *A.ulvaceus*

pH : 6,5-7,2	Temp. : 23-25
dGH : 3-10	Haut. d'eau : 50

Famille : *Aponogetonaceae.*
Nom scientifique : *Aponogeton ulvaceus* Baker.
Synonyme : néant.
Nom commun : Aponogeton ulve.
Répartition géographique : Madagascar.
Du tubercule sphérique et lisse, les feuilles vert clair apparaissent rapidement. Elles sont fortement ondulées et légèrement spiralées. Leur taille, de 30 à 40 cm de long sur 4 à 6 cm de large, et leur nombre désignent l'espèce comme plante solitaire et attractive. Elle sera placée en déport dans le bac à côté d'une racine, en avant-plan de plantes à croissance rapide. Sous une lumière trop faible, les feuilles atteignent rapidement la surface. Après une forte croissance foliaire et la floraison, on observe un repos végétatif. A ce moment, les feuilles et les racines sont coupées du rhizome. Celui-ci est placé dans un verre rempli d'eau, à une température de 12 à 15 °C pendant 2 à 3 mois. L'épi possède 2 branches à fleurs jaunâtres qui sont autofertiles.

AZOLLA

C'est l'unique genre de la famille des Azollacées, regroupant environ une demi-douzaine d'espèces. Ce sont des fougères flottantes qui, en aquarium, deviennent rapidement envahissantes. *Azolla filiculoïdes* se rencontre couramment en eau stagnante à travers l'Europe, et se reconnaît en automne au tapis rouge qu'elle forme sur les étendues d'eau stagnante à caractère eutrophe.

■ *A.caroliniana*

pH : 6,2-7,5	Temp. : 20-30
dGH : 2-20	Plante de surface

Famille : *Azollaceae.*
Nom scientifique : *Azolla caroliniana* Willdenow.
Synonymes : *A.bonariensis, A.densa, A.mexicana, A.microphylla.*
Nom commun : Mousse des fées.
Répartition géographique : Origine États-Unis, Mexique, Amérique du Sud ; introduite en Europe vers les années 1870, à Rennes et Bordeaux, puis observée à Strasbourg et en R.F.A., Tchécoslovaquie.
La taille de cette fougère flottante peut atteindre 3 cm en milieu naturel. Les feuilles sont disposées en deux rangées et se couvrent comme les tuiles d'un toit. En aquarium, la taille est fortement réduite et ne dépasse pas 1 à 1,5 cm ; la reproduction végétative par axes latéraux est très rapide, et quelques spécimens pourront rapidement coloniser la surface. Il est nécessaire d'éliminer une bonne partie de ces plantes afin de maintenir une luminosité suffisante pour les plantes immergées. Cette expansion sera d'autant plus rapide que l'éclairement est fort audessus des plantes.

■ *A.filiculoides*

pH : 6,2-7,5	Temp. : 15-30
dGH : 2-20	Plante de surface

Famille : *Azollaceae.*
Nom scientifique : *Azolla filiculoïdes* Lamarck.
Synonymes : *A.arbuscula, A.magellanica.*
Nom commun : Azolla fougère.
Répartition géographique : Origine Amérique du Sud ; introduite en Europe vers 1890, où elle s'est largement répandue. Elle a été introduite dans divers pays tropicaux pour lutter contre la malaria. Le tapis formé par ces plantes empêche les larves de moustiques de venir piper l'air en surface.
Cette fougère atteint une taille légèrement supérieure à celle de *A.caroliniana.* Cette espèce, comme les autres, est également très expansive en aquarium ; cependant, beaucoup d'espèces piscicoles végétariennes apprécient cette fougère. Elle est également très utile en bac de reproduction, où elle sert de soutien aux nids de bulles construits par les Belontiidés (*Betta, Colisa, Trichogaster,* etc.) et offre un refuge apprécié aux alevins des poissons de surface.
D'autre part, entre les racines immergées, aux radicelles nombreuses couvertes de villosité, se développe une faune dense d'infusoires variés. Ces derniers constituent un complément nutritionnel indispensable aux alevins de très petite taille.

A.filiculoides

■ *A.pinnata*

pH : 6,2-7,5	Temp. : 15-30
dGH : 2-20	Plante de surface

Famille : *Azollaceae.*
Nom scientifique : *Azolla pinnata* Brown.
Synonyme : néant.
Nom commun : Azolla penné.
Répartition géographique : Zones tropicales, Australie, Asie et Afrique.
Cette espèce est extrêmement branchue et atteint une taille de 1 à 3 cm. La couleur de sa face aérienne est vert foncé à brunâtre. C'est certainement l'espèce qui convient le mieux en aquariophilie ; malheureusement, elle est rarement maintenue en aquarium.

BACOPA

Les Hysopes d'eau ou Gueules de lion sont cosmopolites bien que la majorité des espèces est d'origine néotropicale. Ce sont des plantes terrestres, palustres ou aquatiques à tiges et feuilles opposées. Suivant l'espèce, la tige et la feuille peuvent être velues.

■ *B.caroliniana*

pH : 6,4-7,0	Temp. : 20-24
dGH : 3-8	Haut. d'eau : 30

Famille : *Scrofulariaceae.*
Nom scientifique : *Bacopa caroliniana* (Walter) Robinson.
Synonymes : *Obolaria caroliniana, Septilia caroliniana, Bacopa amplexicaulis,* ou dans les genres *Monniera, Herpestris.*
Noms communs : Gratiole, Herbe du pauvre homme.
Répartition géographique : Sud des États-Unis, nord du Mexique.

B.amplexicaulis

B.caroliniana variegata

Les feuilles sont insérées sur l'axe de la plante, directement par leur base. Elles sont donc sessiles (dépourvues de pétiole). Elles sont charnues, vert brillant et lisses sur la face supérieure. La taille de la feuille est de 25 mm sur 15 mm environ. La fleur apparaît à l'aisselle des feuilles aériennes ; sa taille est de 10 mm et sa couleur bleu clair. Une variété horticole « *variegata* », à nervures jaunes, est connue. Cette espèce est très résistante. Il importe toutefois de diffuser du CO_2 avec attention dans une eau fortement carbonatée. Il en est de même sous une température élevée où il est nécessaire d'augmenter l'intensité lumineuse. Cette plante est disposée en groupe sur l'arrière-plan de l'aquarium. Sa reproduction s'effectue par boutures. Celles-ci sont prélevées sur la plante mère en l'étêtant de 20 cm, et repiquées dans le substrat en respectant un intervalle de 3 à 4 cm entre les boutures.

■ *B.crenata*

pH : 6,4-7,0	Temp. : 23-27
dGH : 3-8	Haut. d'eau : 30

Famille : *Scrofulariaceae.*
Nom scientifique : *Bacopa crenata* (Beauvois) Hepper.
Synonyme : *Herpestris crenata.*
Nom commun : Bacopa créné.
Répartition géographique : Du Sénégal à l'Angola, est de l'Afrique : Tanzanie et Madagascar.
Les feuilles sont ovoïdes à lancéolées et légèrement denticulées sur leur bord ; la nervure médiane est nettement marquée. Certains pieds produisent une disposition atypique des feuilles, qui parfois ne sont plus opposées mais verticillées ; et trois ou quatre feuilles apparaissent sur un nœud. La taille de la plante varie de 20 à 30 cm en position immergée où la croissance est lente. Sa culture est possible dans une eau mi-dure sous un éclairage intense. Cette espèce sera disposée en bosquet de 5 à 8 tiges, en avant-plan sur le côté ou en second plan. La maintenance est beaucoup plus facile en paludarium et aquaterrarium en position émergée où les fleurs blanches à roses apparaissent. Lors de la reproduction par bouture, une grande prudence est de rigueur : les plantes mères devront être fortes et bien enracinées.

■ *B.lanigera*

pH : 6,4-6,8	Temp. : 22-26
dGH : 2-6	Haut. d'eau : 30

Famille : *Scrofulariaceae.*
Nom scientifique : *Bacopa lanigera* (Chamisso & Schlechtendahl) Werrstein.
Synonyme : *Herpestris lanigera.*
Nom commun : Bacopa lainé.
Répartition géographique : Amérique du Sud : Brésil.
Cette espèce est facilement reconnaissable à sa tige et à la face inférieure de sa feuille à fortes villosités. Les feuilles sont presque arrondies, d'un diamètre de 20 mm environ. Deux types de feuilles sont connues chez cette espèce, l'un à feuilles vert uni, l'autre à nervures jaunes fortement marquées. Cette espèce est très sensible aux variations de milieu. La croissance est lente ; celle de la forme à nervures jaunes est même difficile et sa maintenance sera plus appropriée en position émergée dans un paludarium. Chez les deux formes, en position immergée, les feuilles deviennent de plus en plus petites vers le sommet puis pourrissent. La maintenance est possible sous un éclairage intense, en présence de 3 mg/l de fer chélaté et en diffusant du CO_2.

■ *B.monnieri*

pH : 6,6-7,3	Temp. : 22-26
dGH : 4-15	Haut. d'eau : 35

Famille : *Scrofulariaceae.*
Nom scientifique : *Bacopa monnieri* (Linné) Wettstein.
Synonymes : *Lysimachia monnieri, Herpestris africana, H.brownei, H. moranensis, Bacopa gracilis, B.minor, B.baccata,* etc.
Nom commun : Bacopa de Monnier.
Répartition géographique : Sud des États-Unis, mais aussi Amérique centrale (Mexique) et Madagascar.

Cette espèce est semblable à *B.caroliniana,* mais l'entre-nœud est plus grand et donne à cette plante un aspect élancé. Sa taille est de 30 cm environ. Ses feuilles et sa tige sont lisses et sa couleur est vert clair. C'est certainement l'espèce, parmi toutes celles importées, la plus facile à maintenir correctement en position immergée. Le groupe de pieds disposé dans la partie médio-latérale du bac devra être fortement éclairé. La croissance est lente et l'aspect des plantes se modifie peu au cours des mois. Les boutures sont prélevées lorsque l'extrémité de la plante atteint la surface de l'eau. Il s'agit d'une bonne plante pour aquarium lors-

B.monnieri

que les conditions de maintenance sont respectées.

B.myriophylloides

pH : 6,2-6,8	Temp. : 22-25
dGH : 2-8	Haut. d'eau : 30

Famille : *Scrofulariaceae.*
Nom scientifique : *Bacopa myriophylloides* (Bentham) Wettstein.
Synonyme : *Herpestris myriophylloides.*
Nom commun : Bacopa myriophylle.
Répartition géographique : Brésil.
Cette espèce, très rarement importée, peut, pour les cas où elle a été maintenue, être qualifiée de difficile. La croissance semble plus rapide en aquaterrarium où les pieds apparaissent, comme chez le Myriophille, avec des feuilles fines et courtes de couleur vert franc. En position immergée, l'eau sera douce, acide et relativement tempérée (22 °C). L'éclairage sera intense. L'espèce est placée au second plan en groupe. La taille atteint 35 à 40 cm.

BARCLAYA

Les trois espèces de ce genre appartiennent à la famille cosmopolite du Nénuphar, alors que ce genre est localisé en Asie du Sud-Est.

B.longifolia

pH : 6,6-7,2	Temp. : 25-28
dGH : 5-12	Haut. d'eau : 40

Famille : *Nymphaeaceae.*
Nom scientifique : *Barclaya longifolia* Wallich.
Synonyme : néant.
Nom commun : Barclaya à longues feuilles.
Répartition géographique : Sud de le Thaïlande et de la Birmanie, Malaisie.
Cette très belle plante, aux feuilles vert olive à brunâtre sur la face supérieure et rouge pourpre sur la face inférieure, trouve une place de choix en aquarium hollandais et en bac régional asiatique. Elle atteint une taille de 20 à 30 cm. Sa coloration particulière permet des effets de contraste avec d'autres plantes aux tons vert clair, placées en arrière-plan, et à croissance rapide. Sous faible intensité lumineuse, les feuilles s'assombrissent, gagnent en largeur, mais diminuent de longueur. La multiplication peut s'obtenir par reproduction sexuée et végétative. La fleur verte à l'extérieur et rouge à l'intérieur est portée par une hampe florale. Elle est autofertile, mais la reproduction sexuée ne réussit que si la fleur reste en milieu aquatique. La reproduction végétative s'effectue par fractionnement du rhizome sur lequel apparaissent de petites plantules. Cette espèce est assez fragile, les feuilles se lacèrent facilement, et les transplantations sont souvent mal supportées.

B.longifolia

BLYXA

Le genre *Blyxa* regroupe dix espèces réparties en Afrique, Madagascar, Sud-Est asiatique, Nouvelle-Guinée et nord de l'Australie. En général, ces plantes aquatiques vivent en eau très douce, stagnante, ou en léger mouvement. Le genre est divisé en deux groupes, celui à feuilles disposées en rosettes à partir du rhizome (gr. Blyxa) avec *B.aubertii, B.echinosperma, B.leiosperma, B.senegalensis,* et celui à tige aux feuilles alternées (gr. Caulescentes) avec *B.japonica, B.novoguineensis, B.radicans.* Les caractères principaux du genre concernent l'aspect des limbes : fins, étroits, effilés et pointus. Les possibilités d'adaptation sont très réduites et varient peu d'une espèce à l'autre.

B.aubertii

pH : 6,4-6,8	Temp. : 24-26
dGH : 3-8	Haut. d'eau : 40

Famille : *Hydrocharitaceae.*
Nom scientifique : *Blyxa aubertii* Richemond.
Synonyme : *Blyxa oryzetorum.*
Nom commun : Blyxa d'Aubert.
Répartition géographique : Inde, Sud-Est asiatique et Madagascar.
Cette espèce se distingue par ses feuilles à base triangulaire, aux bords coupants, ainsi que par des terminaisons foliaires pointues et légèrement spiralées. Sous une forte intensité lumineuse, elle prend des tons rougeâtres. Sa taille est de 30 cm en aquarium mais atteint 60 cm en milieu naturel. La maintenance est assez problématique. La dureté carbonatée doit être inférieure à 5 ° dKH, le pH doit être acide et l'intensité lumineuse forte à très forte. Une diffusion de CO_2 est impérative, surtout en présence d'une eau minéralisée. On ne peut espérer obtenir la reproduction sexuée par contre la reproduction végétative est envisageable par production de pousses latérales sur le rhizome. Celles-ci peuvent être séparées de la plante mère et repiquées.

B.echinosperma

pH : 6,4-6,8	Temp. : 24-26
dGH : 3-8	Haut. d'eau : 40

Famille : *Hydrocharitaceae.*
Nom scientifique : *Blyxa echinosperma* (Clarke) Hooker.
Synonyme : néant.
Nom commun : Blyxa hérisson.
Répartition géographique : Inde et Indonésie.
Cette espèce se différencie de la précédente par une base plus arrondie des feuilles. Ces dernières, de 3 à 6 mm de large, sont fines et se terminent, droites sans se vriller, par une pointe. Les feuilles peuvent atteindre une taille de 50 cm ; leur coloration est vert clair. Le fruit de cette espèce est un petit rouleau de 2 à

3 mm, hérissé d'épines. La maintenance sera équivalente à celle de l'espèce *B.aubertii.*

BOLBITIS

Ce genre comprend certaines espèces de fougères aquatiques et palustres d'origine africaine et asiatique. La plus connue est *B.heudelotii,* mais une autre fougère, *B.heteroclita,* est importée sporadiquement de Malaisie et de Nouvelle-Guinée. Elle présente une vague ressemblance avec *Microsorium pteropus* mais, à l'inverse de cette dernière, les plantules ne se développent pas sur le dessous de la fronde, mais sur le dessus. D'autre part, l'apex est finement prolongé, ce qui permet de la différencier de la Fougère de Java.

B.heudelotii

pH : 6,5-7,6	Temp. : 22-25
dGH : 5-12	Haut. d'eau : 50

Famille : *Lomariopsidaceae.*
Nom scientifique : *Bolbitis heudelotii.*
Synonymes : *Campium angustifolium* Alston, *B.felixii.*
Noms communs : Bolbitis de Heudelot, Fougère du Congo.
Répartition géographique : Zones tropicales de l'Afrique de l'Ouest (du Sénégal à l'Angola) ; en cours d'eau rapide et cascades, où elle s'accroche au substrat par le rhizome.
Le rhizome produit des frondes sur tige. Ce dernier se fixe aussi bien sur un substrat rocheux que végétal (racine de tourbière). Cette fougère peut atteindre une taille de 50 cm après quelques années de culture. La croissance est très lente en eau alcaline et dure. L'intensité lumineuse sera moyenne à forte. Cette fougère convient pour la décoration des bacs à Cichlidés, lesquels l'ignorent complètement, même les espèces végétariennes les plus voraces. Ses tissus sont fibreux et coriaces ; il semble que cette fougère ait un goût répulsif pour les poissons. Le rhizome de cette espèce ne doit en aucun cas être enterré. La fougère est fixée, à l'aide d'un trombone ouvert, contre le décor artificiel, ou à l'aide d'un élastique et d'un fil nylon contre une racine ou une roche. La multiplication se fait par apparition de frondes sur le rhizome, qui peut ensuite être fractionné. En paludarium, la culture émergée en atmosphère humide est plus aisée, la fougère se ramifie et sa coloration verte s'assombrit.

B.heudelotti

C

CABOMBA

Ce genre a été retiré de la famille du Nénuphar, une famille spéciale a été créée : les Cabombacées. Sept espèces sont réparties du nord au sud du continent américain dans les eaux chaudes tropicales et tempérées. Leur détermination est difficile à partir des feuilles, finement divisées, et ne peut s'effectuer qu'avec la fleur. Les plantes de ce genre sont des aquatiques strictes qui occupent les eaux stagnantes dans des marais et des fossés.

C.aquatica

pH : 6,2-6,8	Temp. : 24-28
dGH : 2-8	Haut. d'eau : 40

Famille : *Cabombaceae.*
Nom scientifique : *Cabomba aquatica* Aublet.
Synonymes : *Nectris aquatica, Villarsia aquatica.*
Nom commun : Cabomba aquatique.
Répartition géographique : Du sud du Mexique jusqu'au Brésil.
En milieu naturel, la taille peut atteindre 1,30 m ; en aquarium, une hauteur d'eau de 60 cm semble être la limite, afin de maintenir une intensité lumineuse suffisante pour cette espèce. Les limbes sont extrêmement ramifiés et le nombre de segments dépasse 200 à 300. La fleur de couleur jaune est émergée. Sous un éclairage trop faible la plante s'étire vers la surface et prend des tons jaunâtres. Les conditions de maintenance sont très strictes : l'eau doit être acide et faiblement carbonatée, une diffusion de gaz carbonique est impérative. La présence d'un diffuseur d'air inhibe immédiatement la croissance des *Cabomba.* C'est pourquoi de nombreux aquariophiles essuient des échecs avec ces belles plantes aquatiques. La reproduction se fait par les boutures latérales et étêtement des plantes mères.

C.caroliniana

pH : 6,5-7,2	Temp. : 23-26
dGH : 5-10	Haut. d'eau : 40

Famille : *Cabombaceae.*
Nom scientifique : *Cabomba caroliniana* Gray.
Synonymes : *C.aubletii, C.pinnata, C.viridiflora.*
Nom commun : Cabomba de Caroline.
Répartition géographique : Du sud-est des États-Unis, le long du versant atlantique de l'Amérique centrale, jusqu'en Argentine.
Cette espèce, plus résistante que la précédente, possède un limbe moins divisé (150 à 200 segments). Ses tons vert clair, sa taille et sa croissance plus rapide la prédisposent à figurer à l'arrière-plan,

C.aquatica

C.caroliniana

C. piauhyensis

notamment en bac hollandais. La fleur est blanche ou rosée. Une dureté de l'eau plus élevée est mieux supportée en compensant avec du CO_2. Une réaction négative est enregistrée en présence d'un diffuseur d'air et d'une eau à réaction alcaline. Les plantes mères produisent des rejets latéraux qui seront repiqués dans le substrat en ayant soin, au préalable, de couper les extrémités de la bouture. Les tiges sont disposées en bouquets espacés de 2 à 3 cm avec un espace libre autour du groupe. Ainsi, les *Cabomba* prennent ce volume « gonflé » qui les rend si attrayants. Trois variétés et une forme horticole sont connues : *C.c.var.caroliniana, C.c.multipartita, C.c.paucipartita* et *C.c.var torta hort.*

■ *C.piauhyensis*

pH : 6,4-6,8	Temp. : 23-26
dGH : 2-8	Haut. d'eau : 30

Famille : *Cabombaceae.*
Nom scientifique : *Cabomba piauhyensis* Gardener.
Synonyme : néant.
Nom commun : Cabomba rouge.
Répartition géographique : En Amérique

du Sud, Salvador, nord du Brésil, Bolivie. Dans les îles des Caraïbes comme Cuba, Porto Rico et Trinidad.
Cette espèce aux tons rougeâtres est moins touffue, le limbe n'a qu'une centaine de segments. Les tons rouges sont particulièrement visibles sur les entre-nœuds et aux fourches des feuilles. La fleur de *C.piauhyensis* est rouge-pourpre. Dans une eau fortement carbonatée, les boutures meurent en quelques jours ; la terminaison des segments se vitrifie puis se décompose. Cette espèce nécessite une eau douce et acide. L'éclairement devra être intense et ce, jusqu'à sa base. Cela implique une plantation assez espacée et une zone libre autour du groupe des boutures. Afin de maintenir une forte intensité lumineuse, la hauteur d'eau sera limitée à 40 cm. Cette espèce, par sa couleur, convient pour un bac hollandais, mais ses exigences spécifiques s'inscrivent dans une fourchette de valeurs trop étroite pour espérer la maintenir correctement.

CALLITRICHE

Le genre *Callitriche* regroupe environ 25 espèces d'eau froide qui se caractérisent par une extrémité en crochet de leurs feuilles. Ces espèces conviennent uniquement pour les bacs régionaux d'eau froide. Elles peuvent facilement être récoltées dans les cours d'eau et gravières où elles sont communes comme *C.hamulata, C.obtusangula, C.palustris* ou *C.platycarpa.* La plupart des espèces sont européennes, mais le genre est cosmopolite.

■ C.hamulata

pH : 6,7-7,3	Temp. : 10-22
dGH : 5-20	Haut. d'eau : 50

Famille : *Callitrichaceae.*
Nom scientifique : *Callitriche hamulata* Küntzing.
Synonymes : *C.intermedia, C.autumnalis.*
Nom commun : Callitriche à hamule.
Répartition géographique : Toute l'Europe, parfois très localisée, absente au-dessus de 1 500 m.
Cette espèce se distingue par ses feuilles qui possèdent une coloration verte, identique sur les deux faces. La taille peut atteindre 80 cm et l'espace entre deux nœuds est de 3 cm. Cette espèce supporte mal la chaleur, et une température de 22 °C sera la limite à ne pas dépasser. Du printemps à l'automne, l'éclairage sera intense et d'une durée de 14 à 16 h. Une période de repos hivernal à 10 °C, sous une faible luminosité, permettra de maintenir cette plante plusieurs années.

C.aquatica

CERATOPHYLLUM

Les Cornifles se rencontrent dans le monde entier. Une dizaine d'espèces sont connues et deux d'entre elles sont maintenues occasionnellement en aquariophilie. Ces plantes s'adaptent admirablement aux diverses contraintes écologiques, et *C.demersum* se récolte dans des régions froides d'Europe comme dans des régions chaudes du Mexique. Lorsque l'environnement lui est particulièrement favorable, sa taille peut atteindre 2 mètres, et des « stations » flottantes sont observées.

■ C.demersum

pH : 6,8-7,5	Temp. : 15-30
dGH : 5-20	Haut. d'eau : 30

Famille : *Ceratophyllaceae.*
Nom scientifique : *Ceratophyllum demersum* Linné.
Synonymes : *C.asperum, C.cornutum, C.cristatum, C.gibbum,* etc.
Nom commun : Cornifle émergé.
Répartition géographique : Cosmopolite.
C'est une plante vivace et pérenne à tige cassante, dépourvue de racines. Suivant la région, les feuilles sont vert clair à jaunâtres, mais peuvent également être vert foncé. Cette espèce convient tout particulièrement en aquarium d'eau froide à tempérée, de dureté moyenne à fortement minéralisée. Une forme rouge, très localisée, se rencontre dans les environs de Veracruz, mais elle semble appartenir à *C.echinatum.* Les spécimens peuvent être progressivement adaptés à l'eau chaude jusqu'à 28 °C conjointement à un éclairage intense. Du fait de l'absence de formation radiculaire, les tiges se fixent difficilement. La multiplication se fait par bouturage fréquent afin de préserver l'aspect touffu de cette espèce.

CERATOPTERIS

La nomenclature des Fougères à cornes, très controversée dans le passé, semble avoir trouvé sa stabilité. Six espèces sont actuellement reconnues, mais elles sont parfois confondues suivant les auteurs. Deux espèces de Fougères flottantes strictes et une espèce cultivée en immersion sont maintenues en aquariophilie. Elles sont présentes dans les parties tropicales et subtropicales.

■ C.cornuta

pH : 6,5-7,2	Temp. : 22-30
dGH : 3-15	Plante de surface

Famille : *Parkeriaceae.*

Nom scientifique : *Ceratopteris cornuta* (Beauvois) Le Prieur.
Synonyme : *C.thalictroides.*
Nom commun : Fougère flottante à cornes.
Répartition géographique : Cosmopolite.
Les frondes de cette espèce flottante sont massives et se divisent en trois lobes plus ou moins lancéolés. Sous une forte luminosité, cette plante de surface couvre rapidement la totalité de l'aquarium. Si cette fougère est cultivée en position immergée, les frondes se ramifient et la coloration vert franc de surface s'éclaircit en vert jaunâtre. Cette espèce est particulièrement appréciée, en bac de reproduction, des poissons de surface, comme les Bélontiidés, mais aussi chez les ovovivipares où les alevins trouvent refuge entre les racines et les feuilles flottantes. La multiplication rapide s'effectue par production de plantules sur la face inférieure des frondes. *C.pteridioides* (Hooker) Hieronymus, une espèce voisine, possède des frondes moins divisées. Sa culture est identique.

C.cornuta

C.thalictroides

■ *C.thalictroides*

pH : 6,5-7,2	Temp. : 22-30
dGH : 3-15	Haut. d'eau : 40

Famille : *Parkeriaceae.*
Nom scientifique : *Ceratopteris thalictroides* (Linné) Brongniart.
Synonymes : *Acrostichum thalictroides, A.siliquosum, Crytogenis ferulacea, C.parkeri.*
Nom commun : Fougère de Sumatra.
Répartition géographique : Régions tropicales.
Il s'agit d'une fougère, non flottante, à morphologie assez constante et aux tons vert clair. Les feuilles sont finement divisées en culture immergée avec un fort développement des racines. L'éclairage sera intense et l'environnement de la fougère doit être dégagé afin de lui offrir un maximum de lumière. Elle peut éventuellement être utilisée comme plante flottante mais, dans ce cas, la forme des feuilles se modifie et devient plus grossière. La taille varie de 50 à 60 cm de haut dans les meilleures conditions. C'est une fougère annuelle qui a tendance à dépérir. Sa multiplication végétative est très intense grâce à l'apparition de plantules sur le bord des feuilles. Après un court séjour à la surface de l'eau, où elles auront développé leurs racines, les plantules seront repiquées dans le substrat.

CRINUM

Ce genre regroupe plus d'une centaine d'espèces, toutes originaires des parties tropicales et subtropicales d'Asie, d'Afrique et d'Amérique du Sud. Il appartient à la même famille que le Narcisse et le Perce-neige. Ces plantes possèdent un bulbe volumineux (oignon) et l'ensemble rappelle le poireau. Certaines sont strictement aquatiques, d'autres paludéennes comme le Crinum pourpre *(C.purpurascens)*. Peu d'espèces sont importées pour l'aquariophilie. Celles disponibles sont très résistantes aussi bien aux conditions de maintenance défavorables que face aux poissons végétariens.

■ *C.natans*

pH : 6,8-7,5	Temp. : 20-30
dGH : 5-20	Haut. d'eau : 100

Famille : *Amaryllidaceae.*
Nom scientifique : *Crinum natans* Baker.
Synonyme : néant.
Nom commun : Crinum aquatique.
Répartition géographique : Afrique tropicale de l'Ouest. Cette espèce est commune en galerie forestière. Les stations se repèrent facilement grâce aux fleurs

blanches, proches du lys, au-dessus de la surface de l'eau.
La taille de cette plante aquatique, sa résistance en eau dure et ses fibres végétales coriaces la désignent tout particulièrement pour occuper l'arrière-plan de très grands bacs. Elle peut atteindre plus de 150 cm et ses feuilles s'étalent à la surface de l'eau. Celles-ci sont gaufrées et profondément ondulées sur les bords. La luminosité sera intense, sans quoi la plante prendra une teinte jaunâtre. Les multiplications sexuée et végétative (par division du bulbe) sont très rares en aquarium. Cette espèce peut être maintenue durant plusieurs années en aquarium.

C.thaianum

pH : 6,8-7,5	Temp. : 24-28
dGH : 5-20	Haut. d'eau : 100

Famille : *Amaryllidaceae.*
Nom scientifique : *Crinum thaianum* Schultz.
Synonyme : néant.
Nom commun : Crinum de Thaïlande.
Répartition géographique : Sud de la Thaïlande.
Les bords des feuilles de cette espèce sont lisses, et leur morphologie rubanée, non ondulée, parfois vrillée, rappelle fortement *Vallisneria gigantea ;* cette dernière est d'ailleurs beaucoup plus fragile. La taille peut atteindre 150 cm et les feuilles 2 à 3 cm de large. Quelques pieds disposés le long de la glace arrière forment un rideau vert et durable. Le bulbe sera enterré jusqu'à la moitié de sa hauteur, dans un substrat épais et souple (gravier rond). C'est une excellente plante pour un grand bac à Cichlidés et autres herbivores ; ses feuilles doivent être écourtées de temps à autre. La multiplication sexuée est inexistante en aquarium et le dédoublement de l'oignon, consécutif à la multiplication végétative, est extrêmement rare.

CRYPTOCORYNE

Ce genre comprend plus d'une soixantaine d'espèces décrites. Elles sont aquatiques ou amphibies. Quelques espèces sont extrêmement polymorphes *(C.wendtii)*, d'autres polychromatiques, suivant la position immergée ou émergée de l'espèce *(C.schultzei)*. Pour la majorité, la floraison s'avère nécessaire pour déterminer l'appartenance réelle à telle ou telle espèce. Il n'est donc pas très surprenant que ces Aracées aient fait l'objet de nombreuses révisions, mises en synonymies fréquentes, réhabilitations, depuis la description du genre en 1828 par Fischer. Actuellement, les opinions des botanistes divergent encore suivant leurs appréciations personnelles. La distribution du genre s'étend de l'Inde occidentale à la péninsule Indochinoise, la Malaisie et l'Indonésie, le sud de la Chine, les Philippines, la Nouvelle-Guinée. L'île de Sri Lanka compte à elle seule onze espèces endémiques. Une trentaine d'espèces sont, ou ont été, importées pour l'aquariophilie. Les plus communes sont aussi les moins fragiles et les moins exigeantes. L'inflorescence des Cryptocorynes est un piège à insectes. Elle est constituée d'une spathe dont la partie supérieure étalée et plus ou moins colorée, surmonte un tube ou cornet plus ou moins long au fond duquel les organes de reproduction sont protégés (fleurs sans pétales).

C.affinis

pH : 6,5-7,5	Temp. : 20-28
dGH : 3-15	Haut. d'eau : 30

Famille : *Araceae.*
Nom scientifique : *Cryptocoryne affinis* Brown ex. Hooker.
Synonyme : *C.haerteliana.*
Nom commun : Cryptocoryne de Haertel.
Répartition géographique : Presqu'île de Malaisie.
En aquariophilie, il s'agit certainement de l'espèce la plus commune. Sa taille varie de 10 à 30 cm suivant les conditions d'éclairage et la densité de la plantation. Elle peut être utilisée de diverses manières dans un bac : soit en avant-plan ou encore en position latérale sur les côtés du bac. Cette espèce très décorative au feuillage vert satiné s'adapte très bien à une large gamme de conditions physico-chimiques. Par contre, elle est sensible, comme les autres espèces du genre d'ailleurs, à une variation brusque d'un ou plusieurs facteurs du milieu où elle est cultivée. Elle couvre rapidement le substrat d'un aquarium, lorsque les stolons ne sont pas retirés. Dans ces conditions, les plantes restent chétives. Par contre, en isolant un pied mère et en retirant systématiquement les stolons, celui-ci peut atteindre une taille de 40 à 50 cm et être composé d'une vingtaine de feuilles. Le tube de l'inflorescence atteint 25 à 30 cm et la spathe se retourne vers la gauche ; brunâtre à l'extérieur, violet-pourpre à l'intérieur, vers l'ouverture du tube cette couleur s'éclaircit en rouge. La spathe se déroule en 8 à 10 jours, mais conserve toujours deux tours d'enroulement. L'intensité lumineuse ne sera pas trop forte. En aquaterrarium, immergée à moitié, cette espèce fleurit d'une manière assez régulière après deux à trois années de culture.

C.albida

pH : 6,5-7,0	Temp. : 20-25
dGH : 3-5	Haut. d'eau : 30

Famille : *Araceae.*
Nom scientifique : *Cryptocoryne albida.*
Synonyme : *C.korthausae.*
Nom commun : Cryptocoryne.
Répartition géographique : Thaïlande.
Les feuilles atteignent 15 cm de long, de forme elliptique et à bord moyennement ondulé ; elles sont d'une colora-

C.albida

tion vert uni à brun. C'est une Cryptocoryne « terrestre » qu'il convient de cultiver en paladarium humide et chaud. En aquarium, la croissance est extrêmement lente. Le limbe blanc de l'inflorescence est couvert de taches rouges et se termine en torsade horizontale.

■ *C.balansae*

pH : 6,5-7	Temp. : 25-28
dGH : 3-8	Haut. d'eau : 40

Famille : *Araceae.*
Nom scientifique : *Cyptocoryne crispatula.*
Synonymes : *C.longispatha, C.somphongsii.*
Nom commun : Cryptocoryne de Balansa.
Répartition géographique : Thaïlande, Viêt-nam, sud de la Chine.
C'est une plante très élégante aux feuilles longues, effilées, dont la taille peut atteindre 30 à 40 cm en aquarium et 80 cm en milieu naturel et en eau profonde. La surface de la feuille est ondulée de chaque côté de la nervure centrale, fortement marquée. Certaines conditions de culture seront à respecter : notamment un sol léger (gravier rond), de la chaleur, un éclairement d'une intensité moyenne à forte et une eau mi-dure. Cette espèce peut être utilisée en tant que plante maîtresse au centre du bac ou en groupe linéaire en arrière-plan. La multiplication végétative par production de stolons à partir du rhizome est lente dans les premiers temps, plus forte par la suite. En paludarium, les feuilles aériennes restent courtes (10 à 15 cm) et très effilées (1 cm de large).

■ *C.beckettii*

pH : 6,8-7,5	Temp. : 24-28
dGH : 5-15	Haut. d'eau : 40

Famille : *Araceae.*
Nom scientifique : *Cryptocoryne beckettii* Thwaites ex. Trimen.
Synonyme : néant.
Nom commun : Cryptocoryne de Beckett.
Répartition géographique : Endémique sur l'île de Sri Lanka.
Cette espèce très résistante est dotée d'une coloration inhabituelle : brune à vert olive pour la face supérieure de ses feuilles, et pourpre à rouge pour la face inférieure. Elle permet donc de réaliser des contrastes harmonieux. D'autres espèces aux tons brun rougeâtre *(C.petchii, C.siamensis)* sont aussi disponibles bien que plus rares dans le commerce spécialisé. Les feuilles immergées atteignent 10 à 20 cm de long et 2 à 4 cm de large. Cette espèce trouve sa place aussi bien en bac communautaire qu'en bac hollandais, dans la partie médiane ou éventuellement sur l'avant vers les coins latéraux du bac. L'eau mi-dure, pH 7,5, à la température de 25 à 27 °C, permet sa culture dans presque toutes les situations. La multiplication végétative s'effectue par stolons à partir du rhizome. Les jeunes plantes sont séparées et repiquées dans un endroit dégarni du bac.

C.balansae

C.beckettii

■ *C.ciliata*

pH : 6,8-7,8	Temp. : 24-28
dGH : 6-20	Haut. d'eau : 40

Famille : *Araceae.*
Nom scientifique : *Dryptocoryne ciliata* (Roxburgh) Fischer.
Synonymes : *C.elata, C.drymorrhiza.*
Nom commun : Cryptocoryne ciliée.
Répartition géographique : Large répartition, de l'Inde jusqu'en Nouvelle-Guinée, à travers tout le Sud-Est asiatique et ses îles.
L'espèce doit son nom aux cils qui garnissent le bord externe de la spathe. Cette plante atteint 40 cm de haut ; les feuilles se terminant en pointe sont lancéolées, leur coloration est vert franc. La tige atteint 10 cm de long. Le bord externe de la feuille peut être légèrement ondulé.
Le botaniste Rataj signale une seconde forme, *C.c.var.latifolia,* aux feuilles plus courtes et plus larges, à face foliaire inférieure plus claire. Cette variété ne produirait pas de stolons à partir du rhizome, mais des plantules issues directement du rhizome.
C.ciliata est réputée pour sa bonne tenue en eau dure à légèrement saumâtre. Elle nécessite une forte intensité lumineuse, et supporte mal les transplantations. En aquaterrarium, immergée de moitié, cette plante produit une inflorescence rouge-pourpre pouvant atteindre près de 7 cm.

■ *C.cordata*

pH : 6,6-7,5	Temp. : 24-26
dGH : 5-20	Haut. d'eau : 30

Famille : *Araceae.*
Nom scientifique : *Cryptocoryne cordata* Griff.
Synonymes : *Cryptocoryne blassii, C.kerri, C.siamensis.*
Nom commun : Cryptocoryne du Siam.
Répartition géographique : Bornéo, Sumatra, Thaïlande.
Plusieurs variétés sont connues. Elles se différencient par la forme des feuilles. Le limbe est elliptique pour la forme *siamensis,* cordiforme pour la forme *kerri,* et à feuilles denticulées à la base pour la forme *ewansii.*
La forme elliptique, aux limbes rougeâtres à nervures rouge foncé, est la plus courante en aquariophilie. La taille maximale de la plante est de 15 à 20 cm. C'est également une plante résistante qui s'adapte bien en eau dure. Elle convient tout particulièrement en aquarium communautaire ou hollandais, et permet des effets de contraste avec d'autres plantes vertes en arrière-plan. Un chauffage par câble dans le sol est recommandé, car cette espèce est très sensible au substrat trop froid. L'intensité lumineuse sera moyenne et la dureté carbonatée de l'eau ne dépassera pas 5 à 8 dKH. La multiplication végétative par rejets de stolons à partir du rhizome n'est pas très productive.

C.cordata

C.spiralis

pH : 6,5-7,2	Temp. : 22-25
dGH : 5-12	Haut. d'eau : 40

Famille : *Araceae.*
Nom scientifique : *Cryptocoryne spiralis* (Retzius) Fischer.
Synonymes : *Arum spirale, Ambrosinia spiralis, Cryptocoryne huegelii, C.unolicularis, C.tortuosa.*
Nom commun : Cryptocoryne spiralée.
Répartition géographique : Vaste répartition en Inde, golfe du Bengale, Bangladesh.
C'est une espèce amphibie des marais qui supporte des immersions momentanées. Comparée aux autres espèces du genre, *C.spiralis,* sous sa forme terrestre, est une espèce très robuste et sa culture en immersion n'est pas difficile. Les feuilles se terminant en pointe sont élancées ; les bords sont légèrement ondulés, mais les pieds cultivés en aquarium possèdent des tiges plus courtes que ceux importés de leur pays d'origine. La hauteur totale de la plante immergée est de 30 cm. L'eau pourra être douce et acide, mais un pH alcalin et une dureté moyenne n'influencent pas d'une façon né-faste la culture de cette plante. L'intensité lumineuse sera moyenne. La culture en aquaterrarium est beaucoup plus spectaculaire ; les feuilles sont plus élancées, de 15 mm de large seulement, la floraison ne se fait pas attendre, et la spathe est caractéristique d'une espèce terrestre : le tube est court et la partie étalée s'ouvre très près du pied de la plante en une spirale claire aux bords denticulés. La reproduction végétative par stolons issus du rhizome est plus intense en aquaterrarium.

C.wendtii

pH : 6,8-7,5	Temp. : 24-27
dGH : 5-20	Haut. d'eau : 30

Famille : *Araceae.*
Nom scientifique : *Cryptocoryne wendtii* De Wit.
Synonyme : néant.
Nom commun : Cryptocoryne de Wendt.
Répartition géographique : Sri Lanka.
C'est certainement l'espèce la plus polymorphe au niveau du feuillage. Si l'inflorescence a une morphologie relativement constante, plus d'une dizaine de formes foliaires différentes sont connues, qu'elles soient immergées ou émergées. Cinq variétés ont été décrites par Rataj :

– *var.wendtii :* les feuilles aériennes sont oblongues à base arrondie ou cordiforme longue de 8 à 10 cm et 2 à 3 cm de large ; celles immergées sont plus effilées (15 cm sur 3 cm), la diminution de la largeur est régulière vers l'extrémité pointue de l'apex. Les bords sont légèrement ondulés. La face supérieure de la feuille est vert olive à taches et rayures beiges, la face inférieure est verte aux reflets rougeâtres ;
– *var.jahnelii :* les feuilles immergées atteignent 12 cm de long sur 8 cm de large, la base est arrondie. La face supérieure est brun-rougeâtre sous une forte luminosité, la face inférieure est rouge. Les bords sont finement ondulés, mais deviennent lisses sous une faible luminosité qui s'accompagne d'un affaiblissement de la teinte rouge. La taille peut atteindre jusqu'à 20 cm de long ;
– *var.krauteri :* les feuilles submerses montrent peu de différence avec la variété nominale, qui se différencie par une coloration plus sombre qu'elle maintient sous une faible luminosité. La taille est de 15 cm, mais en groupe dense le pétiole se prolonge et la taille de la plante atteint 30 cm ;
– *var.nana* (syn. : *var.minima*) : les feuilles ont de 4 à 6 cm de long et 5 à 10 mm de large. De forme lancéolée, leur base est arrondie ou légèrement cordiforme ; la terminaison pointue est très effilée, et les bords sont ondulés. La teinte des feuilles est vert olive à brun rouge sur la face supérieure suivant l'intensité lumineuse, les nervures sont rougeâtres à roses. Excellente espèce pour l'avant-plan dans l'aquarium ;
– *var.rubella :* les feuilles immergées, lancéolées ont 6 cm de long sur 1 cm de large ; la base et la pointe de la feuille sont courtes, les bords sont légèrement ondulés, la face supérieure est vert olive avec un patron transversal sombre, la face inférieure est brun clair et les nervures sont vertes. Cette variété convient admirablement pour garnir les avant-plans dans l'aquarium. La multiplication végétative est très intense, et quelques pieds judicieusement disposés produiront rapidement un tapis de Cryptocorynes, à partir de stolons issus du rhizome.

C.wendtii n'a pas d'exigences particulières ; cependant, les variations brusques des valeurs physico-chimiques ou du climat lumineux pourront mettre en péril l'ensemble de la plantation.

C.willisii

pH : 6,5-7,0	Temp. : 24-26
dGH : 5-12	Haut. d'eau : 20

Famille : *Araceae.*
Nom scientifique : *Cryptocoryne willisii* Reitz.
Synonyme : *Cryptocoryne nevillii.*
Nom commun : Cryptocoryne de Willis.
Répartition géographique : Sri Lanka.

Cette espèce ne doit pas être confondue avec son taxon homonyme *C.willisii* Engler ex. Braum = *C.axelrodii* Rataj. C'est une petite espèce d'avant-plan, à feuilles lancéolées, de 3 à 5 cm de long sur 8 à 10 mm de large, disposées sur un pétiole fin et long. La couleur des feuilles est vert franc. Cette espèce est à planter en groupe de 10 à 20 pieds. La multiplication végétative est rapide dans de bonnes conditions de maintenance. Peu sensible à la dureté de l'eau, une température plus basse est supportée. Cette espèce peut être confondue avec *C.parva*.

E

ECHINODORUS

En milieu naturel, le genre *Echinodorus* s'étend du sud des États-Unis jusqu'en Argentine ; ces plantes sont totalement absentes en Afrique et en Asie. Une cinquantaine d'espèces ont été décrites, dont la majorité sont des espèces amphibies des marais, mais peu vivent toute l'année en position submergée. Environ trente espèces ont été importées pour l'aquariophilie. Comme pour celles du genre *Cryptocoryne*, la polymorphie foliaire est assez prononcée. Elle est fonction du mode de culture et de l'environnement. En général, ces espèces se satisfont d'une eau légèrement acide à légèrement alcaline, mi-dure, d'une température de 23 à 27 °C, et d'une intensité lumineuse moyenne.

Les *Echinodorus* sont divisés en plusieurs groupes selon leur taille. Le groupe « *Tenellii* » englobe des espèces naines, au nombre de six, avec notamment *E.tenellus*, *E.bolivianus*, ou *E.quadricostatus*. Un autre est composé par les « Plantes Épées », qui possèdent des feuilles longues et effilées, dont les plus connues sont *E.amazonicus*, *E.bleheri* et *E.parviflorus*. Enfin, le dernier groupe est composé des espèces de grande taille aux feuilles cordiformes, ovales, elliptiques. En position immergée, elles forment des feuilles aériennes qui dépassent de la surface de l'eau, ou qui sont flottantes. Il s'agit des espèces *E.cordifolius*, *E.grandiflorus*, *E.macrophyllus*, *E.scaber*.

Selon les espèces considérées, la reproduction varie. D'une manière générale, la reproduction sexuée est rare en aquarium. Par contre, la reproduction végétative s'effectue :

- par production de plantules sur la hampe florale,
- par drageons à partir du rhizome,
- par apparition de plantules sur le rhizome,
- par fractionnement du rhizome.

■ E.amazonicus

pH : 6,0-7,2	Temp. : 22-26
dGH : 3-12	Haut. d'eau : 40

Famille : *Alismataceae*.
Nom scientifique : *Echinodorus amazonicus* Rataj.
Synonyme : *E.brevipedicellatus*.
Nom commun : Amazone.
Répartition géographique : Cours inférieur de l'Amazone, Brésil.
Cette espèce est typiquement aquatique, très populaire parmi les aquariophiles. Les feuilles sont linéaires, lancéolées et atteignent une longueur de 40 cm pour 2 à 3 cm de large. Trois nervures s'étirent de la base de la feuille jusqu'à la pointe. Cette espèce est souvent confondue avec *E.bleheri* qui possède des feuilles plus larges. Cette plante peut jouer le rôle de pièce maîtresse au centre du bac. En eau dure, elle reste petite. L'intensité lumineuse sera moyenne à forte. La multiplication végétative s'obtient très facilement. En abaissant légèrement le niveau de l'eau, la hampe florale produit sur les nœuds des plantules qui sont prélevées dès qu'elles ont formé quelques racines et repiquées dans un bac de culture où le niveau de l'eau est augmenté au fur et à mesure de la croissance des jeunes plants.

E.amazonicus

■ E.bolivianus

pH : 6,0-7,0	Temp. : 20-28
dGH : 3-8	Haut. d'eau : 20

Famille : *Alismataceae*.
Nom scientifique : *Echinodorus bolivianus* (Rusby) Holm Nielsen.
Synonymes : *Alisma boliviana, E.austroamericanus*.
Nom commun : Amazone nain de Bolivie.
Répartition géographique : C'est l'espèce la plus méridionale sur le continent sud-américain. On la trouve au sud du Brésil, en Argentine, en Uruguay et sur les contreforts des Andes au Pérou.
Les spécimens importés se remarquent immédiatement par une zone rougeâtre sur le pétiole, et se différencient par là de l'espèce *E.quadricostatus var. xinguensis*. Cette espèce est une excellente plante pour avant-plan dans l'aquarium. Sa taille ne dépasse pas 12 cm, la tige est courte, les feuilles sont larges de 5 à 8 mm. En aquarium, elle est extrêmement « plastique » et s'adapte à une température de 20 à 28°C. En eau dure, la diffusion de gaz carbonique et la distribution de chélates sont impératives afin d'éviter le jaunissement puis la vitrification des feuilles. La multiplication végétative par stolons issus du rhizome est très rapide. Quelques

pieds disséminés produiront rapidement à partir de plantes filles un tapis vert clair. Lorsque cette couverture végétale sera trop dense, la croissance aura tendance à stagner. A ce moment, il convient de procéder à des arrachages réguliers. Les fleurs de couleur blanche sont disposées en couronne au sommet d'une hampe florale d'une vingtaine de centimètres de long.

E.cordifolius

pH : 6,2-7,0	Temp. : 22-28
dGH : 3-10	Haut. d'eau : 40-80

Famille : *Alismataceae.*
Nom scientifique : *Echinodorus cordifolius* (Linné) Grisebach.
Synonyme : *Echinodorus radicans.*
Nom commun : Echinodorus cordiforme.
Répartition géographique : Sud des États-Unis, Mexique.

E.cordifolius

Cette espèce amphibie peut être adaptée à la culture immergée. Dans ce cas, sa morphologie est différente de celle des plantes émergées. Le pétiole est plus court et aussi long que le limbe. La feuille est plus arrondie et possède quatre nervures de chaque côté de la nervure centrale. La base du limbe est cordiforme. Cette espèce produit de très belles feuilles immergées à condition qu'elle dispose de suffisamment d'espace et que les feuilles flottantes, montant vers la surface, soient régulièrement retirées. Lorsque la production de feuilles flottantes s'accroît, il faut réduire le nombre de feuilles du cœur à quatre ou cinq et tirer légèrement sur les pétioles pour dégager 15 à 20 cm de racines. La taille de cette plante majestueuse est de 40 à 60 cm, mais peut atteindre 1,5 m en aquaterrarium où la floraison et la production intensive de plantules adventives sur la hampe florale sont courantes. Cette dernière se prolonge horizontalement, et porte de grandes fleurs blanches autofertiles. Les plantules se développent plus rapidement en position émergée, seule les racines étant dans l'eau.

E.horizontalis

pH : 6,2-7,4	Temp. : 22-25
dGH : 3-12	Haut. d'eau : 40

Famille : *Alismataceae.*
Nom scientifique : *Echinodorus horizontalis* Rataj.
Synonymes : *E.guianensis, E.muricatus.*
Nom commun : Echinodorus horizontal.
Répartition géographique : Bassin de l'Amazone : du Pérou à Belem au Brésil, ainsi que dans les parties septentrionales de l'Amérique du Sud.
Le caractère remarquable de cette plante réside dans la position pratiquement à 90° de la feuille par rapport au pétiole. La feuille est elliptique, large de 6 à 10 cm et longue de 15 à 20 cm, avec une nervure médiane bien marquée, entourée de chaque côté par trois autres nervures. C'est une plante de taille moyenne (40 cm) qui peut être disposée au centre de bacs de 500 litres, à hauteur d'eau de 50 cm. La confusion possible avec *E.cordifolius* est évitée par la présence d'un apex prolongé et fin chez cette espèce. Elle ne produit pas de feuilles de surface. Les feuilles nouvelles sont rougeâtres et prennent leur couleur définitive par la suite. La période d'acclimatation est longue et une intensité lumineuse forte est nécessaire. Mais l'adaptation aux diverses situations physico-chimiques est excellente. En culture émergée, les feuilles ont une envergure de 30 à 40 cm, la hampe florale produit de nombreuses plantules et des fleurs blanches. Les plantules peuvent être repiquées en position immergée lorsque leurs racines sont suffisamment fortes.

E.maior

pH : 6,2-7,2	Temp. : 22-25
dGH : 3-10	Haut. d'eau : 30

Famille : *Alismataceae.*
Nom scientifique : *Echinodorus maior* (Micheli) Rataj.
Synonymes : *E.martii, E.leopoldina.*
Nom commun : Echinodorus géant.
Répartition géographique : Brésil (États de Goias, Gerais et Minas).
C'est une espèce strictement aquatique qui ne produit ni feuilles flottantes ni feuilles aériennes. Les feuilles de couleur vert clair sont longues et élancées elles s'élargissent vers l'apex. Le pétiole, parfois « tordu », donne un aspect élégant à cette plante. La taille peut atteindre 35 à 40 cm pour une largeur foliaire de 2 à 6 cm. Cette espèce supporte bien l'eau légèrement alcaline, mais pas une chaleur trop élevée (maximum : 25 °C). Une fumure artificielle au CO_2 ainsi que la distribution régulière de chélates stimulent fortement la croissance de cette espèce. Les hampes florales sont assez courantes, mais elles ne dépassent que de peu la surface de l'eau. Les plantules adventives portées par la hampe florale apparaissent sous la surface de l'eau. La multiplication végétative peut également se faire par prélèvement de boutures sur le rhizome. La reproduction sexuée est aisée ; les fleurs blanches sont autofertiles et les graines ne seront récoltées qu'après leur brunissement. Après un séchage de 2 mois environ elles sont semées sur un substrat gorgé d'eau à une température de 27 °C.

E.maior

E.osiris

pH : 6,2-7,2	Temp. : 22-25
dGH : 3-10	Haut. d'eau : 40

Famille : *Alismataceae.*
Nom scientifique : *Echinodorus osiris* Rataj.
Synonymes : *E.osiris rubra, E.aureobrunneus, E.aureobrunata.*
Nom commun : Echinodorus de Suède.
Répartition géographique : Sud du Brésil.
Cet Echinodorus des marais est très résistant. Indifférent à l'eau alcaline et mi-dure, il peut atteindre une taille de 40 à 50 cm de haut. Son feuillage abondant est

constitué par des feuilles de 30 à 40 cm de long et de 4 à 6 cm de large, fortement nervurées. Le limbe a des bords ondulés. Cette espèce, très attractive, peut prendre place dans un bac communautaire ou sud-américain. Les jeunes feuilles de la rosette centrale sont rougeâtres à brunâtres. Sous une forte intensité lumineuse, la distribution de chélates et une fumure au gaz carbonique sont impératives. Les inflorescences sont rares en aquarium ; par contre, les hampes florales produisent des plantules adventives. La multiplication végétative est également possible à partir des stolons qui apparaissent sur le rhizome. Cette espèce supporte mal la chaleur et ne convient pas pour la décoration d'un paludarium.

E.palaefolius *est quelquefois importé.*

■ *E.parviflorus*

pH : 6,2-7,2	Temp. : 22-27
dGH : 3-15	Haut. d'eau : 40

Famille : *Alismataceae.*
Nom scientifique : *Echinodorus parviflorus* Rataj.
Synonymes : *E.peruensis, E.peruense, E.tocantins.*
Noms communs : Echinodorus noir ou Amazone noir.
Répartition géographique : Incertaine ou douteuse, probablement dans la partie occidentale de l'Amérique du Sud (Pérou, versant pacifique ?).
Cette espèce, proche de *E.aschersonianus,* se caractérise par une coloration foliaire vert sombre et des nervures brun profond. Elle produit un nombre élevé de feuilles (50) sous deux formes différentes. L'une est lancéolée, l'autre plus large et plus courte, a un aspect elliptique à légèrement cordiforme. La première forme est très similaire à *E.amazonicus. E.parviflorus* est très résistante dans des conditions physico-chimiques extrêmes. Elle convient tout particulièrement dans un bac communautaire, comme pièce centrale du décor végétal. La multiplication végétative très intense est assurée par une grande production de plantules sur la hampe florale. Lorsque les plantules disposent de racines suffisantes, la hampe florale est pliée sous l'eau et fixée de son extrémité à sa partie centrale dans le substrat, sans la séparer de la plante mère. Lorsque les plantules ont pris racine dans le sol, la hampe porteuse de plantules pourra être désolidarisée de la plante mère. Mais une trop grande production de plantes filles est souvent le signe d'une mort prochaine de la plante mère.

■ *E.tenellus*

pH : 6,2-7,0	Temp. : 22-25
dGH : 3-8	Haut. d'eau : 20

Famille : *Alismataceae.*
Nom scientifique : *Echinodorus tenellus* Buchenau.
Nom commun : Echinodorus nain.
Répartition géographique : Du sud des États-Unis au sud du Brésil.
Cette espèce a été autrefois très populaire. Aujourd'hui, on lui préfère, pour garnir les avant-plans, les « Faux tenellus » *(Lilaeopsis novae-zelandiae).* Une dizaine de pieds espacés sur l'avant d'un aquarium produisent, rapidement par stolons, un tapis vert clair. Ce dernier doit, de temps en temps, être rajeuni en retirant la totalité des plantes et en sélectionnant et repiquant les pieds de taille moyenne. La croissance et la multiplication seront plus vigoureuses. La variété *parvulus* s'adapte mieux à une eau légèrement plus dure et à une intensité lumineuse moins élevée. La variété *E.t.var tenellus* présente des feuilles de 5 à 6 cm de long sur quelques millimètres de large. Cette espèce est assez sensible à une trop forte dureté carbonatée et convient plus particulièrement à un bac régional sud-américain.

EGERIA

Ce genre se distingue des Élodées par la structure des fleurs qui sont fécondées en milieu aérien par des insectes.

■ *E.densa*

pH : 6,5-7,5	Temp. : 15-23
dGH : 5-15	Haut. d'eau : 50

Famille : *Hydrocharitaceae.*
Nom scientifique : *Egeria densa* Planchon.
Synonymes : *Elodea densa, Anacharis densa, Philotria densa.*
Nom commun : Peste d'eau d'Argentine.

E.tenellus

Répartition géographique : Amérique du Sud (Argentine, Uruguay, Paraguay, Brésil) et cosmopolite.

E.densa

Cette espèce fortement ramifiée ne convient que pour les bacs d'eau tempérée jusqu'à une température de 23 °C. L'eau alcaline et dure est bien supportée mais sous un éclairage intense. Cette espèce est souvent présentée comme « un véritable épurateur », mais il vaut mieux ne pas trop compter sur elle pour l'assainissement du bac. Le volume de plantes nécessaire à l'épuration du bac serait trop important. En milieu naturel, la taille peut atteindre plus de 3 m. En aquarium, c'est dans la partie médio-latérale du bac que les tiges seront disposées en bosquet. La production de boutures latérales est très intense ; celles-ci devront être retirées régulièrement et repiquées. Les tiges mères peuvent être étêtées immédiatement au-dessus d'une amorce de bouture. La floraison est exceptionnelle en aquarium.

EICHHORNIA

Ce genre fait partie des Pontédériacées, et regroupe sept espèces tropicales ou subtropicales. Outre ce genre, la famille en comprend encore huit autres parmi lesquels on trouve : *Heteranthera, Monochoria, Reussia,* dont quelques espèces sont parfois importées pour l'aquariophilie. Les *Eichhornia* ou « jacinthes d'eau » forment des feuilles aériennes en cuillère qui offrent une forte prise au vent facilitant leur propagation. Certaines espèces sont plus particulièrement des plantes immergées comme *E.azurea* et *E.diversifolia. E.crassipes,* comme nous le verrons, ne convient qu'en aquaterrarium fortement éclairé ou en aquarium dépourvu de couvercle et équipé de lampes à décharge.

■ *E.azuera*

pH : 6,2-7,0	Temp. : 22-26
dGH : 3-10	Haut. d'eau : 40

Famille : *Pontederiaceae.*
Nom scientifique : *Eichhornia azurea* (Sw.) Kunth.
Synonyme : *Pontederia azurea.*
Nom commun : Jacinthe d'eau azur.
Répartition géographique : Parties tropicales et subtropicales de l'Amérique.
Cette plante des marais peut être maintenue en aquaterrarium où elle développe de larges feuilles en cuillère. Le pétiole est allongé et ne dispose pas de renflement spongieux comme chez *E.crassipes.* Les fleurs sont violet profond et disposées en grappe. Cette espèce doit obligatoirement passer un temps en position immergée lorsqu'elle est maintenue en aquaterrarium. Immergées dans l'aquarium, ses feuilles sont fines, effilées en ruban, avec une terminaison obtuse.

E.azurea (forme submergée)

Leur position sur la tige gracile est alterne. Leur taille peut atteindre 30 à 40 cm. Les feuilles inférieures ont tendance à pourrir. L'intensité lumineuse sera moyenne en aquarium et forte en aquaterrarium. La multiplication végétative, par fractionnement de la tige, est assez aisée. C'est une plante très attractive qui a une place toute désignée au centre du bac.

■ *E.crassipes*

pH : 6,5-7,5	Temp. : 22-30
dGH : 5-15	Plante de surface

Famille : *Pontederiaceae.*
Nom scientifique : *Eichhornia crassipes* (Martius) Solms.
Synonymes : *Pontederia crassipes, P.elongata, Eichhornia speciosa, Heteranthera formosa.*
Nom commun : Jacinthe d'eau.
Répartition géographique : Cosmopolite, la colonisation outrageuse de cette plante flottante est considérée comme un fléau sur les voies navigables dans les régions tropicales et subtropicales.

E.crassipes

E.crassipes est une plante flottante aquatique qui ne pourra être maintenue correctement dans un aquarium recouvert de verre. La place et la hauteur disponibles entravent sa croissance et son développement optimal. Les Jacinthes d'eau sont d'excellentes plantes dans de très grands bacs et aquaterrariums. Outre leur rôle décoratif, elles servent à atténuer la luminosité ambiante. Les fines racines touffues peuvent servir de refuge aux

Milieu naturel envahit par E.crassipes

alevins ou de support de ponte à proximité de la surface de l'eau. Le développement d'un renflement spongieux à la base du pétiole rend cette plante insubmersible. Les feuilles, en forme de cuillère, captent la moindre brise, la propulsant à travers le réseau hydrographique naturel. Leur taille peut atteindre 1 m de haut en milieu naturel, mais elle est sensiblement plus petite en culture. L'intensité lumineuse sera maintenue forte. Des lampes à décharge seront préférées pour fournir cette lumière. Chez cette espèce, la floraison est courante en aquaterrarium ou bassin extérieur. La multiplication végétative s'effectue par stolons à partir de la plante mère, de laquelle les jeunes plantes sont séparées lorsqu'elles atteignent 6 à 8 cm.

ELATINE

Une vingtaine d'espèces sont riveraines ou aquatiques. Quelques-unes conviennent pour la décoration des aquariums d'eau froide à tempérée. Certaines espèces forment en aquarium un tapis gazonnant. C'est le cas du poivre aquatique *Elatine hydropiper* et de *Elatine macropoda*.

■ *E.macropoda*

pH : 6,6-7,4	Temp. : 16-25
dGH : 5-15	Haut. d'eau : 20

Famille : *Elatinaceae.*
Nom scientifique : *Elatine macropoda* Gussone.
Synonyme : *Elatine fabri.*
Nom commun : Elatine à grandes racines.
Répartition géographique : Sud de la France, Espagne, Maroc, Algérie ; les stations sont en général extrêmement localisées.

Cette petite espèce rampante se développe grâce à ses stolons successifs, sous une forte luminosité. Les feuilles de 5 à 15 mm de long et de 2 à 4 mm de large sont opposées. Les racines atteignent 4 cm de long. Quelques pieds dispersés sur le substrat, en avant-plan de l'aquarium, colonisent rapidement le terrain en quelques mois. Les jeunes plantes devront être préservées des poissons et des escargots fouilleurs *(Melanoides tuberculata)* jusqu'à leur enracinement. Ces Elatines ne fleurissent pas en aquarium. Une température jusqu'à 25 °C et une eau dure sont bien supportées. Malheureusement, les espèces de ce genre ont disparu du commerce aquariophile. Elles rendaient de grands services, notamment en bac de reproduction, comme supports de ponte des poissons.

ELEOCHARIS

Il s'agit de plantes aquatiques des marais, extrêmement héliophiles, aux formes graciles et herbeuses. Le genre est représenté dans le monde entier.

■ *E.minima*

pH : 6,5-7,2	Temp. : 22-26
dGH : 3-10	Haut. d'eau : 20

Famille : *Cyperaceae.*
Nom scientifique : *Eleocharis minima.*
Synonyme : néant.
Noms communs : Herbe cheveu, Scirpe.
Répartition géographique : Cosmopolite dans les zones tropicales et subtropicales.
Sous sa forme immergée, cette plante apparaît comme une touffe d'herbe. Les feuilles de couleur vert clair sont en réalité de fines tiges dressées qui peuvent atteindre 40 à 60 cm en aquarium et 5 à 20 cm en aquaterrarium. Les conditions physico-chimiques de l'eau et la température n'ont que peu d'importance pour la culture de cette espèce. La hauteur d'eau ne doit pas dépasser 40 cm, afin de favoriser un climat lumineux intense. C'est surtout une plante de paludarium, milieu où elle fleurit volontiers. La reproduction végétative s'effectue par production de stolons courts. Lorsque la touffe est trop dense, celle-ci peut être divisée.

E.vivipara

E.vivipara

pH : 6,5-7,2	Temp. : 20-25
dGH : 3-8	Haut. d'eau : 30

Famille : *Cyperaceae.*
Nom scientifique : *Eleocharis vivipara* Link
Synonyme : *Eleocharis prolifera.*
Nom commun : Eleocharis vivipare.
Répartition géographique : Sud des États-Unis.
Cette plante à racines courtes possède des tiges allongées et fines de 40 à 60 cm de long et de 5 mm de diamètre. En eau douce et sous une intensité lumineuse moyenne, cette espèce trouve les conditions optimales à son développement. En groupes isolés et entourés d'autres espèces de petites tailles, l'effet esthétique est particulièrement réussi. La reproduction végétative s'effectue par prélèvement des plantules adventives qui sont repiquées dans le substrat. Celles-ci devront trouver suffisamment d'espace, jusqu'à ce qu'elles atteignent 15 à 20 cm.

F

FONTINALIS

Ce genre appartient à la famille des mousses de fontaine *(Fontinalaceae)* qui regroupe au total une soixantaine d'espèces. Ce sont principalement des mousses aquatiques originaires des régions froides ou d'altitude. Seule *F.antipyretica,* parfois confondue avec *F.hypnoides,* était jusqu'à présent offerte en aquariophilie.
Elle a été détrônée par la Mousse de Bogor, en provenance du Sud-Est asiatique, qui est mieux adaptée à l'aquarium d'eau chaude.

F.antipyretica

pH : 6,2-7,5	Temp. : 0-20
dGH : 3-15	Haut. d'eau : 10

Famille : *Cyperaceae.*
Nom scientifique : *Fontinalis antipyretica* Linné.
Synonymes : *Hypnum antipyreticum, Fontinalis trifaria, Pilotrichum antipyreticum.*
Répartition géographique : Europe, Asie, Amérique du Nord, Algérie.

F.antipyretica

Cette mousse a rendu d'innombrables services dans les bacs de reproduction. Malheureusement, elle supporte mal une température supérieure à 20 °C. Plusieurs formes ont été décrites selon les caractéristiques physiques et thermiques de l'endroit de la récolte. Les feuilles sont insérées directement autour de la tige, et elles se couvrent mutuellement comme des écailles. Cette espèce convient plus particulièrement à l'aquarium d'eau froide, encore que les espèces rhéophiles comme *F.gracilis* et *F.tenuis* soient beaucoup plus difficiles à maintenir. Les formes originaires des eaux stagnantes, comme *F.vulgaris* et *F.gigantea,* résistent mieux à la chaleur. La forme vulgaire possède des feuilles de forme ovoïde de 4 à 6 mm de long, et de 3 à 4 mm de large. Elles sont vert foncé à brunâtres. Au toucher, cette mousse est rêche, ce qui permet de la reconnaître facilement. L'eau douce et acide ne lui convient pas. En eau dure, cette espèce se reproduit rapidement et peut garnir une souche ou une roche.

G

GYMNOCORONIS

Ce genre, qui appartient à la famille des Astéracées *(= Compositae)* comporte 50 000 espèces dont la marguerite, le chrysanthème et le pissenlit. Une seule espèce du genre, *G.spilanthoides,* à partir des années 60, a été importée pour l'aquariophilie.

G.spilantoides

pH : 6,5-7,5	Temp. : 20-26
dGH : 5-15	Haut. d'eau : 40

Famille : *Asteraceae.*
Nom scientifique : *Gymnocoronis spilanthoides* de Candolle.
Synonyme : néant.
Nom commun : Faux Hygrophile.
Répartition géographique : Zones tropicales de l'Amérique du Sud.

G.spilantoides

La confusion avec les Hygrophiles a valu son nom commun à cette espèce. Les feuilles sont elliptiques à lancéolées, leur bord est légèrement cranté, à la différence de celui des Hygrophiles chez lesquels il est lisse. Les feuilles, de couleur vert foncé, sont opposées. La tige produit de nombreuses racines adventives. La croissance extrêmement rapide de cette plante se manifeste par une augmentation sensible de la longueur de l'entrenœud. Elle nécessite un espace assez important vers le haut (une hauteur d'eau de 40 cm constitue un minimum). Dans les bacs à faible hauteur d'eau, le raccourcissement des tiges s'impose trop souvent, ce qui est parfois préjudiciable. La forte croissance peut être freinée par un abaissement de la température (23 °C) et par une augmentation de l'intensité lumineuse. La résistance à l'eau dure et alcaline est extrême ; seule une température supérieure à 26 °C aura tendance à étirer les tiges. Cette espèce peut être facilement cultivée en aquaterrarium et par la suite en bassin de jardin. Ainsi, lorsque la plante émerge de la surface, une bouture aérienne est prélevée et transplantée en aquaterrarium. Après un mois de transition pour accoutumer les feuilles aériennes à la « sécheresse » inhabituelle, les plantes pourront occuper la rive d'un bassin de jardin ou même un rebord de balcon, à condition de maintenir les plants dans l'eau.

H

HEMIANTHUS

Les points de vue et opinions des botanistes divergent sur la position systématique des espèces des genres *Hemianthus* et *Micranthemum*. Au total, une dizaine d'espèces ont été décrites ; seules quatre espèces sont reconnues, mais depuis 1974 elles sont à nouveau séparées en deux genres distincts. Ce sont principalement des espèces amphibies des marais, originaires du sud-est des États-Unis, des grandes îles des Caraïbes et des zones tropicales américaines.

■ *H.micranthemoides*

pH : 6,2-7,0	Temp. : 22-27
dGH : 2-10	Haut. d'eau : 40

Famille : *Scrofulariaceae.*
Nom scientifique : *Hemianthus micranthemoides* Nuttall.
Synonyme : *Micranthemum micranthemoides.*
Nom commun : néant.
Répartition géographique : Sud-est des États-Unis et Cuba.
Pour déterminer correctement cette espèce, la culture et la floraison en milieu aérien sont nécessaires. Cultivée sous l'eau, c'est une plante gracile à tige fine autour de laquelle les petites feuilles sont verticillées par trois. Souvent, en aquarium, apparaissent quatre feuilles autour de la tige, et l'on pourrait croire qu'il s'agit d'une espèce différente. Cette plante est assez fragile, les tiges sont cassantes et les escargots comme les produits chimiques (algicides) lui sont néfastes. La dureté carbonatée de l'eau ne devra pas dépasser 10 dGH. Elle trouve tout naturellement sa place en bac hollandais sous une forte intensité lumineuse, plantée en groupes compacts. La multiplication végétative s'effectue par bouturage en repiquant les boutures latérales.

HETERANTHERA

Ce genre, qui comporte une dizaine d'espèces, appartient à la famille des Pontédériacées. Ces plantes s'adaptent admirablement à l'eau dure sous une lumière intense. Elles produisent des feuilles flottantes mais ne conviennent pas en paludarium où elles restent chétives. Ce sont principalement des plantes de marais et d'eau stagnante, de faible profondeur.

■ *H.dubia*

pH : 6,5-7,5	Temp. : 22-27
dGH : 5-15	Haut. d'eau : 40

Famille : *Pontederiaceae.*
Nom scientifique : *Heteranthera dubia* (Jacquin) Mac Millian.
Synonymes : *Schollera graminea, S.graminifolia, Heteranthera graminea, Zosterella dubia.*
Nom commun : Hétéranthère à fleur jaune.
Répartition géographique : Sud des États-Unis, Mexique et Cuba.
La tige peut atteindre 70 à 80 cm de long et pourra servir d'écran le long de la glace arrière en l'absence d'un décor artificiel. Les feuilles proprement dites sont plus petites, une dizaine de centimètres, de couleur vert clair à vert foncé. En eau dure, une diffusion de CO_2 et un apport de chélates sont nécessaires pour maintenir correctement cette plante. La reproduction sexuée, bien que difficile, peut être réussie en abaissant le niveau de l'eau dans le bac. Quant à la multiplication végétative, elle se fait par boutures, en coupant celles-ci sous un nœud producteur de racines adventives ou en disposant la plante à plat sur le substrat. Dans ce dernier cas, la tige produira des racines en différents endroits.

■ *H.reniformis*

pH : 6,5-7,4	Temp. : 22-25
dGH : 5-15	Haut. d'eau : 30

Famille : *Pontederiaceae.*
Nom scientifique : *Heteranthera reniformis* Ruiz et Pavon.
Synonymes : *Heteranthera acuta, H.pubescens, Leptanthus reniformis.*
Nom commun : Hétéranthère réniforme.
Répartition géographique : Du sud des États-Unis à l'Argentine ; introduite aux Antilles.
Les feuilles cordiformes à ovales sont en général disposées sur une tige rampante sur laquelle des racines adventives apparaissent. Cette plante est adaptée à une eau dure. La lumière sera intense. La taille moyenne est de 20 cm. La floraison est possible en aquaterrarium ; cependant, la maturation des graines semble problématique. La reproduction végétative, assez intense pendant quelques mois, se fait par production de stolons.

H.reniformis

■ H.zosterifolia

pH : 6,2-7,0	Temp. : 22-26
dGH : 3-10	Haut. d'eau : 22-25

Famille : *Pontederiaceae.*
Nom scientifique : *Heteranthera zosterifolia* Martius.
Synonyme : *Heteranthera zosteraefolia.*
Nom commun : Hétéranthère à feuilles de zostère.
Répartition géographique : Amérique du Sud.

H.zosterifolia

C'est une espèce très touffue qui, en groupe, pourra garnir l'arrière-plan et les côtés de l'aquarium. La tige gracile porte des feuilles en position alterne et distique. Elles sont de forme linéaire et élancée, longues de 3 à 5 cm et larges de 5 mm. La taille de cette plante peut atteindre 50 à 60 cm. La croissance est très rapide et impose des bouturages fréquents. En atteignant la surface, la plante fleurit et de nombreuses boutures latérales apparaissent, lesquelles devront être repiquées dans le substrat. La culture de cette espèce ne pose aucun problème, elle s'adapte dans tous les bacs et plus particulièrement en bac hollandais, où elle occupera l'arrière-plan sous une luminosité assez forte. Avant de repiquer les boutures, il importe de les laisser flotter quelques jours à la surface du bac. La tige florale apparaît à une aisselle foliaire, près de la surface de l'eau ; elle porte deux fleurs de couleur bleu clair à taches jaunes qui s'épanouissent l'une après l'autre.

HOTTONIA

Les Hottonies, comme les Soucis d'eau *(Lysimachia)* et les Samoles, appartiennent à la famille des Primulacées. Elles sont plus particulièrement réparties dans les régions froides à tempérées de l'hémisphère Nord. Les feuilles sont remarquablement découpées, alternes ou en rosettes.

■ H.inflata

pH : 6,5-7,0	Temp. : 12-20
dGH : 5-15	Haut. d'eau : 30

Famille : *Primulaceae.*
Nom scientifique : *Hottonia inflata* Linné.
Synonyme : Certains botanistes émettent l'hypothèse d'une erreur de détermination, et donnent le nom *Proserpinica pectinata* à cette plante.
Noms communs : Hottonie enflée, Millefeuille aquatique.
Répartition géographique : Sud-est des États-Unis, Venezuela.

H.inflata

Cette plante ressemble à un Myriophylle grossier, d'où son second nom commun. La tige est épaisse (enflure de l'espace entre les nœuds) et porte des feuilles fortement découpées. La finesse de ces dernières dépend de l'intensité lumineuse. La coloration de la face supérieure de la feuille est vert franc, la face inférieure possédant des reflets argentés. Cette espèce sera plantée en groupe compact. La hauteur de la plante doit être maintenue dans la limite de 30 cm en pinçant l'extrémité de la tige, sans quoi sa partie inférieure aura tendance à se dénuder. La multiplication sexuée est difficile, voire impossible en aquarium. Pour la reproduction végétative, les boutures sont choisies en les coupant à la hauteur d'un nœud disposant de racines adventives.

■ H.palustris

pH : 6,5-7,5	Temp. : 12-20
dGH : 5-15	Haut. d'eau : 40

Famille : *Primulaceae.*
Nom scientifique : *Hottonia palustris* Linné.
Synonymes : *Hottonia millefolium, Breviglandium palustre.*
Nom commun : Hottonie palustre.
Répartition géographique : Europe, Sibérie.
Cette espèce se cultive uniquement en aquarium ou paladarium tempéré, doté d'un éclairage intense. La tige et les feuilles sont extrêmement fragiles. Sous un éclairage intense, les feuilles sont finement divisées en 10 à 40 segments foliaires. Sa taille peut dépasser 1 m et la tige florale atteint plus de 40 cm, dépassant largement la surface de l'eau. Les fleurs sont rosâtres à fond jaunâtre. Leur nombre est de 3 à 6 par tige. Cette plante convient plus particulièrement au bac d'eau froide et au bassin de jardin, où la reproduction sexuée est possible. Il est également possible de la reproduire par boutures.

HYDROCHARIS

Le genre *Hydrocharis* appartient à la famille des Hydrocharitacées, qui regroupe à la fois des espèces flottantes et immergées. Ce genre, pour sa part, réunit des plantes à feuilles flottantes qui rappellent un peu celles des Nénuphars.

■ H.morsus-ranae

pH : 6,5-7,5	Temp. : 10-20
dGH : 5-15	Plante de surface

Famille : *Hydrocharitaceae.*
Nom scientifique : *Hydrocharis morsus-ranae* Linné.
Synonymes : *Hycrocharis asarifolia, H.batrachyodegma, H.cellulosa, H. cordifolia, H. rotundifolia.*
Nom commun : Herbe aux grenouilles. Ce nom est dû au fait que les grenouilles mordent les feuilles flottantes lorsque les insectes s'y posent.
Répartition géographique : Cosmopolite, sauf en Amérique où toutefois elle a été introduite par erreur au Canada en 1932, colonisant le cours inférieur de l'Ottawa River jusqu'à Québec.
Cette plante est extrêmement résistante. Les feuilles cordiformes, de couleur vert brillant, sont disposées à la surface de l'eau. Des nœuds de la tige, qui est horizontale, partent des racines finement divisées. En aquarium d'eau froide ou tempérée, la lumière doit être intense, sinon les feuilles restent naines. La floraison ne pourra être espérée qu'en bassin de jardin. Cette plante « flottante » nécessite un repos annuel en aquarium ; on abaisse alors la température et on diminue l'intensité lumineuse.

H.morsus-ranae

HYDROCOTYLE

Les Hydrocotyles ou Écuelles d'eau appartiennent à la famille des Apiacées (= Ombellifères), tout comme la carotte ou le persil. Une centaine d'espèces sont regroupées dans ce genre, mais seules trois à quatre espèces sont cultivées en aquarium. Deux sont originaires d'Amérique (*H.leucopetala* et *H.verticillata*). Pour sa part, *H.vulgaris* est originaire de l'Europe et de l'Afrique du Nord. Ces espèces supportent bien la chaleur et sont indifférentes à la qualité de l'eau.

■ H.leucopetala

pH : 6,2-7,0	Temp. : 22-28
dGH : 3-10	Haut. d'eau : 30

H.leucopetala

Famille : *Apiaceae.*
Nom scientifique : *Hydrocotyle leucopetala* Chamisso et Schlechtendahl.
Synonyme : *Hydrocotyle leucocephala.*
Nom commun : Hydrocotyle à pétales blancs.
Répartition géographique : Amérique du Sud (Brésil).
Les feuilles réniformes, la couleur vert frais, et la grande adaptation de cette espèce à toutes les situations aquatiques font de cette plante l'une des plus attractives pour l'aquariophilie. Elle pourra remplir plusieurs fonctions, comme plante flottante, en la laissant se déplier à la surface, comme plante verticale, en la fixant dans le substrat à une extrémité, ou comme plante de fond, en lestant à intervalles réguliers la tige à l'aide de petits galets. La croissance rapide de cette plante devra être freinée en écourtant régulièrement les tiges. En surface, les plantes superflues devront être régulièrement éliminées. La lumière sera particulièrement intense pour satisfaire cette espèce. La reproduction sexuée est possible en aquarium ; cependant, la multiplication par boutures est aisée. Elle peut également être maintenue en paludarium où elle fleurit couramment.

■ H.vulgaris

pH : 6,5-7,5	Temp. : 15-30
dGH : 5-15	Haut. d'eau : 40

Famille : *Apiaceae.*
Nom scientifique : *Hydrocotyle vulgaris* Linné.
Synonyme : néant.
Nom commun : Écuelle d'eau.
Répartition géographique : Europe, Corse, Sicile, Crète, Algérie.
Les feuilles de cette espèce d'eau froide sont rondes. La plante atteint une taille de 40 à 100 cm de long. Selon l'intensité lumineuse fournie, l'espace entre les nœuds peut atteindre de 4 à 10 cm. Lors-

que la hauteur d'eau est supérieure à 40 cm, les feuilles immergées présentent une tendance au nanisme ; les feuilles flottantes se développent normalement pour atteindre une taille de 4 cm de diamètre. La chaleur est parfaitement supportée, malgré l'origine géographique de la plante, mais la luminosité doit dans ce cas être très intense. Cette espèce est aussi cultivable en aquaterrarium ou en paludarium.

H.verticillata *est aussi couramment importée pour l'aquariophilie.*

HYGROPHILA

Le genre *Hygrophila,* appartenant à la famille des Acanthacées, regroupe de 80 à 90 espèces dont plusieurs ne sont pas clairement déterminées. Certaines d'entre elles possèdent des variétés, et au total 18 formes différentes sont connues. Les espèces à feuilles brunâtres ou rouges ne sont pas encore décrites. Bien que cosmopolite, le genre est principalement représenté par de nombreuses espèces asiatiques.

■ H.corymbosa

pH : 6,2-7,2	Temp. : 22-27
dGH : 3-15	Haut. d'eau : 30

Famille : *Acanthaceae.*
Nom scientifique : *Hygrophila corymbosa* (Blume) Lindau.

H.corymbosa

Synonyme : *Nomaphila stricta.*
Noms communs : Hygrophile, Stricta.
Répartition géographique : Inde, Malaisie, Indonésie.
C'est certainement l'une des plantes aquatiques les plus populaires chez les aquariophiles. Sa croissance est rapide et ses facultés d'adaptation sont grandes. Elle pourra être utilisée en tant que plante de groupe ou plante solitaire. La tige brunâtre porte des feuilles lancéolées, opposées, de 8 à 12 cm de long et de 3 à 5 cm de large. Toutes les qualités physico-chimiques sont « supportées » ; cependant, un pH inférieur à 6,0 provoque l'apparition du nanisme des feuilles et des taches brunâtres. C'est une excellente plante pour l'arrière-plan et les côtés du bac. Les pieds devront être régulièrement écourtés et repiqués. La multiplication végétative s'effectue à partir de boutures, qui sont obtenues en coupant la tête de la plante. Les boutures apparaissent latéralement sur la tige qui atteint une vingtaine de centimètres.

■ H.difformis

pH : 6,2-7,2	Temp. : 22-27
dGH : 3-15	Haut. d'eau : 30

Famille : *Acanthaceae.*
Nom scientifique : *Hygrophila difformis* (Linné) Blume.
Synonymes : *Synnema triflorum, Cardanthera triflora, Ruella triflora.*
Noms communs : Hygrophile des Indes, Synnema, Fausse fougère.
Répartition géographique : Birmanie, Thaïlande, Malaisie.
Cette plante de rizière a longtemps « échappé » aux aquariophiles. Les feuilles immergées sont finement dentelées et de couleur vert pâle. Cette espèce peut être disposée en bosquet au centre d'un bac où la hauteur d'eau est élevée (plus de 40 cm). Elle doit être maintenue à une température supérieure à 24 °C, sinon les feuilles restent naines et grossières. Les conditions physico-chimiques n'ont guère d'importance, mais la luminosité doit être plus intense que pour les autres espèces du genre. Lorsque la lumière est insuffisante, la partie inférieure de la tige se dénude, la longueur des entre-nœuds augmente et les feuilles sont moins divisées. La multiplication végétative s'effectue à partir des boutures latérales. Les feuilles émergées sont pour leur part vert foncé, et la fleur est violet foncé.

■ H.polysperma

pH : 6,5-7,5	Temp. : 16-30
dGH : 5-15	Haut. d'eau : 35-40

Famille : *Acanthaceae.*
Nom scientifique : *Hygrophila polysperma* Anders.
Synonymes : *Justica polysperma, Hemiadelphis polysperma.*
Nom commun : néant.
Répartition géographique : Inde.
C'est certainement l'une des plantes les plus faciles à tenir en aquarium. Elle s'accomode de presque toutes les duretés de l'eau et supporte des températures comprises entre 16 et 30 °C. Les feuilles lancéolées de 5 cm sur 1 cm possèdent un pétiole assez court ; leur couleur est vert tendre avec des reflets brunâtres. Quelques pieds dispersés sur une petite surface formeront rapidement un bosquet dense par la production de tiges latérales. Ces plantes devront être régulièrement raccourcies et le bosquet dense « rafraîchi » de temps à autre. Ces plantes à tiges, à croissance rapide, conviendront tout particulièrement pour former un rideau végétal dense à l'arrière-plan de l'aquarium. L'espèce ne peut être déterminée avec certitude qu'à partir de la fleur apparaissant à l'aisselle des feuilles

H.difformis

aériennes. La reproduction végétative s'effectue à partir des boutures. Cette plante a tendance à acidifier l'eau de l'aquarium.

■ *H.salicifolia*

pH : 6,2-7,2	Temp. : 22-25
dGH : 3-10	Haut. d'eau : 40

Famille : *Acanthaceae.*
Nom scientifique : *Hygrophila salicifolia* (Vahl) Nees.
Synonymes : *Ruellia salicifolia, Hygrophila angustifolia, H.assurgens, H.ciliaris, H.dimidiata, H.malabarica, H.obovata, H.radicans, H. stricta* (non Vahl).
Nom commun : Feuille de saule aquatique.
Répartition géographique : Sud de la Chine jusqu'à Sri Lanka (Ceylan), Australie, Nouvelle-Zélande.
Cette espèce a longtemps été connue sous l'un de ses nombreux synonymes : *H.angustifolia.* Ce nombre élevé de synonymes est dû à la vaste répartition géographique de l'espèce et à sa grande polymorphie. Les feuilles opposées sont particulièrement élancées, elles atteignent de 10 à 20 cm de long pour seulement 1 à 2 cm de large, elles disposent d'un pétiole très court, elles sont bien souvent arquées vers le haut. Les jeunes feuilles, de couleur rougeâtre, sont couvertes d'un léger duvet ; celles plus âgées sont vert foncé. Sous un éclairage intense, cette coloration pourra devenir brunâtre. La nervure centrale est rougeâtre sur la face supérieure. Cette espèce peut atteindre une taille de 80 à 100 cm de haut. La tige de la forme émergée est de section légèrement carrée. Sous une faible luminosité, et soumis à une température élevée (plus de 25 °C), la longueur de l'entre-nœud augmente considérablement, retirant tout l'effet décoratif à cette plante. Il ne convient pas de planter cette espèce en groupe, mais plutôt en solitaire, au centre du bac, comme une plante attractive. Elle pourra être introduite en aquaterrarium, où les feuilles aériennes présenteront une forme arquée. Les fleurs, pourpres, apparaissent en couronne à l'aisselle des feuilles aériennes. La reproduction végétative s'effectue par bouturage.

H.polysperma

I

ISOETES

Près de 80 espèces sont regroupées dans ce genre cosmopolite. Ces fougères sont amphibies, terrestres ou aquatiques. Celles originaires de régions froides supportent assez bien des températures supérieures à 20 °C. Les espèces des régions tropicales sont rarement importées pour l'aquariophilie.

■ *I.lacustris*

pH : 6,2-6,8	Temp. : 10-22
dGH : 3-8	Haut. d'eau : 30

Famille : *Isoetaceae.*
Nom scientifique : *Isoetes lacustris* Linné.
Synonymes : *Isoetes macrospora, I.atrovirens, I.morei.*
Nom commun : Isoète des lacs.
Répartition géographique : Europe, ouest de la Sibérie, Amérique du Nord.
Cette fougère ressemble assez aux Acores. Les feuilles partent toutes d'une tige courte et comprimée. Leur nombre varie suivant l'âge de la plante, et une plante âgée de 3-4 ans pourra compter jusqu'à 30 feuilles. Celles-ci sont fines et élancées et peuvent atteindre une taille de 30 cm. Elles sont dotées de quatre canaux aérifères. Trois formes sont connues, l'une à feuilles courbées *var.curvifolia,* la seconde à feuilles droites *var.rectifolia,* et la dernière *var.morei,* localisée en Irlande. Les feuilles d'*I.lacustris* sont vert foncé et très fragiles. Les manipulations devront donc se limiter au strict minimum. Pour sa culture cette fougère demande une eau douce et un emplacement ombragé dans le bac. La température pourra s'élever jusqu'à 22 °C. La reproduction s'effectue par prélèvement d'une feuille sur laquelle sont fixées des sporanges mûrs de couleur noire qui pourront être semés sur de la tourbe humide.

L

LAGAROSIPHON

Ce genre regroupe une quinzaine d'espèces : les Élodées d'Afrique et de Madagascar. Ce sont d'authentiques plantes aquatiques chez lesquelles les feuilles sont disposées en spirale autour de la tige. L'espèce la plus connue est *L.major,* mais de temps à autre apparaissent dans le commerce *L.cordofanus* de l'Est africain et *L.madagascariensis.*

■ *L.major*

pH : 6,8-7,4	Temp. : 18-23
dGH : 5-15	Haut. d'eau : 40

Famille : *Hydrocharitaceae.*
Nom scientifique : *Lagarosiphon major* (Ridley) Moss.
Synonymes : *L.muscoides var.major, Elodea crispa.*
Nom commun : Élodée d'Afrique.
Répartition géographique : Afrique du Sud ; naturalisée en Europe.
Cette espèce convient surtout pour les bacs d'eau tempérée et dure. Les fines feuilles sont disposées en spirale autour de la tige ; leur taille est de 1 à 2 cm de long sur 2 à 3 mm de large. Elles sont enroulées sur elles-mêmes vers le bas et elles sont légèrement dentelées sur le bord. La forme particulière de cette plante occasionne une certaine difficulté à l'intégrer dans la décoration d'ensemble d'un aquarium. A une température supérieure à 22 °C, la croissance est fortement ralentie et les feuilles ont une nette tendance au nanisme. Une forte luminosité sous une faible hauteur d'eau est recommandée pour une culture optimale de cette plante. La reproduction végétative s'effectue par boutures.

LAGENANDRA

Les espèces de ce genre sont très proches de celles du genre *Cryptocoryne* dont elles diffèrent, tout de même, par la morphologie florale et foliaire. La répartition géographique se limite au Sri Lanka et la partie sud-ouest de l'Inde. Le genre comprend 12 espèces dont quelques-unes peuvent être maintenues immergées en aquarium. Mais ce genre compte plus particulièrement des espèces palustres et amphibies. Une espèce est très toxique *(L.toxicaria)* et il n'est pas exclu que d'autres le soient également, tout au moins leur rhizome. Il est donc prudent de ne pas cultiver ces espèces dans des bacs de faible contenance et d'éviter les blessures du rhizome et des pétioles.

■ *L.koenigii*

pH : 6,4-6,8	Temp. : 25
dGH : 3-8	Haut. d'eau : 50

Famille : *Araceae.*
Nom scientifique : *Lagenandra koenigii* (Schott) Thwaites.
Synonyme : *Cryptocoryne koenigii.*
Nom commun : Lagénandre royale.
Répartition géographique : Sri Lanka, sud de l'Inde.
Cette espèce convient plus particulièrement pour un paludarium humide ou un aquaterrarium où la plante aura le pied dans l'eau. Les feuilles sont vert foncé, longues et étroites. La taille atteint 40 à 50 cm de haut et les feuilles de 10 à 15 cm de long. Sa tenue en aquarium est assez difficile, elle ne fleurit qu'en milieu aérien en produisant une spathe. L'eau et le milieu de culture seront légèrement acides. La luminosité sera d'intensité moyenne.

L.koenigii

■ *L.lancifolia*

pH : 6,4-6,9	Temp. : 25-28
dGH : 3-10	Haut. d'eau : 50

Famille : *Araceae.*
Nom scientifique : *Lagenandra lancifolia* (Schott) Thwaites.
Synonymes : *Cryptocoryne lancifolia, Arum minutum.*
Nom commun : Lagénandre fer de lance.
Répartition géographique : Endémique de l'île de Sri Lanka.
Cette plante palustre peut atteindre 50 cm en position immergée. Les feuilles sont lancéolées, vert foncé longues de 5 à 7 cm sur un pétiole assez conséquent, qui prend naissance directement sur le rhizome. Cette espèce est facilement confondue avec certaines espèces du genre *Cryptocoryne.* Il est préférable de cultiver cette plante en pot de terre cuite, ce qui permet de la changer plus facilement de milieu en la transférant de l'aquarium au paludarium et vice-versa. Ces changements de milieu devront se faire progressivement en abaissant ou élevant le niveau de l'eau. Cette dernière sera acide et douce. Cette espèce craint les rayons solaires directs, et sous une trop forte intensité lumineuse, les feuilles prennent une teinte rougeâtre s'accompagnant d'une diminution de leur taille. En culture directe dans le substrat d'un paludarium, cette espèce apprécie particulièrement la chaleur du câble chauffant dans le substrat. La floraison n'a lieu qu'en paludarium. La multiplication végétative s'effectue par production de stolons et de drageons à partir du rhizome. Ce dernier peut également être fractionné car les fragments de rhizome produisent des plantules. Ce mode de reproduction devra se faire dans un bac spécifique, car cette espèce est suspectée de diffuser une substance toxique.

■ *L.ovata*

pH : 6,4-6,8	Temp. : 25-28
dGH : 3-8	Haut. d'eau : 40

Famille : *Araceae.*
Nom scientifique : *Lagenandra ovata* (Linné) Thwaites.
Synonymes : *Arum ovatum, Caladium ovatum, Cryptocoryne ovata.*
Nom commun : Lagénandre à spathe ovoïde.
Répartition géographique : Sri Lanka, ouest de l'Inde.

Cette plante palustre au rhizome épais de 5 cm est très résistante. La taille de la plante atteint 1 m en paludarium. En position immergée, les feuilles atteignent 20 à 40 cm de long et 7 à 12 cm de large. Le bord de la feuille, de forme lancéolée à ovale, est légèrement ondulé. La couleur de la feuille est vert franc à vert foncé avec parfois des tons brun rougeâtre sur la face supérieure ; la face inférieure est toujours plus claire. La nervure centrale atteint 7 mm de large, de nombreuses nervures s'en séparent et partent en oblique, dans l'ensemble de la feuille. En aquarium, seules les premières feuilles sont intéressantes. Lorsque la vigueur augmente, les nouvelles feuilles atteignent rapidement la surface et la dépassent. Le pétiole des feuilles est protégé par une gaine sur environ un tiers de la longueur. Cette plante se reproduit spontanément par stolons, mais peut également être multipliée par fractionnement du rhizome. Ce dernier est particulièrement toxique et il convient d'effectuer cette culture en bac spécial. La floraison pourra être obtenue en aquaterrarium ou paludarium. Mais la fructification ne sera pas toujours très évidente à obtenir.

■ *L.thwaitesii*

pH : 6,4-6,8	Temp. : 24-26
dGH : 3-8	Haut. d'eau : 50

Famille : *Araceae.*
Nom scientifique : *Lagenandra thwaitesii* Engler.
Synonyme : néant.
Nom commun : Lagénandre de Thwaites.
Répartition géographique : Sri Lanka.

L.thwaitesii

Cette espèce convient plus particulièrement pour le paludarium humide. Deux formes foliaires sont connues. L'une à feuilles élancées, à bord crispé, l'autre à feuilles ovales, légèrement ondulées ; les deux formes possèdent une bordure argentée. Le pétiole est rougeâtre, aussi long que la feuille. En paludarium, cette Lagénandre, particulièrement sensible au dessèchement, peut atteindre une taille de 45 cm. En aquarium, la taille est réduite de moitié. La lumière pourra être sensiblement atténuée sans toutefois placer cette plante à l'ombre.
En règle générale, les Lagénandres diffèrent des Cryptocorynes d'une part par la structure de la fleur, mais surtout par un détail de la feuille. Chez *Lagenandra,* les bords inférieurs de la feuille atteignent la nervure centrale sur la tige, ce qui n'est pas le cas chez *Cryptocoryne.* A noter que ces deux genres font partie de la même famille.

LEMNA

La famille des Lentilles aquatiques, les Lemnacées, comprend six genres qui regroupent une trentaine d'espèces, réparties dans le monde entier. Le genre *Lemna* est cosmopolite et compte neuf espèces. Contrairement aux espèces exotiques des genres *Wolffiella, Wolffiopsis* ou *Pseudowolffia,* les Lentilles sont souvent des « squatters » indésirables introduits par accident dans le bac avec des plantes ou de la nourriture vivante, issues des mares. Il est toujours difficile de s'en débarrasser et ces plantes flottantes deviennent vite encombrantes. Cependant, elles peuvent rendre d'innombrables services, soit pour atténuer la lumière, soit pour offrir un refuge aux alevins des poissons de surface. Les poissons végétariens les apprécient et les consomment avidement. La reproduction s'effectue principalement par production de « disques » filles.

■ *L.gibba*

pH : 6,4-7,5	Temp. : 5-30
dGH : 3-15	Haut. d'eau : 5

Famille : *Lemnaceae.*
Nom scientifique : *Lemna gibba* Linné.
Synonymes : *Lemna trichorrhiza, Telmatophace gibba, Lenticula gibba.*
Nom commun : Lentille bossue.
Répartition géographique : Europe, Asie, Amérique.
Plante flottante, à corps arrondi, ovale ou ovoïde, dont la partie inférieure est fortement bombée. La face supérieure est vert foncé et brillante. La taille est comprise entre 2 et 5 cm. Cette espèce ne dispose que d'une seule racine. Lorsqu'elle est désirée, la culture n'est pas difficile. La luminosité sera intense et le milieu aérien maintenu humide, sous le couvercle de l'aquarium. Cette espèce est très difficile à différencier de l'espèce *L.minor* en culture. Les qualités physicochimiques n'ont guère d'importance et il semble qu'un taux de nitrates élevé favorise le développement de ces Lentilles bossues. La floraison est assez rare en aquarium bien que cette espèce soit encore celle qui fleurisse le plus facilement.

■ *L.minor*

pH : 6,4-7,2	Temp. : 5-30
dGH : 3-15	Haut. d'eau : 5

Famille : *Lemnaceae.*
Nom scientifique : *Lemna minor* Linné.
Synonymes : *Lemna minuta, L.cyclostasa, Lenticula vulgaris.*
Nom commun : Lentille mineure.
Répartition géographique : Espèce cos-

L.minor

Étang envahi par L.minor.

mopolite, toutefois absente dans les parties arctiques et antarctiques du globe.

C'est l'espèce la plus répandue dans les aquariums. Elle se reproduit de façon explosive ; quelques plantes couvriront rapidement toute la surface de l'eau. Lorsque le bac est planté, il importe d'éliminer une grande quantité de Lentilles afin de préserver une quantité suffisante de lumière pour les plantes immergées. La plante présente une coloration vert clair et le « disque » offre une surface plane, à la face inférieure, contrairement à *L.gibba.*

Plusieurs variétés d'eau froide sont connues comme *var.latiuscula* à lobe plus grand, lancéolé de couleur vert foncé et *var.leptophylla* à lobe vert foncé, ovale et translucide.

■ L.trisulca

pH : 6,4-7,5	Temp. : 15-28
dGH : 3-15	Haut. d'eau : 5

Famille : *Lemnaceae.*
Nom scientifique : *Lemna trisulca* Linné.
Synonymes : *Lemna cruciata, Lenticula trisulca.*
Nom commun : Lentille trilobée.
Répartition géographique : Cosmopolite, mais absente en Afrique.

Cette lentille d'eau se distingue des autres espèces car elle peut être maintenue sous la surface de l'eau. Elle se reproduit en un fouillis végétal où plusieurs générations de lentilles sont reliées entre elles. Les petites « feuilles » mesurent 10 à 12 mm et s'amincissent en une tige reliant un autre individu. Sa reproduction est plus lente que pour les autres espèces. La température optimale est de 22 °C sous un éclairage moins intense, cependant elle supporte jusqu'à 28 °C avec toutefois un apport de lumière supplémentaire. Cette plante est la bienvenue en bac de reproduction ou de croissance des petits alevins. Elle peut également servir de tapis décoratif sous la surface de l'eau dans le tiers supérieur de l'aquarium, puisqu'elle ne flotte pas en surface.

LILAEOPSIS

Le genre regroupe 18 espèces des néotropiques, d'Australie et de Nouvelle-Zélande. Ce sont des plantes gazonnantes des marais ou terrestres, mais quelques-unes sont partiellement ou totalement immergées. Malheureusement, la détermination des diverses espèces couramment importées de Nouvelle-Zélande et d'Australie notamment : *Lilaeopsis brownii, L.gunnii, L.fistulosa, L.polyantha* et *L.novae-zelandiae* est difficile. Ces deux dernières espèces sont actuellement assez communes en aquariophilie et tendent à détrôner *Echinodorus tenellus* comme plante d'avant-plan.

■ L.novae-zelandiae

pH : 6,4-7,0	Temp. : 22-26
dGH : 3-6	Haut. d'eau : 20

Famille : *Apiaceae.*
Nom scientifique : *Lilaeopsis novae-zelandiae* Hill.
Synonyme : néant.
Nom commun : Faux tenellus.
Répartition géographique : Nouvelle-Zélande, Australie.

Cette espèce plus rare sur le marché aquariophile que *L.polyantha* est également confondue avec *Echinodorus tenellus.* Elle est particulièrement utile

L.novae-zelandiae

pour garnir les avant-plans de l'aquarium. Elle atteint une taille de 3 à 5 cm et a l'avantage de n'être pas très sensible à la qualité de l'eau. Cette petite espèce est souvent offerte, dans le commerce spécialisé, en motte, d'une dizaine de pieds, entourée d'un filet de nylon. Le filet devra être retiré, et la motte fractionnée en quatre. Cette méthode permet une économie substantielle pour couvrir rapidement une surface assez conséquente. Cette plante se reproduit rapidement par des stolons et forme un tapis gazonnant. De temps à autre, celui-ci devra être éclairci ; le surplus pourra servir à garnir un autre bac. Cette espèce a une bonne tenue en paludarium. A 20 °C, la croissance est fortement inhibée, et à 28 °C elle se poursuit à condition d'offrir une intensité lumineuse élevée. La température optimale se situe à 25 °C.

LIMNOBIUM

Ce genre, qui appartient à la famille des Hydrocharitacées, est plus spécialement représenté dans les zones tempérées septentrionales.

■ L.laevigatum

pH : 6,5-7,5	Temp. : 20-30
dGH : 3-15	Haut. d'eau : 5

Famille : *Hydrocharitaceae.*
Nom scientifique : *Limnobium laevigatum* (Humbold et Bonplandt) Heine.
Synonymes : *Salvinia laevigata, Limnobium stoloniferum, Hydromistria stolonifera.*
Nom commun : Grenouillette.
Répartition géographique : Amérique du Sud et Amérique centrale, à partir du Mexique.
C'est une plante flottante libre, ou qui s'enracine à faible profondeur en milieu naturel. Les feuilles, disposées en rosette, sont arrondies et possèdent un diamètre de 2 à 5 cm. Elles sont spongieuses et rendent la plante insubmersible. La face supérieure des feuilles, de couleur vert foncé et brillante, est bombée ; la face inférieure est vert clair. Comme pour la plupart des plantes flottantes, la luminosité et l'humidité au-dessous du couvercle de l'aquarium seront élevées. Une distance de 10 cm entre les plantes et la source lumineuse est nécessaire afin d'éviter les brûlures. La reproduction végétative s'effectue par production de stolons. La floraison est assez courante en aquarium, mais les fleurs sont toutes femelles. *L.laevigatum* peut également être maintenue en paludarium sur un substrat gorgé d'eau.

L.laevigatum

LIMNOPHILA

Le genre *Limnophila* comprend environ 35 espèces, la plupart originaires du Sud-Est asiatique, mais le genre est également représenté en Afrique et en Australie. En milieu naturel, ces plantes sont amphibies et considérées comme mauvaises herbes dans les rizières. Une douzaine d'espèces sont connues en aquariophilie où elles rendent de grands services dans la décoration. En effet, elles offrent un fort contraste grâce à la forme particulière des feuilles immergées, finement divisées. Leur croissance rapide les destine plus particulièrement pour les bacs à hauteur d'eau moyenne ou élevée, où pendant un certain temps, elles pourront flotter à la surface avant de les raccourcir et de les repiquer.

■ L.aquatica

pH : 6,5-7,0	Temp. : 24-26
dGH : 5-12	Haut. d'eau : 30

Famille : *Scrofulariaceae.*
Nom scientifique : *Limnophila aquatica* Roxburgh.
Synonyme : néant.
Nom commun : Ambulie aquatique.
Répartition géographique : Sri Lanka, Inde.
La couronne foliaire de cette plante à tige peut atteindre 10 à 12 cm de diamètre. Elle est composée de 18 à 22 feuilles finement divisées. Les segments foliaires sont filiformes, fins, sans nervure centrale bien marquée. La croissance n'est pas toujours très satisfaisante surtout pour les spécimens sauvages. Une eau faiblement minéralisée ainsi qu'une intensité lumineuse élevée réduisent considérablement l'espace des entre-nœuds et rendent la plante compacte et donc plus esthétique. Un apport de fer chélaté est indispensable. La multiplication végétative s'effectue par bouturage des pousses latérales qui sont obtenues en étêtant la plante.

L.aquatica

■ L.aromatica

pH : 6,4-6,8	Temp. : 20-24
dGH : 3-8	Haut. d'eau : 30

Famille : *Scrofulariaceae.*
Nom scientifique : *Limnophila aromatica* (Lamarck) Merrill.
Synonymes : *Ambulia aromatica, Limnophila gratissima.*
Nom commun : Ambulie aromatique.
Répartition géographique : Régions tropicales du Sud-Est asiatique.
Cette plante est une espèce palustre et amphibie, commune des rizières. Les feuilles sont opposées deux à deux. Elles sont lancéolées et dentelées. La tige peut atteindre 50 cm. Cette espèce convient plus particulièrement pour l'aquaterrarium où apparaissent les fleurs roses à pourpres sur un pédoncule partant de l'aisselle des feuilles. L'eau devra être légèrement acide et la luminosité élevée pour préserver un aspect compact à la plante. La reproduction sexuée est possible, à partir des fleurs, en aquaterrarium ; par contre, la germination des graines est plus difficile. La tige pourra être bouturée si elle est coupée au niveau d'un nœud porteur de racines adventives. Cette espèce est plantée en groupes clairsemés, à l'arrière de l'aquarium, ou semi-émergés dans la partie aquatique d'un aquaterrarium.

■ L.heterophylla

pH : 6,5-7,0	Temp. : 22-26
dGH : 3-8	Haut. d'eau : 30

Famille : *Scrofulariaceae.*
Nom scientifique : *Limnophila heterophylla* (Roxburgh) Bentham.
Synonymes : *Limnophila roxburghii var. tenuior, L.reflexa, Columnae heterophylla.*
Nom commun : Ambulie hétérophylle.
Répartition géographique : Inde, Pakistan, Sri Lanka, sud de la Chine, Japon.
C'est une espèce recommandée pour garnir l'arrière-plan de l'aquarium, mais à maintenir en groupe solitaire en bac hollandais. La couronne foliaire, de 5 à 6 cm de diamètre, est dotée de 5 à 13 feuilles. L'extrémité des segments fourchus peut présenter une couleur rougeâtre. La plante est vert franc, mais la forme aérienne est plus sombre. Chez cette forme aérienne les feuilles atteignent 2 cm de long et leur bord externe est fortement dentelé. La fleur, blanche, aux pétales à bord pourpre, apparaît à l'aisselle des feuilles. En paludarium, cette espèce possède des tiges rampantes qui produisent des racines adventives. Sous une faible luminosité, la température ne devra pas dépasser 22 °C. Dans ces conditions la morphologie de cette plante ne se modifie pas. La reproduction végétative s'effectue par bouturage des pousses latérales après étêtement des plantes mères. La forme *reflexa* possède des segments foliaires vrillés et la face inférieure des feuilles plus claire.

■ L.indica

pH : 6,4-6,9	Temp. : 24-26
dGH : 3-8	Haut. d'eau : 40

Famille : *Scrofulariaceae.*
Nom scientifique : *Limnophila indica* (Linné) Druce.
Synonymes : *Limnophila trifida, L.gratioloides, L.myriophylloides, L.elongata, Hottonia indica.*
Nom commun : Ambulie des Indes.
Répartition géographique : Régions tropicales de l'Afrique, Australie, Sud-Est asiatique.
Il existe plusieurs variétés de cette espèce, dont les plus connues sont : la *var.indica* à couronne foliaire de 5 cm et 6 à 12 feuilles et la *var.elongata* à couronne foliaire de 7 cm environ et 8 à 10 feuilles. L'extrémité des segments est fourchue. La forme des feuilles aériennes est assez variable, lancéolée et dentelée ou plumiforme. La fleur pourra être pourpre, rose, blanche ou jaune. Cette espèce demande une forte luminosité. Il convient de la

L.heterophilla

L.sessiliflora

planter en groupe. Les coupes de boutures sont à effectuer avec prudence, surtout en bac de faible contenance, car il semble que cette plante diffuse alors une substance toxique pour les poissons. Ces coupes seront donc réalisées de préférence hors de l'aquarium et, avant d'être repiquée, la bouture prélevée sur la plante mère sera rincée. Cette précaution permettra d'éviter tout désagrément à la faune piscicole du bac.

■ *L.sessiliflora*

pH : 6,5-7,2	Temp. : 20-26
dGH : 3-12	Haut. d'eau : 20

Famille : *Scrofulariaceae.*
Nom scientifique : *Limnophila sessiliflora* (Vahl) Blume.
Synonymes : *Hottonia sessiliflora.*
Nom commun : Ambulie sessile.
Répartition géographique : Inde, Sri Lanka, Indonésie, Japon.
Cette espèce se distingue des autres espèces du genre par le sommet élargi du dernier segment de la feuille. Le verticille atteint 8 à 10 cm et la feuille 2 cm de long. C'est une espèce qui doit être plantée en bosquets où les pieds seront espacés de 2 à 3 cm. *L.sessiliflora* s'adapte assez bien aux diverses conditions de maintenance. En eau douce, une intensité lumineuse moyenne est suffisante. Cette plante a également une bonne croissance en eau dure à condition d'y augmenter l'éclairement. Dans de bonnes conditions, l'espace entre les verticillles est de 2 à 3 cm, mais une augmentation de la chaleur et une faible luminosité provoquent l'accroissement de cet espace, ce qui rend la plante disgracieuse. La reproduction s'effectue par repiquage des boutures latérales dont la production est stimulée par l'étêtement de la plante mère.

LOBELIA

Le genre comprend plus de 350 espèces dont la majorité est originaire des zones tropicales et subtropicales de l'Amérique. Quelques rares espèces plus septentrionales, dont l'aire de répartition s'étend de la Floride au Mexique, peuvent être adaptées à la vie en aquarium. Cependant, ce sont des plantes palustres ou uniquement terrestres.

■ *L.cardinalis*

pH : 6,5-7,2	Temp. : 20-30
dGH : 5-15	Haut. d'eau : 30

Famille : *Lobeliaceae.*
Nom scientifique : *Lobelia cardinalis* Linné.
Synonyme : *Rapuntium cardinale.*
Nom commun : Lobélie cardinal.
Répartition géographique : Amérique du Nord.
C'est une espèce terrestre que l'on peut cultiver en pot, mais qui s'adapte assez bien en aquarium et en paludarium où elle atteint une taille de 20 à 30 cm. Les feuilles sont vert clair, spatuliformes, longues de 4 à 6 cm et larges de 2 à 3 cm. La forme aérienne pourra atteindre 120 cm avec des feuilles de 15 cm de long. En aquarium, cette plante doit être maintenue en eau tempérée entre 18 et 20 °C et, en bac tropical, l'élévation de la température sera accompagnée d'une augmentation de l'intensité lumineuse. Sa croissance assez lente l'expose à l'envahissement des algues telles *Composopogon, Dedogonium* ou *Audouinella.* Cette espèce sera disposée en petits groupes de 3 à 4 pieds au centre du bac. La multiplication pourra être obtenue par semis à partir de la fleur rouge qui n'apparaît que sur la partie émergée, mais aussi à partir de boutures, après pincement du sommet de la tige pour provoquer l'apparition de racines adventives.

L.cardinalis

LUDWIGIA

C'est *Ludwigia palustris* qui, depuis 1894, représente ce genre en aquariophilie. Bien que le genre soit cosmopolite la majorité des espèces est originaire des Amériques. L'identification définitive ne pourra se faire qu'à partir de la fleur. Cette difficulté est encore augmentée par la présence d'hybrides comme *L.repens* × *L.palustris* ou encore *L.repens* × *L.arcuata.* Les *Ludwigia* sont d'excellentes plantes pour aquariums d'eaux tropicales ou tempérées.

L.alternifolia

pH : 6,5-7,0	Temp. : 20-25
dGH : 3-8	Haut. d'eau : 30

Famille : *Onagraceae.*
Nom scientifique : *Ludwigia alternifolia* Linné.
Synonymes : *Isnardia alternifolia, Ludwigia macrocarpa, L.microcarpa, L.ramosissima.*
Nom commun : Ludwigie à feuilles alternes.
Répartition géographique : États de la côte est des États-Unis.
Cette espèce amphibie est présente dans les marais. Les feuilles sont alternes (et non pas opposées, comme le mentionnent maints ouvrages sur l'aquariophilie), lancéolées, étroites et très pointues. Leur taille atteint 3 à 5 cm de long pour 10 à 15 mm de large. Bord et face inférieure des feuilles sont rugueux. La face supérieure est vert brunâtre et l'inférieure présente des reflets rougeâtres. La longueur des entre-nœuds est assez variable et dépend des conditions d'éclairement. Dans l'aquarium, cette plante sera disposée en bosquets, avec toutefois un espace suffisant pour que les feuilles ne se fassent pas les unes les autres de l'ombre. La température ne devra pas dépasser 25 °C. La maintenance en paludarium n'est pas envisageable. Les fleurs, très petites, naissent à l'aisselle des feuilles. La multiplication végétative s'effectue par bouturage.

L.brevipes

pH : 6,0-7,0	Temp. : 20-25
dGH : 3-15	Haut. d'eau : 40

Famille : *Onagraceae.*
Nom scientifique : *Ludwigia brevipes* (Long) Eames.
Synonymes : *Ludwigiantha brevipes.*
Nom commun : Fausse Lysimachie.
Répartition géographique : États du sud-est des États-Unis.
C'est certainement l'espèce qui s'adapte le plus difficilement à la vie immergée. Les feuilles sont vert clair sur les deux faces et la tige de brunâtre à rouge. Les feuilles de la partie immergée sont allongées (3 cm de long sur 0,5 cm de large) alors que celles de la forme émergée sont assez courtes et cordiformes. Dans les deux cas les feuilles sont opposées et décussées. L'espace qui sépare les entre-nœuds est assez grand pour la partie immergée.

L.brevipes

C'est une excellente plante pour paludarium, qui a tendance à ramper. La fleur, jaune, apparaît à l'aisselle des feuilles. La température de l'eau ne devra pas être trop élevée (25 °C).
Du printemps à l'automne, cette espèce pourra efficacement garnir les bords des bassins de jardin dont elle en colonisera rapidement les berges émergées. La reproduction sexuée est possible bien que difficile. En revanche, la multiplication végétative s'effectue sans problèmes : si l'on pince le sommet de la tige, des racines adventives se développent rapidement à l'aisselle des pétioles. Ces derniers, une fois coupés, constituent des boutures prêtes à être repiquées dans le substrat.

L.palustris

pH : 6,5-7,4	Temp. : 18-25
dGH : 3-15	Haut. d'eau : 30

Famille : *Onagraceae.*
Nom scientifique : *Ludwigia palustris* (Linné) Elliot.
Synonymes : *Isnardia palustris, Dantia palustris, Ludwigia petala, L.nitida, Quadricosta palustris.*
Nom commun : Ludwigie palustre.
Répartition géographique : Amérique du Nord, Afrique du Nord, Asie, Europe (notamment en Grèce près de Corfou).
C'est une espèce des marais qui, émergée, forme un tapis rouge à la surface de l'eau. Les feuilles sont directement rattachées à la tige par un pétiole très court. Leur face supérieure est vert vif et l'inférieure d'un vert plus sombre virant au rougeâtre, sous une faible luminosité. La taille des feuilles est de 3 cm de long sur 1,5 de large. La production de racines adventives est très importante à l'aisselle des feuilles. Cet espèce s'adapte très bien à l'immersion ainsi qu'aux différentes conditions physico-chimiques de l'eau. Les variations thermiques sont plutôt bien acceptées, cependant la température maximale ne devra pas dépasser 25 °C. Une forte luminosité est recommandée. Cette plante sera disposée en bosquets de 4 à 6 individus qui seront régulièrement étêtés pour obtenir un aspect touffu. Dans ces conditions, des boutures latérales apparaissent, elles sont assez nombreuses. Lorsqu'elles sont bien développées, elles peuvent être coupées puis repiquées. *L.palustris* est une espèce recommandée pour paludarium tempéré. Elles présentent moins d'intérêt que d'autres espèces pour l'aquarium proprement dit.

L.repens

pH : 6,5-7,5	Temp. : 20-30
dGH : 5-15	Haut. d'eau : 30

Famille : *Onagraceae.*
Nom scientifique : *Ludwigia repens* Forster.
Synonymes : *Ludwigia fluitans, L.mulertii, Isnardia natans, Ludwigia natans.*
Nom commun : Ludwigie rampante.
Répartition géographique : Sud de l'Amérique du Nord, Amérique centrale, dans certaines îles des Antilles.
Cette espèce est très polymorphe suivant les localités. A ces diverses formes, aucun statut de sous-espèce ou de variété géographique n'a été reconnu. Le problème de l'identité de cette plante est accentué par la présence de plantes « bâtardes » sur le marché aquariophile. Espèces auto-fertiles, ces plantes « bâtardes » sont obtenues, en culture émergée, avec une facilité déconcertante. *L.repens* est représentée par deux formes foliaires : l'une à feuilles arrondies, un peu moins larges que longues, l'autre à feuilles lancéolées, pointues et parfois légèrement ondulées. Les deux formes sont polychromes :

L.repens

soit à feuilles vertes soit à feuilles rouges. Cette espèce est sensible à l'élévation de la température, qui peut toutefois atteindre 28 à 30 °C. La reproduction sexuée peut réussir à partir de la fleur autofertile à condition d'utiliser un pinceau pour la pollinisation. La multiplication végétative s'obtient en coupant la tige au niveau d'un entre-nœud disposant de racines adventives dans sa partie supérieure.

LYSIMACHIA

Ce genre cosmopolite regroupe environ 200 espèces dont quelques-unes sont parfois importées pour l'aquariophilie, telles *L.vulgaris* et *L.nummularia*. Elles appartiennent à la famille de la Primevère et sont communément surnommées Souci d'eau ou Lysimaque.

■ *L.nummularia*

pH : 6,5-7,5	Temp. : 15-22
dGH : 5-15	Haut. d'eau : 30

Famille : *Primulaceae*.
Nom scientifique : *Lysimachia nummularia* Linné.
Synonymes : *Lysimachia nemorum, L.repens, L.rotundifolia, L.suaveolens, L.zavadeskii, Ephemerum nummularium, Nummularia centimorbia, N.officinalis, N.prostrata, N.repens*.
Nom commun : Lysimaque-petite-monnaie.
Répartition géographique : Europe, côte est de l'Amérique du Nord, Japon.
Cette plante se rencontre dans les fossés, sur les rives des cours d'eau, dans les marais et les prairies humides. Les boutures, prélevées sur la forme terrestre, s'acclimatent facilement en aquarium. La tige porte des feuilles opposées à pétiole court. Leur forme arrondie atteint un diamètre de 2 cm environ ; elles sont de couleur vert clair. La température ne doit pas dépasser 22 °C mais l'intensité de la lumière sera très élevée. Cette espèce convient plus particulièrement à l'aquarium d'eau froide à tempérée, et à la garniture riveraine des bassins de jardin. En aquarium tropical, où la chaleur est élevée (plus de 23 °C), *L.nummularia* est rapidement éliminée. En paludarium tempéré, elle est assez résistante et peut rapidement couvrir un espace laissé libre.

L.nummularia

M

MARSILEA

Ce genre regroupe des fougères amphibies, comme *Pillularia* et *Regnellidium*. Il compte environ 65 espèces qui possèdent un rhizome rampant capable de se diviser pour se multiplier. Très peu de ces espèces peuvent être maintenues en aquarium mais la plupart conviennent pour la décoration des paludariums. Celles maintenues, souvent difficilement, en aquarium appartiennent aux espèces suivantes : *Marsilea crenata, M.drummondii, M.exarata* et, plus rarement, *M.quadrifolia*. Les frondes, de formes variées, sont divisées en quatre lobes ; d'où le nom commun de trèfle aquatique. *M. quadrifolia* est fortement menacée de disparition en Europe.
Ces diverses espèces ne pourront être déterminées qu'à partir de la forme émergée et ce, grâce aux spores. Émergées, les feuilles se referment la nuit. Le rhizome rampant produit de nombreuses frondes qui, suivant l'intensité lumineuse, pourront atteindre la surface de l'eau. En général, une eau douce et légèrement acide constituera les conditions optimales de culture. A plus ou moins longue échéance ces plantes jaunissent, puis meurent rapidement. En paludarium, les frondes atteignent une taille nettement plus longue.

MAYACA

Ce genre est l'unique représentant de la famille des Mayacacées. Il comprend environ 10 espèces originaires des régions tropicales et subtropicales de l'Amérique du Sud, et une espèce d'Afrique du Sud-Ouest. Ce sont des plantes fixées au sol. Leurs feuilles linéaires sont disposées en spirale autour de la tige.

■ *M.fluviatilis*

pH : 6,4-7,0	Temp. : 22-28
dGH : 3-8	Haut. d'eau : 40

Famille : *Mayacaceae*.
Nom scientifique : *Mayaca fluviatilis* Aublet.
Synonyme : *Mayaca vandellii*.
Nom commun : « Mousse » des marais.
Répartition géographique : Guyanes, Brésil.
La tige, très fragile, porte des feuilles alternes, disposées en spirale. La feuille, linéaire et pointue, est longue de 1 à 2 cm sur 0,1 à 0,2 cm de large ; elle est de couleur vert jaunâtre. Cette plante sera disposée en groupes peu serrés dans la partie avant ou médiane de l'aquarium. L'espace autour et au-dessus d'un groupe sera dégagé de toute autre plante car les besoins en lumière sont très importants. L'eau sera de préférence douce et acide ; une fumure au CO_2 facilite grandement la maintenance en eau plus dure. Cette

espèce est assez sensible aux produits médicamenteux destinés aux poissons. La reproduction végétative s'obtient par bouturage.

MICROSORIUM

Le genre compte près de quarante espèces, mais une seule est habituellement maintenue en aquariophilie.

■ *M.pteropus*

pH : 6,5-7,8	Temp. : 23-30
dGH : 5-20	Haut. d'eau : 40

Famille : *Polypodiaceae.*
Nom scientifique : *Microsorium pteropus* (Blume) Ching.
Synonyme : *Polypodium pteropus.*
Nom commun : Fougère de Java.
Répartition géographique : Large répartition dans le Sud-Est asiatique, jusqu'en Chine.
Cette fougère rend de nombreux services aux aquariophiles, notamment à ceux qui désirent maintenir des poissons végétariens. Elle permet donc d'agrémenter des bacs spécifiques où d'autres végétaux aquatiques n'auraient aucune chance de résister. Les frondes, vert foncé à brunâtres, sont portées par un rhizome rampant. La taille peut atteindre 25 à 30 cm de haut et 5 à 7 cm de large. Le limbe est entier et ondulé sur le bord. C'est une fougère qui, en aucun cas, ne doit avoir son rhizome enterré. Celui-ci est fixé en eau libre à une racine, une roche ou au décor artificiel, à l'aide d'un fil nylon ou d'un trombone. Ensuite la fougère se fixe d'elle-même grâce aux racines qui apparaissent sur son rhizome. La structure coriace de ses feuilles et probablement son goût particulier font qu'elle est totalement ignorée des poissons végétariens. *M.pteropus* résiste à toutes les conditions physico-chimiques notamment à un pH élevé et à un manque relatif de CO_2. L'intensité lumineuse sera de moyenne à élevée. En paludarium, cette espèce a une bonne tenue pourvu que l'humidité soit d'un niveau suffisant. La reproduction végétative s'effectue à partir de tiges latérales qui apparaissent sur le rhizome et de plantules adventives sur la face inférieure des feuilles.

M.pteropus

MYRIOPHYLLUM

En tout, une quarantaine d'espèces uniquement aquatiques et amphibies sont regroupées dans ce genre cosmopolite. Les espèces maintenues en aquariophilie possèdent toutes des feuilles verticillées à segments linéaires. Elles sont fragiles, très décoratives, mais ne conviennent pas à tous les aquariums, notamment ceux destinés à recevoir des poissons tant soit peu végétariens : les jeunes pousses foliaires seraient toutes consommées, car extrêmement tendres. Suivant l'origine de l'espèce, l'eau sera douce et acide, ou dure et alcaline. Néanmoins, l'adaptation du Myriophylle à des conditions physico-chimiques variées est grande. Ce sont avant tout des plantes d'arrière-plan pour bacs hollandais, où, suivant les espèces et leur coloration spécifique, elles permettent des contrastes de couleurs avec d'autres groupes de plantes. Ce sont des plantes difficiles à élever car une lumière forte et une fumure au CO_2 leur sont indispensables. Le choix des poissons, cohabitants avec ces plantes, devra être au préalable sérieusement étudié. Si la présence d'un diffuseur d'air leur est généralement fatale, par contre, un léger courant d'eau ou la présence de poissons turbulents qui créent des remous leur est bénéfique : ces « agitations » aquatiques les débarrassent des particules parasites, retenues par leurs fins plumets foliaires.

■ M.alterniflorum

pH : 6,5-7,2	Temp. 15-22
dGH : 2-8	Haut. d'eau : 30

Famille : *Haloragaceae.*
Nom scientifique : *Myriophyllum alterniflorum* de Candolle.
Synonymes : *Myriophyllum alternifolium, M.montanum.*
Nom commun : Myriophylle à fleurs alternes.
Répartition géographique : Régions tempérées et froides de l'Europe, de l'Amérique du Nord et de l'Afrique du Nord.
C'est une espèce aux verticilles très espacés et aux segments foliaires très découpés. Les verticilles comptent 4 (rarement 3) feuilles, leur taille atteint 25 mm. La longueur de la tige peut atteindre 50 à 150 cm. Mais, en aquarium d'eau tempérée, il sera préférable de maintenir cette taille à 30 cm, en pinçant les extrémités des tiges. Les fleurs sont portées sur un épi aérien ; les fleurs inférieures sont femelles, les fleurs supérieures sont de sexe mâle. Inadaptée à une utilisation courante, cette plante s'épanouira dans un bac européen d'eau froide et douce (8 dGH). Cette espèce est tout particulièrement recommandée pour la maintenance et la reproduction des Épinoches *(Gasterosteus, Puntgitius)* qui l'utilisent pour la construction de leur nid. En pinçant régulièrement l'extrémité des tiges, la production de pousses latérales augmente sensiblement ; ainsi certaines de ces pousses pourront être utilisées comme boutures pour la multiplication végétative.

■ M.aquaticum

pH : 6,4-7,0	Temp. : 22-28
dGH : 3-8	Haut. d'eau : 40

Famille : *Haloragaceae.*
Nom scientifique : *Myriophyllum aquaticum* Verdcourt.
Synonymes : *Myriophyllum brasiliense, M.proserpinacoides.*
Nom commun : Myriophylle aquatique.
Répartition géographique : Brésil, Argentine, Uruguay, Chili, introduite au sud des États-Unis.

M.aquatica

Cette espèce est la plus apte à décorer les aquariums tropicaux et peut même être maintenue en bac tropical. La taille de la tige peut atteindre 50 à 150 cm de long. Le verticille est formé de 4 à 6 feuilles, divisées en 8 à 10 segments vert clair. Sous une forte luminosité, l'extrémité des segments prend une teinte rougeâtre. Cette plante s'adapte très bien à une eau douce et acide. La luminosité sera moyenne à forte. Les tiges ne devront ni être serrées, ni trop souvent écourtées. Lorsqu'une partie de la plante atteint la surface, plusieurs tiges latérales apparaissent. On pourra les utiliser comme boutures lorsqu'elles auront une taille suffisante. Si la luminosité est correcte, des feuilles aériennes se développent audessus de la surface de l'eau.

■ M.heterophyllum

pH : 6,5-7,2	Temp. : 18-25
dGH : 5-15	Haut. d'eau : 40

Famille : *Haloragaceae.*
Nom scientifique : *Myriophyllum heterophyllum* Michaux.
Synonyme : *Potamogeton verticillatum.*
Nom commun : Myriophylle hétérophylle.
Répartition géographique : Sud-Est des États-Unis, régions septentrionales du Mexique.
Cette espèce, bien que très résistante, est rarement importée pour l'aquariophilie. Le verticille comprend 4 à 6 feuilles divisées en 10 à 26 segments qui peuvent atteindre assez facilement une taille de 5 cm. Une seconde forme est connue, chez laquelle la taille des feuilles, par contre, ne dépasse pas 2 cm de long. Les feuilles aériennes, quelles soient lancéolées ou spatuliformes, ne sont jamais finement divisées. C'est à leur aisselle, qu'apparaissent les fleurs, très petites. Celles qui sont à la partie supérieure sont des fleurs mâles, les inférieures sont des fleurs femelles. La croissance est assez lente. La température maximum de maintenance se situe à 25 °C. Les bacs d'eau tempérée (à partir de 18 °C) conviennent également. La multiplication végétative par boutures s'avère assez difficile car la production de racines est assez lente aussi bien pour les boutures que pour les plantes adultes.

■ M.hippuroides

pH : 6,5-7,2	Temp. : 20-25
dGH : 5-15	Haut. d'eau : 40

Famille : *Haloragaceae.*
Nom scientifique : *Myriophyllum hippuroides* Nuttal ex Torrey Gray.
Synonymes : *Myriophyllum scabatum* Cham et Schle, non Mich. et *M.mexicanum.*
Nom commun : Myriophylle rouge de Floride.
Répartition géographique : Sud des États-Unis et Mexique.
C'est une plante qui sera disposée en petits groupes dans les bacs d'eau tempérée. Le verticille comprend 4 à 6 feuilles. Les pétioles d'un même verticille ne sont pas toujours implantés à la même hauteur sur la tige. La feuille, divisée en 6 à 10 segments serrés, a une taille de 5 cm. Sous une forte luminosité, cette espèce prend une coloration rougeâtre à brun clair notamment à ses extrémités. Les feuilles et leurs segments sont en général toujours dressés vers le haut. Les algues ainsi que les particules en suspension peuvent envahir cette plante rapidement ; on peut contourner cet inconvénient par l'utilisation d'une filtration énergique et l'adjonction de poissons capables de provoquer des turbulences. La multiplication végétative s'effectue par repiquage des pousses latérales.

■ *M.spicatum*

pH : 6,6-7,5	Temp. : 22-28
dGH : 5-15	Haut. d'eau : 30

Famille : *Haloragaceae.*
Nom scientifique : *Myriophyllum spicatum* Linné.
Synonymes : *Pentapteris spicanuda, Potamogeton foliis-pennatis, Myriophyllum spicanuda.*
Nom commun : Myriophylle en épis.
Répartition géographique : Large répartition en Amérique centrale, en Amérique du Sud, dans les régions tropicales de l'Afrique, et en Australie. Introduite en Amérique du Nord (Californie, Texas, Floride).
C'est une espèce très robuste qui peut atteindre 3 m en milieu naturel. L'entre-nœud peut être de 5 cm sur une tige de 2 à 4 mm de diamètre. Le verticille est composé de 4 à 5 feuilles (rarement 3) de 3,5 cm de long, découpées en 13 à 36 segments. Cette plante a l'apparence d'une tige poilue aux enchevêtrements désordonnés. Sur la partie émergée de la tige, apparaissent de minuscules inflorescences roses, disposées en épis de 4 à 6 fleurs. La feuille qui couvre les dernières fleurs, les supérieures, n'est pas divisée. Ce Myriophylle supporte des températures élevées de l'ordre de 24 à 28 °C ainsi qu'une eau dure et alcaline. Les extrémités des tiges devront être régulièrement raccourcies afin de garder à cette plante un aspect compact. Comme pour les autres espèces, la multiplication végétative s'effectue à partir de boutures, issues de pousses latérales.

■ *M.verticillatum*

pH : 6,8-7,5	Temp. : 18-23
dGH : 3-10	Haut. d'eau : 40

Famille : *Haloragaceae.*
Nom scientifique : *Myriophyllum verticillatum* Linné.
Synonymes : *Myriophyllum spicatum* Gmelin, *M.limosun, M.siculum.*
Nom commun : Myriophylle verticillé.
Répartition géographique : Europe, Asie (de l'Iran au Japon), Amérique du Nord, Afrique du Nord.
Cette espèce, uniquement aquatique, peut atteindre 3 m de long. Les verticilles, très denses, se composent de 5 feuilles (rarement 4 ou 6) divisées en 20 à 35 segments filiformes. Les feuilles de couverture de l'épi floral, qui comporte de 10 à 25 fleurs, sont encore plus finement divisées que les feuilles immergées. Les fleurs supérieures sont de sexe mâle, les inférieures sont de sexe femelle. Ce Myriophylle préfère une eau fraîche, moyennement douce, et une luminosité intense. La multiplication végétative s'effectue par étêtement de la partie supérieure de la tige ; cette dernière produira des pousses latérales qui serviront de boutures.

N

NAJAS

La cinquantaine d'espèces composant ce genre cosmopolite est exclusivement aquatique. Toutes les fleurs restent immergées et les fleurs femelles sont pollinisées sous l'eau. Seules deux à trois espèces se rencontrent couramment en aquariophilie, notamment *N.indica* et *N.guadelupensis.* Cette dernière est spécifique à l'Amérique et aux îles des Caraïbes. La détermination des espèces ne peut se faire qu'à partir des plantes fécondées, mais quelques corrélations morphologiques comme celles de la taille foliaire, du nombre et de la taille des denticules qui bordent la feuille, permettent une identification relativement sûre.

■ *N.indica*

pH : 6,5-6,8	Temp. : 24-28
dGH : 3-8	Haut. d'eau : 30

Famille : *Najadaceae.*
Nom scientifique : *Najas indica* (Willedenow) Chamisso.
Synonymes : *Caulinia indica, Fluvialis indica, Najas minor var. indica, N.tenuis, N.kingii.*
Nom commun : Najade des Indes.
Répartition géographique : Régions tropicales de l'Asie.
La tige de cette espèce, ainsi que celle des autres espèces du genre, est extrêmement fragile et cassante : ce qui limite en grande partie son importation. En aucun cas, cette espèce ne sera transportée enveloppée dans du papier journal, mais toujours dans un sac en plastique, gonflé d'air, et rempli d'un peu d'eau. Les feuilles, vert clair, sont opposées (parfois groupées par trois) et forment un pseudo-verticille. La taille de la feuille atteint 2,5 à 3 cm de long et 2 à 3/10 de mm de large. Le bord est garni de 10 à 20 denticules. Un soin extrême est requis lors de la plantation car, comme nous l'avons déjà signalé, l'extrémité de la tige est très cassante. Les pieds sont plantés individuellement et non serrés les uns contre les autres. Une forte luminosité maintient l'entre-nœud court. Par contre, une station ombragée ou une plantation serrée conduisent au dénudement de la partie inférieure des tiges. En eau dure, la diffusion de CO_2 et un apport de fer chélaté sont indispensables. La température sera maintenue entre 24 et 28 °C. Les boutures de 10 à 15 cm de long conviennent plus particulièrement pour un repiquage.

NITELLA

Quelques rares espèces de ce genre se rencontrent en aquariophilie. Le genre *Nitella* et le genre *Chara* forment un groupe intermédiaire entre les plantes dites inférieures (algues et mousses) et les végétaux dits supérieurs. Ce genre cosmopolite comprend environ 80 espèces.

■ *N.gracilis*

pH : 7,0-7,5	Temp. : 15-25
dGH : 5-10	Haut. d'eau : 20

Famille : *Characeae.*
Nom scientifique : *Nitella gracilis* (Smith) Agardh.

Synonymes : *Chara gracilis, Ch.exilis, Ch.capitata.*
Nom commun : Nitelle gracile.
Répartition géographique : Cosmopolite à l'exclusion de l'Australie.
Cette espèce, assez fragile, très décorative, peut atteindre une taille de 20 cm. Les feuilles sont très divisées et rattachées à la tige par un pétiole assez long. Les organes sexuels femelles se situent au niveau de chaque division de la feuille. La croissance de cette plante est lente et toute perturbation brusque de l'environnement (physique ou chimique) risque de la compromettre fortement. La dureté de l'eau sera limitée à 8-10 dGH ; le pH sera maintenu supérieur à 7. Cette plante n'exige aucune température particulière, cependant cette dernière ne dépassera pas 25 °C. Sous une lumière intense, les algues risquent de l'envahir et un poisson nettoyeur sera un précieux auxiliaire. Cette espèce est particulièrement recommandée pour décorer les bacs à faible hauteur d'eau. La reproduction est possible à partir des spores qui auront subi une période d'assèchement avant d'être réintroduites en aquarium (sous 2 à 3 cm d'eau et protégées de la lumière directe).

NYMPHEA

Les Nénuphars conviennent tout particulièrement à la garniture des pièces d'eau et bassins de jardin. A partir des espèces rustiques, de nombreuses variétés horticoles ont été produites. En aquarium, seules les espèces tropicales de taille raisonnable pourront être maintenues. Parmi elles, *Nymphaea lotus,* dont il existe plusieurs variétés, est certainement la mieux appropriée pour la culture en aquarium. Une autre espèce, *N.stellata* (le Nénuphar indien) pourra également être maintenue avec succès.

N.stellata

■ *N.lotus*

pH : 6,5-7,2	Temp. : 22-28
dGH : 2-8	Haut. d'eau : 40

Famille : *Nymphaeaceae.*
Nom scientifique : *Nymphaea lotus* Linné.
Synonymes : *Castalia thermalis, Nymphaea dentata.*
Noms communs : Lotus d'Égypte, Lotus tigre (suivant la variété).
Répartition géographique : Afrique et Asie.
Ce Nénuphar peut constituer la principale pièce végétale de l'aquarium. Les feuilles immergées seront : rouge sombre à brunâtres pour la variété *rubra* et vertes zébrées de rayures brunes, pour la variété *viridis.* Ces deux variétés se retrouvent isolément ou ensemble en milieu naturel. Des formes foliaires, à coloration intermédiaire, sont connues : ce sont des formes « bâtardes » dont la couleur de la feuille est tributaire de l'intensité lumineuse fournie. Cette plante peut servir éventuellement de pièce maîtresse en bac d'ensemble ou hollandais. Elle doit donc être, dans le bac, légèrement excentrée. Ce Nénuphar produit des feuilles de surface qui devront être coupées, sans quoi les feuilles immergées, à la base du rhizome, ne se développent pas. Si la floraison est désirée, il suffit de laisser monter les feuilles vers la surface. La fleur a une taille de 10 cm, une durée de vie très courte et ne s'ouvre que la nuit. La reproduction végétative s'effectue par production de stolons, à partir du rhizome.

Fleur de N.lotus *en milieu naturel (Singapour).*

N.lotus

NYMPHOIDES

Avec ses 25 espèces, le genre est en grande partie représenté dans les régions tropicales et subtropicales. Ces plantes produisent presque exclusivement des feuilles de surface, et la floraison a lieu en milieu aérien. Le genre *Nymphoides* appartient à la famille des Menyanthacées qui compte quatre autres genres : *Menyanthes, Liparophyllum, Nephrophyllidium* et *Villarsia*. Parmi ces plantes, appelées Faux nénuphars, plusieurs sont actuellement cultivées par les aquariophiles dont *N.aquatica,* ou plante banane qui, avec ses « tubercules » à réserves nutritives, est très semblable à *N.cordata,* aux « tubercules » plus effilés. Occasionnellement des espèces de Nouvelle-Guinée sont disponibles sur le marché aquariophile comme *N.parviflora* ou *N.hydriocharoides,* à fleurs blanches ou jaunes suivant la variété. Ce sont probablement les rares plantes chez lesquelles un enrichissement du substrat se justifie réellement. Les feuilles de surface sont incapables de tirer une nourriture quelconque de l'eau. C'est donc aux racines de prendre le relais et elles doivent trouver cette nourriture dans le sol de l'aquarium.

■ N.humboldtiana

pH : 6,4-6,8	Temp. : 22-26
dGH : 3-8	Haut. d'eau : 40

Famille : *Menyanthaceae.*
Nom scientifique : *Nymphoides humboldtiana* (Kunth) O.Kuntz.
Synonymes : *Villarsia humboldtiana, V.communis, V.platyphylla, Limmanthemum humboldtianum, Menthanthes brasilica, M.indica* Aublet, *M.meridionalis.*
Nom commun : Faux nénuphar de Humboldt.
Répartition géographique : Parties tropicales de l'Amérique.
Cette espèce convient plus particulièrement pour couvrir la surface des aquariums de taille moyenne car ses feuilles atteignent 15 cm de diamètre et permettent d'atténuer fortement l'intensité lumineuse d'un bac sud-américain. La feuille est arrondie à cordiforme, et souvent plus large que longue. La face supérieure est vert foncé et brillante. La face inférieure est irrégulière et rougeâtre. Les pétioles des feuilles atteignent jusqu'à 1 m de long. Cette espèce, plutôt fragile, nécessite une eau douce de 3 à 8 dGH maximum. Dans une eau plus dure, les feuilles restent naines. La floraison a lieu en milieu aérien ; la fleur blanche présente 5 pétales velues. La plante est parfois offerte, dans le commerce aquariophile, avec une seule feuille et quelques racines. Ces dernières pourront être enfouies dans le substrat, mais la feuille devra disposer, dans un premier temps, d'une forte luminosité en attendant d'atteindre un volume foliaire suffisant.

N.humboldtiana

■ N.indica

pH : 6,5-7,2	Temp. : 20-28
dGH : 3-15	Haut. d'eau : 40

Famille : *Menyanthaceae.*
Nom scientifique : *Nymphoides indica* (Linné) O.Kuntz.
Synonymes : nombreux dont *Menyanthes indica, M.petioliflora, Villarsia eglandulosa, Nymphoides eckloniana, N.orbiculata, N.thunbergiana, Limnanthemum calycinum.*
Nom commun : Faux nénuphar des Indes.
Répartition géographique : Pantropicale, avec des sous-espèces différentes selon les continents.
Ce Faux nénuphar est beaucoup plus résistant que le précédent. C'est une espèce pérenne qui peut atteindre une taille de 1 m de haut, suivant la hauteur d'eau dans l'aquarium. Les feuilles de surface, d'une taille de 5 à 20 cm, sont arrondies à légèrement lancéolées, et cordiformes à la base. A l'aisselle de la feuille de surface, il peut se développer soit une fleur, soit une plantule adventive. La feuille est finement nervurée de sombre. Outre la reproduction sexuée par les graines, la multiplication végétative est extrêmement facile. A cet effet, on dispose une feuille de surface dans un petit terrarium, sur un substrat humide. Toute la surface de la feuille doit être en contact avec le substrat. A sa face inférieure se développent des racines puis c'est au tour des feuilles d'apparaître. Le substrat comme l'air ambiant doivent toujours être maintenus humides. Lorsque deux à trois feuilles se sont développées, le niveau de l'eau est élevé au fur et à mesure de l'avancement de la croissance de la plante.

■ N.peltata

pH : 6,5-7,2	Temp. : 18-24
dGH : 3-10	Haut. d'eau : 40

Famille : *Menyanthaceae.*
Nom scientifique : *Nymphoides peltata* (Gmelin) O.Kuntz.
Synonymes nombreux dont : *Limnanthemum nymphaeoides, Nymphoides europae, N.orbiculata* Gilibert, *Waldschmidia nymphoïdes, Schweykerta nymphoides.*
Nom commun : Faux nénuphar pelté.
Répartition géographique : Europe, Asie, Chine, Japon.
C'est une espèce très résistante qui peut également convenir pour la décoration des bassins de jardin. Le rhizome peut atteindre une taille de 2 m. Les entrenœuds ont une longueur de 7 à 20 cm. Cette espèce développe des feuilles immergées, petites et cordiformes, près du rhizome, sur des tiges plus courtes que celles des feuilles de surface. Ces dernières possèdent, à la face supérieure, des taches noirâtres, de forme variable, sur fond vert clair. La face inférieure est rou-

geâtre à reflets violets. La fleur en forme d'entonnoir est divisée en 5 pétales blancs et velus. Cette plante convient plus particulièrement pour les bacs d'eau froide ou tempérée. Comme pour les espèces précédentes, le substrat doit être légèrement enrichi en mélangeant quelques boulettes d'argile cuites.

O

ORYZA

Aussi paradoxal que cela paraisse, le Riz, quelqu'en soit l'espèce, pourra constituer un excellent élément de décoration dans l'aquarium et dans l'aquaterrarium. En raison de sa culture, le Riz est actuellement cosmopolite, et présent sous des formes diverses. Il est possible de trouver le Faux riz, *Leesia oryzoïdes* dans la presque totalité de l'Europe. Il est cependant assez dispersé et peu commun.

■ O.sativa

pH : 6,5-7,5	Temp. : 20-28
dGH : 3-15	Haut. d'eau : 30

Famille : *Gramineae.*
Nom scientifique : *Oryza sativa* Linné.
Synonymes : *Oryza subulata, O.denudata, O.communissima.*
Nom commun : Riz.
Répartition géographique : Originaire des parties tropicales de l'Asie ; introduit dans les zones chaudes du monde entier, où l'espèce redevient sauvage.
Cette plante annuelle peut atteindre 1,50 m de haut et les feuilles linéaires ont de 30 à 55 cm de long. De nombreuses formes décoratives sont connues, mais certaines sont stériles. Les plus remarquables sont les formes à chaume et feuilles rouges comme les variétés *atropurpurea hort.* et *rufibarbis.* Il est parfaitement possible d'obtenir des plants robustes à partir de graines, notamment celles du riz paddy. Les graines sont semées à la surface du substrat et recouvertes de 1 à 2 cm d'eau. Cette petite « serre » sera chauffée à 25 °C et couverte afin de maintenir un taux d'humidité élevé. Les graines germent en huit jours. Lorsque les plantes ont une taille de 10 cm, ce qui se produit rapidement sous une intense luminosité, elles peuvent être transférées dans un aquarium à faible hauteur d'eau (20 à 30 cm) ou dans un aquaterrarium régional (asiatique). Ces plantes permettent notamment de garnir l'arrière-plan. Les jeunes plants peuvent également garnir le bord d'un bassin de jardin, de juin à septembre, mais la floraison n'est possible que sous une latitude inférieure à celle de la Loire.

OTTELIA

Ce genre pantropical comprend une quarantaine d'espèces. Les Ottelies occupent les galeries forestières faiblement ombragées et les marécages en milieu ouvert. Elles fleurissent facilement, et leurs fleurs sont autofertiles. Malheureusement, leur acclimatation est délicate. D'autre part, ce sont des plantes annuelles, donc à faible longévité.

■ O.alismoides

pH : 6,4-6,8	Temp. : 20-25
dGH : 3-8	Haut. d'eau : 30

Famille : *Hydrocharitaceae.*
Nom scientifique : *Ottelia alismoides* (Linné) Persoon.
Synonymes : *Stratiotes alismoides, Damasonium indicum, Hymentheca latifolia, Ottelia indica, O.lactucaefolia, O.lanceolata.*
Nom commun : Ottelie alisma.
Répartition géographique : Parties tropicales et subtropicales de l'Asie et de l'Australie ; Afrique du Nord (Égypte) ; le sud de l'Italie.
Bien qu'elle soit moins exigeante que les autres espèces du genre, *O.alismoides* est difficile à acclimater. L'adaptation à une dureté carbonatée élevée est impossible. Cette plante ne convient donc que pour un aquarium spécifique où l'eau est faiblement minéralisée. Les feuilles, d'une taille de 10 à 20 cm, sont arrondies à cordiformes et possèdent un bord fortement ondulé. Le pétiole est triangulaire et dentelé. Chez les sujets âgés, la forme des feuilles se modifie en cornet ou en entonnoir. La taille de la plante peut atteindre 35 cm dans d'excellentes conditions de maintenance (forte luminosité, diffusion de CO_2 et apport de fer chélaté). La présence de poissons turbulents doit être évitée ; de plus, cette plante est très appréciée des escargots. La reproduction sexuée est la seule possible mais elle est extrêmement difficile.

P

PILULARIA

Les Pilulaires sont des fougères appartenant à la famille des Pilulariacées. Elles sont réparties dans les zones tempérées et subtropicales.

■ P.globulifera

pH : 6,5-6,9	Temp. : 20-25
dGH : 3-8	Haut. d'eau : 20

Famille : *Pilulariaceae.*
Nom scientifique : *Pilularia globulifera* Linné.
Synonyme : *Pilularia natans.*
Nom commun : Pilulaire à globules.
Répartition géographique : Europe et Afrique du Nord.
Cette fougère des marais est très résistante. Malgré son origine, elle peut être maintenue en aquarium et aquaterrarium d'eau chaude à une température maximale de 25 °C. Les frondes, cylindriques, atteignent 30 cm pour la forme immergée. L'expansion de ces fougères est

gazonnante. Elles forment rapidement un tapis vert grâce aux rhizomes rampants sur lesquels de nombreuses frondes se développent. La multiplication végétative peut également s'effectuer par division du rhizome, ce qui permet de diversifier les emplacements de culture dans le bac. Cette fougère demande une forte luminosité ainsi qu'une fumure au CO_2. L'eau doit être douce et faiblement acide. En aquaterrarium et terrarium humide, les feuilles ne dépassent pas 10 cm de haut.

P.stratiotes

PISTIA

Ce genre appartient à la famille des Aracées, et ne comprend qu'une seule espèce qui a été plusieurs fois décrite, à des époques différentes. C'est une plante, flottante et cosmopolite, qui, toutefois, ne possède pas une expansion aussi grande que la Jacinthe d'eau. Dans certains biotopes où ces deux plantes cohabitent, *Pistia* est toujours dominé.

■ *P.stratiotes*

pH : 6,5-7,5	Temp. : 20-30
dGH : 5-15	Plante de surface

Famille : *Araceae.*
Synonymes : nombreux dont *Pistia aegyptica, P.commutata, P.linguaeformis, P.brasiliensis, Apiospermum obcordatum, Limnonesis commutata, Kiamba kitsii.*
Noms communs : Laitue d'eau, Pistia.
Répartition géographique : Zones tropicales et subtropicales.
Cette plante flottante possède un réseau radiculaire dense, noirâtre à l'état adulte et blanchâtre à l'état juvénile. Les feuilles sont disposées en spirale et en rosette. Elles peuvent atteindre une taille de 25 cm de long sur 10 cm de large. Elles sont de formes diverses : en conque, ou en cuillère. La surface de la feuille est veloutée et hydrofuge ; la teinte est vert clair sur la face supérieure et vert blanchâtre sur l'inférieure. Les 5 à 15 nervures sont disposées en parallèles et font saillie. C'est une très belle plante qui nécessite une forte luminosité. Les rayons solaires, directs, ou les lampes à décharge sont absolument nécessaires pour réaliser une maintenance correcte à long terme. La reproduction végétative est très intense. La production de plantules se fait à partir d'un stolon. Les fleurs très petites apparaissent à l'aisselle des feuilles. Cette plante de surface peut, par exemple, garnir la partie supérieure d'un bac amazonien tout en atténuant fortement, pour les espèces immergées, la lumière violente dont elle a besoin.

PONTEDERIA

Les espèces du genre *Pontederia* sont peu communes en aquariophilie. La plus commune est *P.cordata,* qui présente de nombreuses formes foliaires. Le genre appartient à la famille des Pontédériacées, tout comme les Hétéranthères et la Jacinthe d'eau.

■ *P.cordata*

pH : 6,5-7,5	Temp. : 20-28
dGH : 5-15	Haut. d'eau : 40

Famille : *Pontederiaceae.*
Nom scientifique : *Pontederia cordata* Linné.
Synonyme : *Pontederia sagittata.*
Nom commun : néant.
Répartition géographique : Toute l'Amérique du Nord, dans les mares de faible profondeur.
Plante pérennante des marais, amphibie, qui peut atteindre 1,50 m de haut. De nombreuses formes foliaires ont été décrites telles *angustifolia, ovalis, sagittata* ou *brasiliensis.* Suivant la variété, les feuilles sont lancéolées, cordiformes, ovales ou ondulées sur le bord. Leur dimension est de 10 à 40 cm de long sur 2 à 20 cm de large. Chez toutes ces formes, la base du limbe est toujours plus ou moins cordée. Le feuillage est vert clair à vert foncé. La nervure centrale est fortement marquée à la base de la feuille. Les fleurs sont violettes et celles en position supérieu-

re sont jaunes. Elles sont disposées en épis, soutenues et protégées par une feuille (bractée) en cornet. Cette plante convient plus particulièrement aux aquaterrariums à hauteur d'eau comprise entre 20 et 30 cm. L'humidité doit être élevée sinon les tiges et le bord des feuilles se dessèchent. La luminosité est intense. Les spécimens originaires d'Amérique du Nord peuvent être maintenus en bassin de jardin. La multiplication végétative s'effectue par fractionnement du rhizome.

POTAMOGETON

Plus de 100 espèces sont actuellement répertoriées dans ce genre, et réparties dans le monde entier. Quelques-unes sont issues des tropiques mais certaines sont également présentes en Europe. Leur maintenance est souvent difficile. D'autres, exclusivement tropicales, se maintiennent assez bien, à long terme, en aquarium. C'est le cas par exemple de *P.gayi, P.malaianus* et *P.ortandrus*. L'inflorescence est émergée et pour la plupart constituée d'un épi cylindrique.

■ *P.gayi*

pH : 6,5-7,2	Temp. : 22-26
dGH : 3-15	Haut. d'eau : 50

Famille : *Potamogetonaceae.*
Nom scientifique : *Potamogeton gayi* Bennet.
Synonyme : *Potamogeton aschersonii.*
Nom commun : Potamogeton de Gay.
Répartition géographique : Amérique du Sud.
Cette plante gracile, à croissance rapide, convient plus particulièrement en arrière-plan d'un aquarium, à hauteur d'eau élevée. La tige est fragile et très étirée. Les feuilles sont alternes, linéaires et dépourvues de pétiole. Elles sont de couleur vert clair et longues de 10 cm sur 0,5 cm de large. De la base de la feuille s'étend une nervure centrale et de chaque côté une nervure latérale souvent invisible à l'œil nu. Les jeunes boutures sont assez longues à s'enraciner et à s'acclimater. Il s'agit d'une plante peu exigeante qui s'adapte assez bien à toutes les situations physico-chimiques et d'éclairage de l'aquarium. La multiplication végétative se réalise par la production de stolons issus du rhizome et par les boutures prélevées sur la plante mère.

P.gayi

R

RICCIA

Le genre *Riccia* fait partie des Hépatiques. Il est largement répandu dans le monde entier. Plus de 180 espèces sont connues dont quelques-unes incertaines. Ces Hépatiques sont terrestres, amphibies et d'autres strictement aquatiques. Deux à trois espèces sont communes en aquariophilie, dont la plus populaire est *R.fluitans.*

■ *R.fluitans*

pH : 6,5-7,5	Temp. : 20-28
dGH : 3-15	Plante de surface

Famille : *Ricciaceae.*
Nom scientifique : *Riccia fluitans* Linné.
Synonymes : *Ricciella fluitans, Riccia frankoniae.*
Nom commun : Riccie flottante.
Répartition géographique : Europe, Amérique, Asie.
Cette Hépatique flottante pourra occuper la partie supérieure libre de l'aquarium, sous la surface de l'eau. Le tissu végétal, appelé thalle, possède une longueur de 1 à 2 mm. De couleur vert foncé, il est divisé en fourches dont les deux extrémités sont bien séparées. La croissance est assez rapide ; il convient de faire attention à éliminer une partie de cette plante sinon l'éclairement des espèces disposées au fond de l'aquarium est fortement freiné. L'eau douce, faiblement minéralisée, ne semble pas convenir. Cette mousse est très adaptée aux bacs de reproduction car certains poissons viennent y pondre leurs œufs. Elle offre également de nombreux abris aux alevins ainsi qu'à des Infusoires, souvent source première de nourriture pour de nombreux alevins. La multiplication végétative s'effectue par division de la touffe.

R.fluitans

RORIPPA

Environ 70 espèces sont regroupées dans le genre *Rorippa* que certains auteurs divisent en plusieurs genres comme *Nasturtium, Neobeckia* et *Armoracea.* Quatre espèces sont aquatiques, mais à forte tendance amphibie. Il est possible de les cultiver en aquaterrarium et paludarium.

R.aquatica

pH : 7,0-7,5	Temp. : 20-25
dGH : 8-15	Haut. d'eau : 20

Famille : *Brassicaceae.*
Nom scientifique : *Rorippa aquatica* (Eaton) Palmer.
Synonymes : *Armoracea aquatica, Neobeckia aquatica.*
Nom commun : Rorippe aquatique.
Répartition géographique : États-Unis.
Rorippa aquatica est l'espèce la plus connue des aquariophiles. Les feuilles immergées sont finement découpées, en lanières de 25 à 70 mm de long, et de couleur vert clair. La forme terrestre possède des feuilles très profondément incisées et groupées en rosette, celles du haut sont entières. La taille de cette plante atteint 15 cm. Elle n'accepte pas l'eau acide et faiblement minéralisée. La luminosité doit être moyenne à forte. La fleur est blanche et la multiplication sexuée est possible à partir des graines. La multiplication végétative s'effectue par division de la touffe.

R.aquatica

ROTALA

Le genre *Rotala* regroupe quelques très belles plantes tropicales d'aquarium. Sur la cinquantaine d'espèces connues, certaines sont considérées comme plantes parasites des rizières. Les feuilles peuvent être opposées *(R.macrandra)*, verticillées *(R.wallichii)*, mais toujours sessiles.

R.macrandra

pH : 6,5-6,9	Temp. : 22-26
dGH : 3-8	Haut. d'eau : 20

Famille : *Lythraceae.*
Nom scientifique : *Rotala macrandra* Koehne.
Synonyme : *Rotala macrantha.*
Nom commun : Rotala à grandes feuilles.
Répartition géographique : Asie, plus précisément en Inde.

C'est certainement l'une des plantes les plus populaires. Elle est importée en masse des fermes horticoles du Sud-Est asiatique et du Sri Lanka. Cette espèce, présentée en bosquet, produit un très bel effet décoratif. Les feuilles sont disposées par paire et opposées ; elles sont ovoïdes ; leur coloration dépend de l'intensité et de la nature de la source d'éclairage. L'intervalle entre les feuilles diminue également vers le haut de la tige au fur et à mesure que la plante s'allonge en direction de la surface. La feuille possède une teinte verdâtre sur la face supérieure, et rosâtre à pourpre sur la face inférieure.

La floraison est rare en aquarium, mais possible. Dans ce cas, la plante doit flotter à la surface de l'eau, et un pédoncule se développera à l'aisselle d'une feuille pour émerger. Il porte un épi rougeâtre. La culture optimale est réalisée sous une lumière intense, en diffusant du CO_2, et en chélatant régulièrement lors des changements d'eau. Cette espèce convient plus particulièrement en bac hollandais, car en bac communautaire, certains agresseurs comme les poissons turbulents et les escargots lui seraient fatals. La reproduction végétative s'effectue par bouturage. De nombreuses pousses latérales peuvent ainsi être repiquées ; d'autre part, la plante mère peut être pincée à la hauteur d'un nœud ayant produit des racines adventives.

R.macrandra

R.rotundifolia

pH : 6,5-7,0	Temp. : 22-26
dGH : 3-8	Haut. d'eau : 20

Famille : *Lythraceae.*
Nom scientifique : *Rotala rotundifolia* (Roxburgh) Koehne.

Synonymes : *Amnania latifolia, A.subspicata, Ameletia rotundifolia, Peplis diandra, Rotala indica* Koehne, non (Willedenow) Koehne.
Nom commun : Rotala à feuilles rondes.
Répartition géographique : Large répartition dans tout le Sud-Est asiatique.
C'est une excellente plante pour l'arrière-plan d'un aquarium à hauteur d'eau supérieure à 40 cm. Les feuilles sessiles, de forme élancée, sont opposées deux à deux. De même que l'espèce précédente, la feuille possède une coloration différente d'une face à l'autre. La face supérieure est vert olive, l'inférieure est rougeâtre à jaunâtre. La feuille émergée est verte sur ses deux faces. L'eau ne devra pas être trop dure, et sera maintenue légèrement acide. Les boutures, d'une longueur de 20 cm, seront disposées en bosquets, qui formeront avec un autre groupe de plantes un contraste agréable, en particulier dans un bac hollandais. Les pieds doivent être suffisamment écartés afin que les feuilles de la base reçoivent de la lumière. La diffusion de CO_2 et la chélation de fer sont nécessaires pour offrir à la plante des conditions idéales de maintenance. Les boutures sont coupées à la hauteur d'un entre-nœud qui dispose de racines adventives. Les plantes adultes, lorsqu'elles atteignent la surface, sont pincées afin de conserver une apparence touffue.

S

SAGITTARIA

Les Sagittaires sont pour la plupart des espèces originaires d'Amérique. Peu d'espèces conviennent pour l'aquariophilie. Leur morphologie, en ce qui concerne la partie immergée, est très polymorphe, parfois très semblable à certaines espèces du genre *Vallisneria.* Ce sont des plantes amphibies qui s'adaptent à toutes les conditions de milieu (profondeur, courant, etc.). Les espèces suivantes et leurs variétés sont principalement maintenues en aquariophilie : *S.graminea, S.latifolia, S.sagittifolia, S.subulata, S.lancifolia.*

S.graminea

pH : 6,5-7,6	Temp. : 18-25
dGH : 3-15	Haut. d'eau : 40

Famille : *Alismataceae.*
Nom scientifique : *Sagittaria graminea* Michaux.
Synonymes : *Sagittaria sinensis, S.chinensis.*
Nom commun : Sagittaire graminée.
Répartition géographique : Amérique du Nord, Mexique, îles des Caraïbes.
Les nombreuses variétés de cette espèce se distinguent principalement par la largeur de leurs feuilles immergées ou phyllodes, toutes plus ou moins rubanées et obtuses à leur extrémité. La hauteur totale des différentes variétés est variable.

S.graminea

S.g.var.graminea, synonyme : *S.eatonii,* possède des feuilles en rosette de 15 à 25 cm de long et de 1 cm de large.
S.g.var.platyphylla Engelmann, synonyme : *S.platyphylla,* possède des feuilles de 20 à 30 cm de long sur 2,5 cm de large.
S.g.var.weatherbiana (Fernald) Bogin, synonyme : *S.weatherbiana,* présente des feuilles de 20 cm de long sur 1,5 à 2,5 cm de large, à l'extrémité très pointue.
S.g.var.teres (Waths) Bogin offre des feuilles lancéolées, sur pétiole ovale, qui mesurent de 10 à 30 cm de long suivant l'âge. C'est une espèce très rustique qui, suivant la variété, pourra occuper soit l'avant-plan soit la partie médiane de l'aquarium. La hauteur d'eau doit toujours être supérieure à 20 cm, sinon elle forme rapidement des feuilles aériennes. La maintenance ne pose pas de problème. La croissance est lente mais régulière en eau douce ou dure, acide ou alcaline. La reproduction végétative s'effectue par production de stolons.

S.lancifolia

SALVINIA

Ce genre fait partie de la famille des Salviniacées qui appartient au groupe des fougères aquatiques. Les espèces du genre possèdent une tige axiale où sont disposées deux par deux, de part et d'autre, des feuilles flottantes. Ces dernières peuvent être de forme arrondie, ovale ou oblongue. Suivant les espèces, la surface de la feuille flottante est velue, verruqueuse ou lisse. Sous chaque paire de feuilles est disposée une troisième feuille immergée, à l'apparence de racine dont elle remplit d'ailleurs partiellement la fonction. Ces plantes occupent les zones à eau stagnante ou les parties à cours lent des rivières et des fleuves, dans les zones très éclairées.

S.auriculata

pH : 6,8-7,2	Temp. : 18-25
dGH : 5-12	Plante de surface

Famille : *Salviniaceae.*
Nom scientifique : *Salvinia auriculata* Aublet.
Synonymes : *Salvinia.hispida, S.biloba.*
Nom commun : Salvinie auriculée.
Répartition géographique : Large répartition en Amérique (du Mexique au Paraguay).
Cette espèce possède des feuilles flottantes, de 2 cm de long sur 1 cm de large, disposées de part et d'autre d'un axe flottant horizontalement, qui atteint jusqu'à 20 cm de long. Une troisième feuille se trouve sous chaque paire de feuilles flottantes ; elle a l'apparence d'une racine, filiforme et finement divisée. Cette fougère flottante est très appréciée en bac de reproduction et de croissance des poissons. Les alevins y trouvent un abri, ainsi qu'une faune bactérienne et des Infusoires pour première nourriture. En aquarium, dans de bonnes conditions d'éclairage, elle devient rapidement envahissante ; dans ce cas il convient de retirer très régulièrement une partie de ces fougères afin de maintenir une luminosité suffisante aux plantes immergées. Lorsque l'aquarium est doté d'une couverture en verre, celle-ci doit être légèrement inclinée afin d'éviter que les gouttes d'eau de condensation tombent sur les feuilles flottantes. La reproduction s'effectue au moyen de stolons qui apparaissent à la base de la plante.

S.auriculata

S.minima

pH : 6,8-7,2	Temp. : 10-25
dGH : 5-15	Plante de surface

Famille : *Salviniaceae.*
Nom scientifique : *Salvinia minima* Baker.
Synonyme : néant.
Nom commun : Petite Salvinie.
Répartition géographique : Partie méridionale du Brésil.
Par sa taille, cette fougère est la mieux adaptée aux aquariums. D'importation récente, elle est restée inaperçue ou a été confondue. La tige est fine et porte deux feuilles flottantes opposées. La feuille est vert clair, plus ou moins arrondie, de 5 à 9 mm de diamètre, à pétiole court. Sa base est légèrement cordiforme. La face supérieure n'est pas verruqueuse, mais faiblement velue à deux rangées de « poils ». Sa culture demande quelque attention : une eau douce, un milieu aérien libre, dépourvu d'eau de condensation. Elle pourra être maintenue en paludarium, fortement éclairé et humide, en culture sur de la tourbe gorgée d'eau. Dans les bacs de reproduction des Anabantidés ou Bélontiidées, constructeurs de nids de bulles, elle pourra servir comme support de ponte. Elle sera également très appréciée par les alevins des espèces ovovivipares qui, suivant l'espèce, nécessitent un abri près de la surface. La reproduction végétative s'effectue par stolons.

S.minima

SAMOLUS

Ce genre regroupe plus d'une douzaine d'espèces amphibies, appelées communément Roses d'eau. Le genre est cosmopolite. Deux à trois espèces sont, à ce jour, couramment maintenues en aquariophilie.

S.parviflorus

pH : 6,5-7,2	Temp. : 20-24
dGH : 3-8	Haut. d'eau : 30

Famille : *Primulaceae.*
Nom scientifique : *Samolus parviflorus* Rafinesque.
Synonymes : *Samolus floribundus, S.americanus, S.aquaticus.*
Nom commun : Petite Samole.
Répartition géographique : Toute l'Amérique, l'ouest de l'Inde.

S.parviflorus

Cette petite plante atteint 10 cm et peut occuper l'avant-plan de l'aquarium. Elle produit souvent un heureux effet de contraste. Malheureusement, elle est assez fragile et difficile à acclimater. Les feuilles forment une rosette à leur base. Elles sont vert clair, spatuliformes et longues de 6 à 10 cm pour 3 à 4 cm de large. Une bonne croissance ne peut être obtenue que sous un éclairage intense, à une température de 20 à 24 °C, et avec une bonne fumure au CO_2 dans une eau chélatée. Le groupe sera clairsemé et planté dans un endroit dégagé du bac, sur un substrat de gravier. L'espèce peut être cultivée émergée. Alors, elle fleurit et produit des graines. Celles-ci germent facilement sur un substrat gorgé d'eau. La reproduction végétative s'effectue à partir des plantules apparues sur la tige, à l'aisselle des feuilles portées sur la hampe florale, et par bouturage de la tige entre deux rosettes de plantules.

SAURURUS

Ces plantes herbacées peuvent atteindre 1 m de haut. Elles possèdent un rhizome et leurs feuilles se terminent par une pointe effilée.

S.cernuus

pH : 6,8-7,2	Temp. : 18-22
dGH : 5-12	Haut. d'eau : 50

Famille : *Saururaceae.*
Nom scientifique : *Saururus cernuus* Linné.
Synonymes : *Saururus lucidus, Serpentaria repens, Mattuschkia aquatica.*
Nom commun : Plante de Leiden.
Répartition géographique : Le long de la côte est américaine, de la Floride au Canada.
Cette plante herbacée des marais, à fort rhizome souterrain, peut atteindre 1,5 m de haut. Les feuilles alternes possèdent un pétiole de 8 à 12 cm de long, et sont souvent velues à l'état juvénile. Le limbe est cordé à la base, lisse et brillant, long de 10 à 15 cm et large de 6 à 8 cm. La nervation est en dépression sur la face supérieure et en relief sur la face inférieure. Entre les nervures, le tissu végétal est légèrement boursouflé. La couleur des feuilles est vert satiné. Ces dernières sont légèrement courbées vers le bas. Cette espèce convient uniquement pour des bacs ayant une hauteur d'eau supérieure à 50 cm ; dans ce cas, la plante dépasse encore la surface de l'eau et continue à croître et à fleurir. Les fleurs, jaunâtres, sont disposées sur un épi long de 15 à 20 cm. Cette espèce peut également être plantée en bordure des bassins de jardin ; mais il faut signaler que les rhizomes envahissants constitueront alors un danger certain pour les bassins dont l'étanchéité est assurée par une bâche en nylon. La multiplication végétative est assurée par le fractionnement du rhizome et par bouturage. Cette plante est extrêmement résistante.

S.cernuus

SPATHIPHYLLUM

Ce genre regroupe principalement des espèces amphibies qui sont surtout cultivées en milieu aérien et en pot. Quelques-unes se rencontrent dans le commerce spécialisé pour l'aquariophilie comme *S.grandifolium, S.patini* ou *S.wallisii.* Une immersion prolongée leur est néfaste à long terme. Par contre, leur culture est aisée en paludarium.

S.wallisii

pH : 6,4-7,2	Temp. : 22-25
dGH : 3-12	Haut. d'eau : 40

Famille : *Araceae.*
Nom scientifique : *Spathiphyllum wallisii* Regel.
Synonyme : néant.
Nom commun : Spathiphylle de Wallise.
Répartition géographique : Amérique du Sud (Colombie).
Cette plante pourra être maintenue, au mieux, 6 à 7 mois sous l'eau en aquarium. Elle est surtout recommandée pour des bacs aux occupants remuants. La tenue en aquarium peut être prolongée en disposant la plante dans le substrat avec son pot et sa terre ; on évite ainsi de mettre les racines à nu. Les feuilles lancéolées sont portées au bout d'un pétiole extrêmement long. Leur face supérieure est vert foncé, brillante. La face inférieure est vert clair, mate. Les nervures sont fortement marquées, en relief à la face inférieure. La multiplication végétative est impossible en aquarium car la plante vit exclusivement sur ses réserves.

S.wallisii

STRATIOTES

Ce genre est monotypique. Il ne comprend que l'espèce *S.aloides* qui est une plante pérennante de surface ou semi-émergée. Les feuilles sont disposées en rosette et dentelées, rappelant un peu celles de l'Aloès.

S.aloides

pH : 6,8-8,2	Temp. : 18-20
dGH : 3-8	Plante de surface

Famille : *Hydrocharitaceae.*
Nom scientifique : *Stratiotes aloides* Linné.
Synonymes : *Stratiotes aculeatus, S.aquaticus, S.ensiformis, S.generalis.*

S.aloides

Nom commun : Aloès aquatique.
Répartition géographique : Europe, nord de l'Asie.
Cette espèce sera de préférence cultivée en aquarium d'eau froide, sous sa forme

immergée. Dans ces conditions, elle donne des feuilles rubanées disposées en rosette de 10 à 25 feuilles. Sa taille peut atteindre 20 à 80 cm de long sur 1,5 cm de large. La teinte est vert clair. La température maximale de l'eau est maintenue à 20 °C. En plante de surface, la feuille devient coriace ; elle atteint une taille de 20 à 40 cm de long. Large à sa base, elle s'effile progressivement vers l'extrémité. La lumière pourra être atténuée lors de la maintenance de cette espèce. Cette plante se rencontre couramment dans nos cours d'eau, et ce sont les plantules disposées au bout des stolons qui devront être prélevées en milieu naturel et introduites dans l'aquarium.

T

TRAPA

Ce genre est bien connu sous le nom français de Châtaigne d'eau. Les plantes qu'il regroupe présentent des feuilles flottantes disposées en rosette et des feuilles immergées, linéaires. En milieu naturel, la croissance de ces végétaux peut devenir explosive et causer des désagréments pour la navigation.

■ *T.natans*

pH : 6-7,2	Temp. : 20-22
dGH : 4-8	Plante de surface

Famille : *Trapaceae (Hydrocaryaceae).*
Nom scientifique : *Trapa natans* Linné.
Synonymes : plus d'une centaine.
Nom commun : Châtaigne d'eau.
Répartition géographique : Cosmopolite, avec une préférence pour les zones tempérées ou froides.

Les feuilles, portées par des pétioles rougeâtres, forment une rosette à la surface de l'eau, de part et d'autre d'un axe central qui peut atteindre de 60 à 300 cm selon la hauteur d'eau. Les feuilles flottantes sont losangiques ; les deux bords à l'extrémité de la feuille sont dentelés. La face supérieure est vert foncé, brillante et les nervures sont toujours bien apparentes. Le pétiole, long de 4 à 20 cm, est doté d'un renflement dans sa partie médiane. Une très forte luminosité (lampes à décharge) et un temps d'éclairement de 14 heures par jour sont impératifs pour cultiver correctement cette plante en aquarium ; la température de l'eau ne sera jamais supérieure à 22 °C. C'est une excellente plante décorative en bassin de jardin, où la floraison et le fruit, rappelant sommairement la châtaigne, sont observés. La variété *bispinosa,* originaire de la Casamance (Sénégal), semble plus adaptée à l'aquarium tropical.

T.natans

U

UTRICULARIA

Le nombre des espèces est très élevé ; la majorité d'entre elles sont réparties dans les zones tropicales et subtropicales où tous les milieux ont été colonisés, même le milieu terrestre où quelques espèces vivent en épiphytes. Les Utriculaires sont extrêmement spécialisées ; elles possèdent des feuilles filiformes, à segments capillaires, dotées d'un sac (outre) garni d'un clapet qui autorise la capture d'animalcules de taille variable suivant l'espèce végétale considérée. Les Utriculaires peuvent donc être considérées comme des plantes carnivores.

■ *U.vulgaris*

pH : 6,5-7,5	Temp. : 15-22
dGH : 3-8	Plante de surface

Famille : *Utriculariaceae.*
Nom scientifique : *Utricularia vulgaris* Linné.
Synonymes : très nombreux.
Nom commun : Utriculaire vulgaire.
Répartition géographique : Europe, Afrique du Nord.

Utricularia sp.

Cette espèce n'est pas facile à maintenir. D'une part, elle demande beaucoup de lumière et d'autre part, sa croissance lente favorise l'installation d'algues envahissantes. L'Utriculaire vulgaire possède un axe central horizontal portant des feuilles finement divisées en position alterne. Les outres, de taille respectacle, jusqu'à 4 mm de diamètre, sont réparties sur la feuille et servent à nourrir, en partie, la plante tout en assurant sa flottabilité. Cette plante forme également un tapis végétal à la surface de l'eau, où percent les fleurs jaunes en forme de « gueule de loup ». Cette espèce ne convient pas en tant que plante de surface pour bac de reproduction. Les « pièges » de grande taille permettent d'engloutir les plus petits alevins. Cette plante nécessite une forte luminosité et une eau faiblement minéralisée lors de sa culture. La reproduction sexuée est impossible en aquarium ; mais comme les autres espèces, la reproduction végétative s'effectue par fragmentation des tiges et par production de bourgeons (turions) à l'extrémité des tiges.

V

VALLISNERIA

Environ sept à huit formes différentes du genre sont actuellement maintenues en aquariophilie. Elles sont particulièrement populaires. Malheureusement, leur identification certaine n'est possible qu'à partir de la fleur, laquelle apparaît rarement en aquarium. Les *Vallisneria* sont très utiles en aquariophilie : elles peuvent, suivant l'espèce ou la forme, servir de rideau végétal, d'écran le long de la glace arrière ou latérale, ou encore garnir la partie médiane du bac.

■ *V.asiatica*

pH : 6,4-7	Temp. : 20-26
dGH : 3-8	Haut. d'eau : 30

Famille : *Hydrocharitaceae.*
Nom scientifique : *Vallisneria asiatica* Miki.
Synonymes : suivant les variétés : *V.spiralis var. tortifolia, var. torta, var. tortuosa, var. torsada.*
Nom commun : Vallisnerie asiatique.
Répartition géographique : Asie.
Cette plante sera utilisée en groupe, dans un aquarium dont la hauteur d'eau est supérieure à 40 cm. La taille des feuilles, rubanées, peut atteindre 40 à 60 cm de long et 1 cm de large. Celle des spécimens sauvages est nettement plus petite. Cette espèce offre une grande surface de couverture pour un décor d'arrière-plan. Cependant, elle nécessite une forte luminosité sur toute sa hauteur. Il est donc impératif de maintenir une certaine distance entre chaque pied et d'éclaircir régulièrement le groupe de plantes. Comme toutes les Vallisneries, cette espèce s'adapte admirablement à toutes les situations physico-chimiques. La reproduction végétative s'effectue par production de plantules issues d'un stolon se prolongeant en chaîne.

■ *V.gigantea*

pH : 6,5-7,2	Temp. : 22-28
dGH : 3-10	Haut. d'eau : 50

Famille : *Hydrocharitaceae.*
Nom scientifique : *Vallisneria gigantea* Graebner.
Synonyme : néant.
Nom commun : Vallisnerie géante.

V.gigantea

Répartition géographique : Nouvelle-Guinée, Philippines.
Cette espèce atteint une taille extrême en aquarium puisqu'elle peut mesurer plus de 2 m de long ; les feuilles rubanées ont 3 cm de large. Lorsque le volume des feuilles, en surface, devient important, il convient de prélever un ou deux pieds ; en aucun cas cette réduction ne s'effectuera en coupant les feuilles même en partie, ou en en éliminant d'autres. Cette façon de procéder met la plante en danger. Une modification brusque du climat lumineux et de l'environnement (réfection de l'aquarium) conduit dans biens des cas à la destruction de cette espèce. La station de prédilection pour cette plante se situe à l'arrière ou sur les côtés de l'aquarium.

■ *V.spiralis*

pH : 6,5-7,5	Temp. : 22-28
dGH : 3-15	Haut. d'eau : 50

Famille : *Hydrocharitaceae.*
Nom scientifique : *Vallisneria spiralis* Linné.
Synonymes : nombreux.
Nom commun : Vallisnerie à fleur spiralée.
Répartition géographique : Originaire du sud de l'Europe, Afrique du Nord ; actuellement cosmopolite dans les zones tropicales et subtropicales.
Il s'agit certainement de la plus populaire des plantes d'aquarium, et de la plus apte à garnir l'arrière-plan d'un bac. Sa hauteur dépasse 50 cm. Les feuilles rubanées ne sont pas torsadées ; pour cette raison, la confusion s'établit souvent chez les aquariophiles du fait de son nom d'espèce, qui se réfère au pédoncule floral, long et spiralé, et non à la forme des feuilles. La taille de la plante atteint 60 cm et les feuilles mesurent de 4 à 12 mm de large. Les nervures sont au nombre de trois. L'extrémité obtuse de la feuille est dotée de fines denticules, ce qui distingue cette espèce des Sagittaires. Cette espèce décore aussi bien les bacs d'eau froide que les bacs tropicaux. Sa croissance est très rapide et sans problème pendant une période d'un an et demi à deux ans. Lorsque la croissance stagne, l'ensemble du groupe doit être déplacé. La reproduction végétative est très intense.

VESICULARIA

Plus de 130 espèces du genre sont connues. Elles se limitent aux parties tropicales et subtro-

V.dubyana

picales, mais seules quelques rares espèces sont strictement aquatiques. La Mousse de Java, qui rend de nombreux services en aquariophilie, est une espèce amphibie qui s'adapte admirablement à l'immersion totale et prolongée.

■ *V.dubyana*

pH : 6,5-7,0	Temp. : 22-25
dGH : 3-10	Haut. d'eau : 10

Famille : *Hypnaceae.*
Nom scientifique : *Vesicularia dubyana* (C.Müller) Brotherus.
Synonyme : *Hypnum dubyanum.*
Nom commun : Mousse de Java.
Répartition géographique : Sud-Est asiatique, Malaisie, Java, Inde.
La bonne adaptation de cette mousse permet plusieurs utilisations, aussi bien en aquarium qu'en paludarium humide. Ses exigences sont faibles ; cependant, sa croissance est relativement lente. Les tiges, souples et fines, portent deux rangées de petites feuilles lancéolées de couleur vert clair. En aquarium décoratif, elle couvre rapidement une roche ou une racine. Il suffit de la fixer sommairement à l'aide d'un élastique sur le substrat à couvrir ; par la suite, les rhizopodes maintiennent cette mousse et sa croissance s'accélère. En bac de reproduction pour poissons, elle constitue un excellent substrat de ponte ou un abri pour les œufs, face aux parents voraces. Malheureusement, en aquarium, elle risque d'être envahie par les algues, et en paludarium par les champignons. Dans ce dernier cas, elle abrite souvent des colonies d'acariens. *V.dubyana* pourra également flotter près de la surface de l'eau dans l'aquarium, à condition de la fixer sur un flotteur constitué par des rondelles en liège (bouchon) qui seront rapidement recouvertes. Elle préfère cependant une eau douce et une luminosité atténuée. La multiplication végétative s'effectue par division de la touffe.

W

WOLFFIA

Ces plantes, morphologiquement proches des « Lentilles d'eau » sont toutefois beaucoup plus petites que ces dernières. Elles sont présentes aussi bien dans les zones tropicales que dans les zones tempérées. Ce sont très certainement les plus petites plantes à fleurs que l'on rencontre sur le globe.

■ *W.arrhiza*

pH : 6,5-7,5	Temp. : 15-28
dGH : 3-20	Haut. d'eau : 5

Famille : *Lemnaceae.*
Nom scientifique : *Wolffia arrhiza* (Linné) Horlel ex Wimmer.
Synonymes : *Lemna arrhiza, Lemna globosa, Grantia globosa, Bruniera vivipara, Wolffia michelii, W.delilii, W.arrhizia.*
Nom commun : Lentille naine.
Répartition géographique : Presque totalement cosmopolite.
C'est la plus petite espèce à fleur connue parmi les plantes. Le « corps » possède un diamètre de 1 mm. Il est arrondi à ovoïde, plat, de couleur vert clair et dépourvu de racines. Sous une forte luminosité, ces lentilles prennent une teinte rougeâtre. L'espèce est difficilement identifiable au sein des sept autres composant le genre. En milieu naturel, la reproduction est explosive ; cette plante est d'ailleurs récoltée et consommée en Asie du Sud-Est. En aquarium, les poissons herbivores en sont friands. Pour un bon développement, une forte luminosité est souhaitable ainsi qu'une eau riche en oligo-éléments. La reproduction végétative s'effectue par production de plantes filles.

Les plantes non aquatiques, comme les genres : Aglonema, Didiplis, Draecenia, Cordyline, *mais vendues comme telles par certains, ont été volontairement écartées de ce chapitre. Leur maintenance en aquarium est illusoire. D'ailleurs, placées dans ces conditions, leur vie est éphémère.*

GLOSSAIRE

A

Acuminé : qualifie une feuille terminée en pointe effilée.
Adventive : se dit d'une racine apparaissant directement sur la tige.
Aisselle : région située au-dessus de l'insertion avec la tige d'une feuille ou d'un pétiole.
Alternes : se dit des feuilles insérées à des niveaux différents sur la tige.
Amphibie : qualifie un végétal qui présente à la fois des organes immergés et émergés.
Apex : sommet d'un organe végétatif.
Aquaterrarium : bac divisé en deux parties, l'une recrée le milieu aquatique, la seconde le milieu terrestre.
Aquatique : qualifie un végétal dont tous les organes sont immergés. Bien souvent, seule la fleur de ces végétaux apparaît à la surface de l'eau.
Asexuée : mode de reproduction qui ne fait pas intervenir les organes sexuels donc les gamètes. Dans le cas des végétaux, la reproduction asexuée porte aussi le nom de multiplication végétative.
Autofertile : qui se féconde lui-même. Une fleur autofertile est fécondée par son propre pollen ou encore par celui d'une fleur portée par la même plante.
Axillaire : qui est placée à l'aisselle.

B

Bouturage : multiplication végétative réalisée à partir d'une bouture.
Bouture : fragment d'une tige, d'une racine, d'un rhizome qui mis en terre redonne un nouvel individu.
Bractée : organe ressemblant à une petite feuille. Une bractée est souvent située à la base d'un pédoncule ou d'une fleur.
Bulbe : ensemble de feuilles charnues (gorgées de réserves), serrées les unes contre les autres. L'oignon est un bulbe.

C

Cordiforme : en forme de cœur.
Cosmopolite : se dit d'une espèce végétale répandue dans le monde entier.

D

Décussées : qualifie les feuilles disposées sur deux rangées opposées dans deux plans à angle droit.
Denticulé : bordé de petites dents.
Discoïde : en forme de disque.
Distiques : qualifie des feuilles disposées sur deux rangées opposées dans un même plan.
Drageon : rejet qui apparaît sur une racine.

E

Elliptiforme : qui a la forme d'une ellipse.
Endémique : qualifie une espèce qui est présente dans une seule région du globe. On dira d'une plante qu'elle est endémique d'Amérique centrale.
Entre-nœuds : distance qui sépare deux nœuds.
Épi : groupe de fleurs très rapprochées. Ces fleurs sont portées directement sur la tige et situées à son extrémité.
Épiphyte : se dit d'une espèce végétale fixée sur une autre.
Étêtement : action qui consiste à supprimer le sommet d'un végétal.
Eutrophe : qualifie un milieu qui est enrichi en éléments nutritifs. On parle de l'eutrophisation d'un lac. L'enrichissement est souvent lié à la présence de l'homme.

F

Famille : unité systématique dans laquelle sont regroupés des genres.
Filiforme : en forme de fil.
Foliaire : qui se rapporte à la feuille.
Fronde : nom donné aux « feuilles » des fougères. Les frondes portent les fructifications des fougères : les sporanges.

G

Genre : unité systématique au sein de laquelle on regroupe des espèces.

H

Hampe : tige portant les fleurs. Cet organe part directement du collet de la racine et ne porte pas de feuilles.
Héliophile : qualifie les plantes qui vivent en pleine lumière.

I

Inflorescence : manière dont sont regroupées les fleurs d'une même plante.
Infusoires : organismes unicellulaires qui se développent dans l'eau et qui peuvent servir à l'alimentation des alevins dans les premiers jours de leur vie.

L

Lacinié : en forme de lanière.

Lancéolé : en forme de lance.
Limbe : partie large de la feuille. Le limbe est en général relié à la tige par l'intermédiaire du pétiole.
Linéaire : se dit d'une feuille longue, étroite et à bords parallèles.

M

Monotypique : se dit d'un groupe de plantes qui ne compte qu'une seule espèce.

N

Néotropicales : qualifie les plantes originaires des régions tropicales du Nouveau Monde (Amérique du Nord, Amérique centrale, Amérique du Sud).
Nervation : ensemble des nervures du limbe de la feuille.
Nœud : partie d'une plante où apparaissent la ou les feuilles.

O

Ovovivipares : caractérise les poissons dont l'incubation des œufs se fait dans le ventre de la femelle.

P

Paludarium : bac reconstituant un environnement marécageux pour animaux et plantes amphibies.
Paludéenne : qualifie une plante qui vit dans un milieu marécageux.
Palustre : se dit d'un milieu marécageux.
Pantropicale : s'applique à une espèce présente dans toutes les zones tropicales du globe.
Pérenne : se dit d'une plante vivace qui vit plus de deux années.
Pétiole : organe végétatif qui relie le limbe de la feuille à la tige.
Plumiforme : en forme de plume ou de plumeau.
Polychrome : qui présente plusieurs couleurs.
Polymorphe : qui a plusieurs formes. On parle chez les végétaux amphibies de polymorphie foliaire car les feuilles immergées ont souvent une forme différente des feuilles émergées et flottantes.

R

Radicelle : petite racine secondaire apparaissant sur la racine principale.
Réniforme : en forme de rein.
Reproduction : fonction par laquelle les êtres vivants produisent d'autres êtres vivants semblables à eux-mêmes. Dans le cas des végétaux on distingue :
- la reproduction végétative où le nouvel individu est issu d'un fragment de la plante mère (bouture, stolon ...) ;
- la reproduction sexuée qui fait intervenir les organes sexuels des plantes donc les gamètes.

Rhéophiles : qualifie les végétaux qui vivent dans le courant.
Rhizome : tige souterraine ou rampante qui émet des tiges aériennes et des racines.
Rosette : se dit des feuilles groupées en cercle au collet de la racine.
Rubanée : qualifie une feuille dont le limbe a l'aspect d'un ruban.

S

Saumâtre : se dit d'une eau douce mélangée d'eau de mer.
Sessile : qualifie une feuille qui est attachée directement sur la tige. Elle n'a pas de pétiole.
Spathe : feuille modifiée entourant une inflorescence.
Spatuliforme : qualifie une feuille élargie en forme de spatule à son extrémité.
Sporange : organe typique des végétaux inférieurs qui renferme les spores.
Spore : organe reproducteur des espèces végétales. Chez les végétaux inférieurs (mousses, fougères ...), la spore donne naissance à une nouvelle plantule qui portera les organes reproducteurs. Chez les végétaux supérieurs (plantes à fleurs), une spore mâle et une spore femelle s'unissent pour donner naissance à un nouvel individu.
Station : lieu où vit une plante.
Stolon : rejet rampant sur lequel apparaissent des racines. On parle des stolons des fraisiers.
Submerse : se dit d'une feuille immergée.

T

Terrarium : bac dans lequel on maintient un environnement convenant aux animaux et plantes terrestres.
Thalle : organe végétatif des végétaux inférieurs. Un thalle n'est pas une feuille.
Tubercule : excroissance d'une racine portée par une tige souterraine. Un tubercule est gorgé de réserves nutritives.

V

Verticille : groupe d'organes disposés en cercle autour d'un axe. On parle d'un verticille de feuilles.
Villosités : petites saillies en forme de fil qui donnent un aspect velu à la surface qu'elles recouvrent.

INDEX DES ESPÈCES

Cet index regroupe : le nom latin, associé au(x) nom(s) français, des espèces végétales traitées dans la dernière partie de l'ouvrage (Les plantes pour aquarium) ainsi que le(s) synonyme(s) latin(s) de ces espèces.
Le chiffre en caractère gras renvoie à la page où est traitée, sous forme de monographie, l'espèce correspondante. Les autres chiffres renvoient aux trois premiers chapitres de l'ouvrage.

M

N

O

P

INDEX DES FAMILLES

TABLE DES MATIÉRES

BIBLIOGRAPHIE

A key to the Genera of Aquarium Plants based on Vegetative Characters, G. Benl ; Bayleya, Ithaca N.Y, 1971.

Reisindrukken vit India en Ceylan, J. Bogner ; Het Aquarium, 1974.

Revision of the genus Aponogeton, H.W.E. van Burggen ; The species of Africaelg, 1973.

Sufwasserflora von Mitteleuropa, S.J. Casper et H. Krauch ; Pteridophyta und Anthophyta, 1980.

On natural classification of the family "Polypodiaceae", R.C. Ching ; Sunyatsenia, 1940.

The Waterlilies : A monographie of the genus Nymphaea, H. Conard ; Washington, 1905.

Water plants of the world. A manual for the identification of the genera of freshwater macrophytes, C.D.K. Cook ; The Hague, 1974.

Revisie van het Genus Lagenandra Dalzell (Aracea), H.C.D. De Wit ; Mededelingen Landbouwhogeschool Wageninger Nederland, 1978.

Aquarienpflanzen, H.C.D. De Witt ; Verlag Eugen Ulmer, Stuttgart, 1971.

Plantes décoratives indigènes pour bassins de plein air, H. Fischer ; Aquarama n°64-65, 1982.

Alismataceae, Flora of West Tropical Africa, F.N. Hepper ; Vol. 1-3, 1968.

Une plantation luxuriante, P. Issemann ; Aquarama n°70-71, 1983.

Aquarienwasser, Diagnose und Therapie, Krause ; Frackh - Verlag, 1985.

A monographical survey of the genus Marsilea linnaeus, E. Launert ; Senck-biol., 1968.

Azolla, Botany, Physiology and use as a Green Manure, T.A. Lumpkin and D.L. Plucknett ; Economic Botany, 1980.

The Old World Species of Ludwigia (including Jussiaea). with a synopsis of the genus Onagraceae, P.H. Raven ; Reinwardtia, 1963.

Les plantes : Généralités, Manuel d'aquariologie, D. Terver ; Réalisations Éditoriales Pédagogiques, 1983.

Quelques splendides Pontédériacées pour bassin de plein air et aquaterrarium, J. Teton ; Aquarama n°71-72, 1983.

L'aquarium, élément de décoration dans l'aquarium, R. Tongio ; Aquarama n°41-42, 1978.

Die Aquarienpflanzen in Wort und Bild, A Wendt ; Stuttgart und Essen, 1952.

FOURNISSEURS POUR L'AQUARIOLOGIE AU NIVEAU EUROPÉEN

MATÉRIEL POUR L'AQUARIOPHILIE (Grossistes) :

AARSELAAR AQUA - 56 Boomsestu, 2630 Aartselaar BELGIQUE.
EURAQUARIUM - 144 Via E. Levante, 40139 Bologne ITALIE.
EUROPRIX - 58 Bd Emile Basly, 62300 Lens FRANCE.
HOLLANDER A-Z VERSAND - B.P. 189, 4770 Soest HOLLANDE.
HUGO SCHMIDT - Kupferstra. 624670 Lunen R.F.A.
RENA - Z.I. de Meythet, 74000 Annecy FRANCE.
SAVAC - Z.I. Nord Geispolsheim, 67400 Illkirch - Graffenstaden FRANCE.
SERA - 25, Rue de Turckheim, 68000 Colmar FRANCE.
TETRA - 78 Herrenteich, 4520 Melle 1 R.F.A.
VITAKRAFT - WERKE - 2800 Bremen 44, R.F.A.

PLANTES AQUATIQUES :

AQUA TROPICA - Resandeweg, 66905 DR Zevenaar HOLLANDE.
AQUA FLORA - B.V. 123-125 Herenw., 3645 DJ, Vinkeveau HOLLANDE.
AQUARIUS - 2 Glazenapstr., 5932 TW Tegelen HOLLANDE.
DENNERLE WASSERPFLANZEN, 6780 Vinningen, R.F.A (Importateur).
DOHES WASSERPFLANZEN - 68000 Munchen 50, R.F.A.
HUET François - B.P. 17, 95103 Argenteuil FRANCE.
HYDROFLORA - 88 Begifnenbossen, 2638 Reet BELGIQUE.
LOTUS OSIRIS - 29, 25900 Mage Rio Janeiro BRÉSIL.
TAGIS AQUARIUM - 62 Rostadterstr., 6072 Dreieich R.F.A. (Plantes et Poissons).

APPAREILLAGES :

BISCHOF - 102 Markusstr., 5000 Koln 51. R.F.A.
EHEIM - Postfach 1180, 7301 Dreizisau, R.F.A. (Filtres, Pompes).
REBIE - 43 Paulusstr., 4800 Bielefeld R.F.A. (Surpresseurs, Compresseurs).
SCHEMTRONIC - Niederstrasse 14, 4019 Mannheim R.F.A.
SCHWARZER - 477 Steelerstr., 4300 Essen 12, R.F.A. (Pompes à air).
TUNZE - 68 Seeshaupterstr., 8122 Penzberg R.F.A. (Compresseurs).
WECOMATIC - 5650 Solingen-Kohlfurt 50 R.F.A. (Détendeurs pour bouteilles CO_2).

PRODUITS CHIMIQUES :

AIR LIQUIDE - 75 Quai d'Orsay, 75007 Paris FRANCE (Gaz carbonique).
BASF AG ABT-DWE/N BAU C10, 6700 Ludwigshafen R.F.A.
BAYER FRANCE - 49 Quai de Dion Bouton, 92815 Puteaux FRANCE.
CARBOXYQUE 91 Fbg. St. Honoré, 75008 Paris FRANCE (gaz carbonique).
CIE.SAS DI GIOLO - 31 V. Codognino, 20070 Cornegliano ITALIE.
EUFLOR - Alfenstrs. 1. 8000 Munchen R.F.A. (Chélates et engrais).
MERCK - 250 Frankfurterstr., 6100 DARMSTADT 1. R.F.A.
MERCK - CLEVENOT - 5-9 Rue Anquetil B.P. n°8, 94130 Nogent/Marne FRANCE.
SADON - 54 Bd Voltaire, 92600 Asnières/Seine FRANCE (Échangeurs d'ions).
SANDER Erwin - AQUARIENTECHNIK - Am Osterberg 22.3162 Uetze-Eltze R.F.A (Gaz carbonique).

ROCHES :

BIEMANS - 115 Oosterhamrikkd, 9713 kc Groningen HOLLANDE (Pierres naturelles).
CARRIERES DE ST NABOR - 67530 Ottrott, FRANCE (Basalte).
E. PORFIDI - 80/2 c. Toscana, Castiglione Dei Pepoli ITALIE (Porphyre, Grés).
PIERRES ET BOIS DE FRANCE SA-77170 Brie Comte Robert FRANCE.
SCAWECO HANDELS GMBH - 78 Am Karpfenteich, 2000 Hamburg 63. R.F.A.
TRAVERTINO TOSCANO (SPA) - 53040 Rapolano Terme ITALIE.

ÉCLAIRAGE :

DUPLA AQUARISTK-Ewald-Kipperstr., 4800 Bielefeld 11. R.F.A.
DUROLUX - 152 Rue de la Convention, 75015 Paris FRANCE.
GTE SYLNANIA - Route de Vermand, 02100 St-Quentin FRANCE.
MAZDA - 33 Av. de la République, 75011 Paris FRANCE.
PHILIPS - 50 Av. de Montaigne, 75008 Paris FRANCE.

DIVERS :

AQUAPILOTE - Av. des Vosges, 67000 Strasbourg FRANCE (Résines époxydes).
JAGER - 31 Auf dem Berg, 7156 Wustenrot-Finsterrot R.F.A. (Chauffage).
JUVEL Waldweg - 10, 2130 Rotenburg R.F.A. (Aquarium à armature anodisée).
JUWEL 10 Waldweg 2720 Rotengurg/Wumme R.F.A. (Aquariums).
PAT - B.P. 463, 95005 Cergy Pontoise Cedex FRANCE (Résines polyuréthannes).
PISCICULTURE NGUYEN - 9 Rue du Hagelbach, 68260 Kingersheim FRANCE.

REFERENCES PHOTOGRAPHIQUES

ALLGAYER : 10, 12 ; **BLANC :** 13 md, 23, 116 h ; **CHAUMETON/NATURE :** 49, 57, 76, 80, 83, 97, 99, 100, 101, 102, 103, 106, 108, 110, 111, 113, 115 h, 116, 117 b, 121, 122, 123, 124 bg, 125, 126, 127, 128 h, 129 b, 131, 132, 134 b, 137, 138 m, 139, 140 m, 142, 143 d, 144 m ; **CHAUMETON-KIEFFER/NATURE :** 47 ; **FERRERO/NATURE :** 63 b ; **GROPAS/NATURE :** 124 bd ; **ISSEMAN :** 14 ; **KLAUS PAYSAN :** 26, 27, 75 ; **LAMAISON/NATURE :** 130 ; **TETON :** 2, 6, 7, 11, 15, 17, 20, 22, 25, 40, 41, 42, 48, 50, 51, 53, 54, 55, 56, 58, 60, 62, 63 h, 66, 67, 70, 74, 78, 79, 82, 89 h, 92, 93, 94, 95, 98, 102 bg, 102 md, 104, 105, 107, 108 mg, 109, 112, 114, 115 b, 117 h, 119, 120, 128 mg, 129 h, 135, 138 d, 140 d, 141, 142 bd, 143 m, 144 bd ; **TOMEY :** 87, 88, 89 b, 90.

Nous remercions la Société Eden Aquatique, 1, rue Charretière - 63000 Clermont-Fd, pour les plantes qu'elle a bien voulu nous confier en vue d'illustrer cet ouvrage.

Achevé d'imprimer en Espagne par
Graficas Estella
ESTELLA